PAMIR TRAVELOG
파미르 노마드

파미르 노마드

당신이 미처 몰랐던 그곳 중앙아시아를 여행하다

초판 1쇄 인쇄일 2016년 8월 24일
초판 1쇄 발행일 2016년 9월 2일

지은이 김무환
펴낸이 양옥매
책임편집 육성수
디자인 남다희
교   정 조준경

펴낸곳 도서출판 책과나무
출판등록 제2012-000376
주소 서울특별시 마포구 방울내로 79 이노빌딩 302호
대표전화 02.372.1537   팩스 02.372.1538
이메일 booknamu2007@naver.com
홈페이지 www.booknamu.com
ISBN 979-11-5776-245-3(13910)

이 도서의 국립중앙도서관 출판시도서목록(CIP)은 서지정보유통지원 시스템
홈페이지(http://seoji.nl.go.kr)와 국가자료공동목록시스템
(http://www.nl.go.kr/kolisnet)에서 이용하실 수 있습니다.
(CIP제어번호 : CIP2016020438)

파미르 노마드

당신이 미처 몰랐던 그곳 중앙아시아를 여행하다

글·사진 **김무환**

책과나무

키르기스스탄, 콜 유컥

타지키스탄, 하프트 쿨

우즈베키스탄, 누라타

타지키스탄, 다르샤이

타지키스탄, 무르갑

타지키스탄, 이쉬카심

파미르 방랑,
그 이유를 대신하며

어느 날 의사로부터 살날이 불과 몇 달밖에 남지 않았다는 얘길 듣는다면, 당신은 그 주어진 시간 동안 무엇을 할 것인가? 영화 〈원 위크One Week〉(감독 마이클 맥고완)의 주인공은 병원 침대가 아니라 일주일 외출을 택한다. 결혼을 앞두고 말기 암 선고를 받은 남자는 우연히 손에 넣게 된 오토바이를 타고 북아메리카를 동에서 서로 횡단하는 여행을 떠난다.

아름다운 풍광이 펼쳐지는 길 위에서 그는 떠나지 않았으면 결코 누리지 못했을 일들을 체험한다. 평범하면서도 저마다 특별한 삶을 담담하게 살아가는 사람들을 만나고, 자신의 지난날을 돌아본다. 여러분은 어린 시절 누군가 무심코 던진 말 한마디에 꿈을 포기하지는 않았는가. 이 영화의 주인공처럼, 코치에게 야단맞는 바람에 운동을 그만두거나 노래를 형편없이 부른다는 선생 말에 상처 입은 적은 없는가. 혹시 성공이라는 고지가 눈앞인 줄도 모른 채 발길을 돌린 많은 실패자들 중 하나는 아니었던가. 그는 집에서 멀어질수록 자신과 가까워진다. 서쪽 끝 태평양에서 파도에 몸을 싣는다. 여행에서 돌아온 그는 결국 살아남았고 그때의 경험을 책으로 펴낸다.

인생이 의미가 있는 것은 기한이 있기 때문은 아닐까. 마감이 다가옴을 깨달을 때 순간에 충실하고 한결 밀도 짙은 삶을 맛보게 될 테니까.

"환갑 때 로맨스를, 마흔 살에는 오토바이 타고 세계일주 하고 싶어요. 제가 아는 분 중 한 분이 오토바이 타고 나가서 2년 반 만에 돌아오시더군요. 딴 나라 사람 얘기처럼 듣고 말았었는데 어느 순간엔가 그 생각이 도드라지더니, 마흔 살에는 해봐야지 이렇게 되었습니다. 인생에서 2년 반 정도는 그리 길지 않은 세월인 것 같아요."

고故 김광석이 소극장 공연 중 들려준 이야기이다. 마치 마법 주문처럼 그의 속삭임이 내 심중에 스며들어 있었나 보다.

이상하다. 빨라지니까 바빠진다. 세상은 편리해지고 스마트해졌다는데 일상은 늘 쫓기고 각박하다. TV를 틀고 인터넷을 켜면 선진과 경쟁, 글로벌과 미래 사회를 논하는 정보들로 넘쳐난다. 모든 조건은 주어졌고 한 톨 의심 없이 받아들이라고 한다. 새것에 대한 강박증은 옛것에 대한 건망증만큼이나 힘이 세다. 생각해보면, 한 세기 전 상류층은 지금의 하층민보다 호화롭게 살았고, 지구 어느 곳에서는 아직도 선사시대에서 크게 벗어나지 않은 방식으로 생존하는 종족이 남아 있는데도 말이다. 세상은 다층적이고 과거와 이어져 있다는 사실을 우리는 자꾸만 잊어버린다.

"세계는 한 권의 책이고 여행을 하지 않는 사람은 그 책의 한 페이지만 읽을 뿐이다"(아우구스티누스)라는 명언이 있지만, 어쩌면 여행은 숱한 요약본을 남독하는 행위와 다름없다는 생각이 들기도 한다. 삶이 두렵고 궁금해 세상 밖으로 나온 여행자는 세계 곳곳을 두루 떠돌며 타인이라는 소우주를 잠깐씩 엿볼 따름이다. 원심력과 구심력에 갇힌 추처럼 잠시 떠났다가 시작점으로 매양 되돌아오고야 만다. 기껏 표지 위를 미끄러지며 훑어볼 뿐, 책 한 권 완독하지 못하고 세상 한 뼘 이해 못 한 채 여행을 마치곤 한다.

삶이 그려내는 다양한 무늬를 들여다보지 않는다면, 한 걸음 더 다가가 마음을 나누려 하지 않는다면, 길 위에서 사람들 사이에서 물음을 던지지 않는다면, 여행을 통해 변화하는 나를 발견할 수는 없을 것이다.

 귀에 익은 이름인데도 아득히 멀고 낯설게만 느껴지는 장소가 있다. 세계의 지붕, 태양신의 자리, 파미르도 그러한 곳 중 하나가 아닐까.

 산맥이 모이고 강이 시작된다. 대륙의 중심에 지구 끝 풍경이 펼쳐진다. 정복자와 순례자, 탐험가와 실크로드 대상 들이 목숨 걸고 길을 내며 건너던 그곳을 지금은 '하이웨이'로 불리는 산악 도로를 따라 중국산 물자를 가득 실은 트럭이, 유라시아 횡단을 꿈꾸는 바이커들이 지나간다.

 파미르 고원이 속한 중앙아시아 지역은 소비엣 연방이 해체되면서 여러 '스탄' 국가들로 나뉘었고 민족 분쟁과 내전을 치렀다. 변경을 넘나드는 유목을 버리고 많은 이들이 정주를 택했지만 일부는 여전히 계절 따라 고산 초원과 평지 마을을 오가는 생활을 하고 있다.

 파미르 일대를 방랑하는 동안 현대판 노마드nomad인 여행자는 거친 환경 속에서도 자족적인 삶을 꾸려가는 사람들의 질박하면서도 당당한 모습에 매료되었고 그것을 사진으로 남겼다. 그네들 눈동자에 비친 맑고 슬픈 빛을 바라보며, 찾으려 했으나 찾지 못했던 자신을 마주했다. 중앙아시아 여행은 시간 여행이었고 사람 여행이었다.

길을 잃고 사람을 만나다

사진,
눈빛으로 말해요

여행이 길어지고 거듭될수록, 나는 배낭 크기를 작게 하듯 카메라 가방의 무게를 줄였다. 여행지를 정하면 정보 수집에 열을 올리기보다는 그곳 말을 배우는 데 공을 들였다.

카메라는 손안에 들어오는 단렌즈 '똑딱이'로 충분했다. 망원이 안 되니 몰래 찍기를 그만두었고 저장 속도가 느려 순간포착은 단념해야만 했다. 사진으로 담고 싶은 인물이 있으면 바투 다가가 이야기를 나누었다. 카메라를 내밀기 전에 허락부터 구했다. 결점이 결국 장점이 되었다.

기막힌 경치나 굉장한 건축물을 구경하지 못했더라도 동네방네 헤집고 다니며 사람들을 만나고 돌아온 날이면 한껏 보람에 겨워 피곤한 줄을 몰랐다. 욕심을 버린 자리에 용기가 생겨났다. 셔터를 누를 때면, 뷰파인더나 액정화면이 아니라 얼굴을 응시하고 표정 변화를 읽었다. 카메라 너머로 눈빛을 교환했다. 그러면 지그시 나를 바라보는 눈에서 빛이 났고 생기가 돋았다. 그 순간만큼은 미래를 끌어당겨 현재로 가져올 수 있었다. 여행자인 나에게 사진은 마음을 열고 만남을 돕는 멋진 핑계거리였다.

진짜 여행

"여행자인 그녀와 나는 이쪽에 있고, 여행지의 풍경과 사람들이 저쪽에 있다. (…) 우리는 유리막 저편의 세계를 구경하고 저편의 세계는 우리에게서 어떤 식으로든 수수료를 받는다. 여행이든 관광이든, 우리가 그 풍경 속에서 살아간다고는 할 수 없으니까." 소설가 이장욱은 〈절반 이상의 하루오〉*라는 단편소설에서 이런 쓸쓸한 사실을 전했다.

관광이 패션이고 여행이 유행인 시대. 하지만 파미르에서라면 유리막을 걷어내기란 어려운 일이 아니다. 옆에 앉은 낯선 사람에게 다정한 말 한마디 건네고 길 가다 마주친 사람과 눈웃음 담은 인사를 나누는 것만으로 족하다. 주민으로 머물며 살아갈 수야 없겠지만 여행객임을 잊고 어울려 지낼 수는 있을 터이다. 자신을 지우고 연민을 통과하는 것. 혼자 여행, 걷는 여행이 진짜 여행인 이유이기도 하다.

---

* 김종옥 외 《2013 제4회 젊은작가상 수상작품집》(문학동네, 2013)

중국 우루무치 ▶ 쿠처 ▶ 호탄 ▶ 카슈가르 ▶ 카라쿨 ▶ 타슈쿠르간 ▶ 카슈가르 ▶ 키르기즈스탄 오쉬 ▶ 아슬란봅 ▶ 비쉬켁 ▶ 촐폰아타 ▶ 카라콜 ▶ 바르스콘 ▶ 카지사이 ▶ 코치코르, 콜 유컥 ▶ 비쉬켁 ▶ 타지키스탄 두샨베 ▶ 판자켄트, 하프트 쿨 ▶ 이스타라브샨 ▶ 두샨베, 히소르 ▶ 호로그, 이쉬카심 ▶ 알리추르, 불룬쿨 ▶ 무르갑 ▶ 키르기즈스탄 오쉬 ▶ 우즈베키스탄 안디잔 ▶ 페르가나, 마르길란 ▶ 타슈켄트 ▶ 사마르칸트 ▶ 누라타 ▶ 부하라 ▶ 히바 ▶ 무이낙 ▶ 누쿠스 ▶ 타슈켄트

1부

검은 물
카라쿨에서
사막이 된 호수
아랄해까지

무엇을 해야 할지 더 이상 알 수 없을 때
그때 비로소 진정한 무언가를 할 수 있다
어느 길로 가야 할지 더 이상 알 수 없을 때
그때가 비로소 진정한 여행의 시작이다

– 나짐 히크메트 〈진정한 여행〉

#1. 초원 위의 따듯한 사람들
중국 & 키르기즈스탄

톈산

은하수 흐르는 호수

열두 살 무렵이었다. 대청마루가 놓인 시골집에 살던 때였다. 어린 내 눈에도 앳돼 보이는 여스님 한 분이 찾아왔다. 시주를 받고 집안의 길흉화복을 점쳐주는 탁발승이었다. 어머니와 이야기를 나누다 말고 곁에 앉은 나를 돌아보더니 낯을 붉히며 이렇게 중얼거렸다.

"비행기 타고 멀리 외국을 돌아다닐 운이구먼…."

누구에게나 통할 점괘로 대수롭지 않게 던진 말이었겠지만, 이렇게 먼 길에 서면 문득 그 말이 떠오르곤 한다.

카라코람 하이웨이를 달린다. 국경 출입국 관리소를 방불케 하는 검문소를 통과한 후, 버스는 바이사후白沙湖를 지난다. 은백색 모래가 흘러내린 산들이 연초록 호수를 휘감고 있다.

어느새, 겹겹 흰 설산 아래 검푸른 호수가 드러나며 차창을 채운다. 버스는 카라쿨을 알리는 조형물 앞에 나를 떨어뜨려 놓고 타슈쿠르간으로 떠났다.

우루무치를 떠나 여기 파미르 고원 동쪽 자락에 닿기까지 일곱 날이 필요했다. 쿠처와 호탄을 북에서 남으로 잇는 사막공로를 지나 타클라마칸을 통과했고, 카슈가르에 이르렀다. 그간 가벼운 우여곡절이야 많았다. 택시를 탔다가 중국어를 못 알아듣는 위구르인 운전사가 엉뚱한 곳으로 데려가는 바람에 예매해둔 버스를 놓쳤고,

시장통 허름한 식당에 들렀다가 한족 중국인으로 오해받고 문전박대를 당하기도 했다. 때로는 완장 찬 감시원이나 공안 앞에서 가방을 뒤집어 소지품을 보여줘야 했다.

한자 현판이 달린 문으로 관광객을 실은 차량이 들락거린다. 아이가 뛰어와 나를 유르트로 이끌었다. 할머니가 반기며 차와 빵을 내왔다. 호숫가 유르트를 오늘밤을 보낼 잠자리로 정했다.

물가를 첨벙대는 동물은 사막의 배, 낙타. 사람에게 등을 빌려주고 기념사진 모델 노릇을 한다. 깔팍이라 불리는 흰색 고깔모자를 쓴 남자가 내게 다가와 말이나 낙타를 타라며 권한다. 생김새가 친근하다. 외모에서 위구르인과는 구별되는 키르기즈 사람이다.

파미르 고원에는 카라쿨이 두 개나 있다. 여행자들에게 알려진 호수는 이곳 카라코람 하이웨이의 카라쿨이지만, 타지키스탄 파미르 하이웨이에도 같은 이름을 가진 커다란 호수가 있다. 물빛이 짙푸르다 못해 검다고 해서 카라쿨이라 불린다. 두 호수 주변에는 키르기즈계 유목민들이 가축을 기르며 살고 있다. 그들은 하나는 '키쉬(작은) 카라쿨', 다른 하나는 '총(큰) 카라쿨'이라 일컫는다. 타지키스탄 쪽 '총 카라쿨'이 형인 셈이다. 총 카라쿨은 약 천만 년 전 대형 운석이 떨어져 패인 자리에 형성되었고 키쉬 카라쿨은 눈 녹은 물이 흘러들어 고이면서 생겨났다. 어떤 이들은 키쉬 카라쿨을 이룬 물이 무스타그 산 화원을 지키던 여신이 꽃을 훔치러 온 청년과 사랑에 빠져 흘린 눈물이라고 믿기도 한다.

나는 관광객이 휩쓸고 간 자리를 천천히 거닌다. 파란색으로 칠한 함석집들은 하나같이 옥석점玉石店, 옥 파는 가게들이다. 거기서 멀찍이 떨어진 풀밭에는 옥으로 만든 목걸이나 팔찌 등속을 보자기 위에 늘어놓고 아주머니 혼자 웅크리고 앉아 있다. 타림분지 남녘, 옥과 비단의 고장 호탄에서 흘러든 보석이리라. 달빛이 내려와 정화된 결정체라는 옥. 까마득한 세월 동안 쿤룬 산맥에서 흘러내린 빙하수는 옥돌을 계곡 아래로 실어 보냈고, 예로부터 그곳 사람들은 백옥하白玉河 강물에 뛰어들어 옥 줍는 일로 생계를 이었으리라.

야크가 풀을 뜯는 들판에 양가죽 펠트 천으로 지은 둥근 유르트가 듬성듬성 솟아 있다. 몽골 초원에서 보았던 게르와 닮은꼴이다. 아낙네 둘이 막대기를 양손에 쥐고 마주 앉아 마치 홍두깨로 다듬이질을 하듯 번갈아 가며 양털을 두들긴다. 엉킨 털을 풀어주고 이물질을 제거하기 위해서다. 아기를 업고 유르트를 나서던 젊은 아낙과 눈이 마주쳤다. 그녀의 그을린 뺨이 붉은 옷 때문에 더욱 빨갛다. 관광객용 편의시설을 갖춘 현대식 유르트일까, 아니면 이동을 포기한 유목민 정착지일까. 시멘트로 지은 유르트가 일렬로 서 있다.

구름이 긴 띠를 두르고 무스타그 아타 연봉을 감싼다. 눈을 인 봉우리가 제 모습을 수면에 비춘다. 구름 거느린 하늘이 잔물결에 일렁인다. 물풀이 춤을 춘다.

유르트에서 연기가 피어오른다. 화로를 지피는 연료는 가축 배설물을 모아 짓이겨 말린 것이다. 순식간에 활활 타올라 공기를 덥

힌다. 주전자를 얹고 차를 끓인다. 연기는 연통을 타고 유르트 천장에 뚫린 구멍으로 빠져나간다. 유르트는 거실, 부엌, 침실이 합쳐진 일종의 원룸이다. 그 안에서도 화로인 콜롬토를 중심으로 식기나 냄비, 이불, 옷가지 등 살림살이를 놓아두는 공간이 나름대로 구분되어 있다.

할머니는 여든이라는 나이가 믿기지 않을 만큼 안색이 밝고 정정

하다. 아주머니는 아이들의 엄마라기에는 나이 들어 보인다 싶었는데, 아이 친부모를 대하고서야 큰어머니라는 걸 알아차렸다. 나는 이들과 한 식구로 어울려 저녁밥을 먹는다. 메뉴는 간단하다. 익힌 감자와 양고기, 그리고 난이라 불리는 구운 빵이다.

마라니베이크, 나를 여기로 데려온 열두 살 소년의 이름이다. 아이가 펼친 책은 한자투성이 교과서다. 거기에는 소수민족과 한족

간 화합을 고취하거나 아프리카에 의료지원 나간 중국 인민해방군을 선전하는 삽화 따위가 실려 있다. 녀석은 책 여백에다 뭔가를 끄적였다. 안경 쓴 모습이 영락없이 내 얼굴이다. 나는 그림 밑에 한글과 한자, 영어로 내 이름을 적고서 키르기즈어로도 적어달라고 부탁했다. 아이가 쓴 글씨는 아랍 문자였다. 나는 아이 얼굴을 내 얼굴 옆에다 그려 넣었다.

유르트 벽에 걸린 물건 중에 '코무즈'*라는 악기가 내 눈을 사로잡았다. 아이 아버지에게 연주를 부탁했다. 그는 현악기라기보다는 타악기에 가깝게 코무즈를 다루었다. 손은 세 줄 현 위를 노니는 활이 되었다. 전류에 감전되기라도 한 듯 온몸을 저릿저릿 마비시키는 단순하면서도 강렬한 선율이 유르트 안에 울려 퍼졌다.

침낭으로는 부족해 몇 겹 이불을 덮고 누웠다. 단잠에 취한 할머니와 아이들 숨소리가 고요하다. 추운 밤을 홀로 보낼 줄 알았는데 가족처럼 온기를 나눌 수 있는 사람들과 함께라서 다행이다.

나는 조용히 문을 밀고 밖으로 나왔다. 선득한 기운이 파고들어 몸을 떨게 했다. 달이 사라진 어두운 하늘을 뚫고 별 무리가 망막 속으로 쏟아져 들어왔다. 찬바람 탓일까, 어둠을 지나온 별빛 때문일까. 알 수 없는 눈물이 어렸다. 호수 위로 은하수가 일렁였다.

---

* 키르기즈 전통 탄현악기. 세 줄 현은 양의 창자로 만든다.

ㄴ 파미르 고원은 어디?

'세계의 지붕' 파미르Pamir에 대해서는 익히 들어보았을 테지만, 그 위치를 정확히 짚어내는 사람은 그리 많지 않을 듯하다. 히말라야 산맥을 거느린 티베트 고원과 혼동하는 경우도 더러 있을 터이다.

파미르는 톈산, 쿤룬, 카라코람, 힌두쿠시 산맥이 모여 형성된 평균 해발고도 4,000미터에 달하는 광활한 고원 지대를 말한다. 이곳에는 7,000미터급 고봉들이 즐비하며, 극지를 제외하고 가장 긴 빙하라는 페드첸코 빙하가 놓여 있다. 파미르 고원은 타지키스탄을 중심으로 키르기즈스탄, 아프가니스탄과 파키스탄 북부, 중국 북서부 접경에 걸쳐 자리한다. 파미르는 페르시아어로 '태양신의 자리'를 뜻한다.

돋보기 효자손 구두주걱

운전을 하던 남자는 돌연 차를 세우더니 핸들에 머리를 박고 잠들어 버렸다. 차에서 내린 사람들이 쭈그리고 앉아 담배를 피우는 동안, 나는 언덕에 올라 고원을 가로지르는 하늘길 끝을 눈으로 추적해보았다. 저 언덕을 넘으면 눈부신 만년설이 나를 반겨줄까. 氷山上的來客 云彩上的人家(빙산상적래객 운채상적인가), 붉은 바탕에 노란 글씨로 적힌 대형 간판이 이정표인 양 서 있다. 빙산에서 온 손님, 구름 위의 집. 카라코람을 떠도는 방랑자를 맞이하고 보낸다. 타슈쿠르간은 파키스탄으로 이어지는 카라코람 하이웨이에서 중국 측 마지막 도시다.

타슈쿠르간. 누군가에게는 그저 군자랍 패스 너머 카라코람 하이웨이로의 고된 여정을 준비하거나 파키스탄 여행을 마치고 중국에서 첫날을 맞이하며 쉬어가는 볼품없는 국경도시에 불과할지도 모른다. 나 또한 타슈쿠르간에 도착한 직후에는 비슷한 감정을 가졌었다. 하지만 백양나무 가로수 길과 드넓은 초원에서 마주친 사람들은 그런 생각을 반대로 돌려놨다. 독특한 옷차림, 따뜻한 미소에 눈길을 빼앗겼다. 패션쇼 런웨이를 활보할 것 같은 여인네들이 소를 몰고 꼴을 먹였다. 뚜렷한 눈매, 부리부리한 코, 꽃무늬 머리쓰개…. 이곳 사람들 생김새는 중국인은 물론이거니와 위구르인이나 키르기즈인과도 확연히 달랐다. 자신들 의사와는 상관없이 국가

간 정한 경계선에 의해 나뉘었고 중국이라는 나라에 속하게 되었을
뿐, 이들은 파미르 고원을 생활 무대로 삼은 파미리였다. 국경을
넘을 목적이 아니더라도 여기까지 올 이유는 충분했다.

나는 그가 후줄근한 카고백을 어깨에 걸치고 교통빈관 2인실 방
문을 열고 들어왔을 때, 여행자가 아니라 노무자라고 생각했다. 나
이가 예순이라고 했지만 일본인 특유의 예를 갖추는 태도로 나를
대했다. 구레나룻 기른 얼굴은 《인도 방랑》을 쓴 일본 작가 후지와
라 신야를 연상시키는 면이 있었다. 그는 파키스탄으로 넘어가는
국제버스를 기다리고 있노라고 했다. 훈자 카림아바드에 오래 머물
다가 중국으로 돌아올 계획이라고 털어놓았다. 나는 그에게 지진으
로 강이 막혀 생긴 호수를 배로 건너야 할 거라고 일러주었다. 그가
내게 보여준 휴대폰에는 현지인들과 술 마시며 찍은 사진들이 담겨
있었다.

돋보기, 효자손, 구두주걱. 그가 가방에서 주섬주섬 꺼낸 물건들
이다. 돋보기는 지도를 들여다보는 데 사용할 수 있으니 이해할 만
했다. 망원경을 휴대한 여행객을 보긴 했다. 그런데 효자손과 구두
주걱이라니. 여행에 긴요한 다른 물건도 많을 텐데. 그는 운동화를
신고 있었다. 효자손으로 등 긁을 일이 얼마나 있을까.

나는 카슈가르로 돌아가는 버스를 타야 했던 까닭에, 다음 날 아
침 일찍 그와 헤어져야 했다.

섬이 된 올드타운

지붕은 날아가고 벽체만 남은 집들이 흉물스럽다. 나무를 조상으로 여겨온 위구르 사람들. 그들의 진정한 수도 카슈가르는 지금 몸살을 앓고 있다. 지진에 대비한다는 명목으로 구시가지에서는 먼지 날리는 재개발 재건축이 한창이다. 인부들 대부분은 다른 지방에서 일하러 온 한족들이다. 흙집은 부서지고 벽돌집이 세워진다. 오래된 집은 낡은 것으로 치부되어 헐리고 매끈한 표면을 가진 새로운 것이 들어선다. 겉에 흙을 발라 위장했지만 이란 야즈드에서 보았던 황금빛으로 물든 진흙집을 떠올리기에는 역부족이다.

도로와 놀이공원으로 포위당한 옛 마을이 섬처럼 떠 있다. 밤이면 마을을 비출 조명 시설이 생경하다. 언젠가 그 자리에 콘크리트 아파트가 들어서지 않으리라는 보장은 없다. 주민들은 관광객에게 집 안을 구경시키고 그 대가로 기념품을 판다. 거주 환경이 달라지면 공동체가 유지해온 삶의 방식도 변하기 마련이다. 카슈가르는 2010년 중국 정부에 의해 경제특구로 지정되면서 현대화 바람을 피할 수 없게 되었다.

신장新疆은 뜻 그대로 '새로운 영토'였다. 신장위구르 지방이 청나라에 편입된 것은 19세기 말에 이르러서이고 중국의 실질적인 지배를 받은 때는 인민공화국 수립 이후이다. 그렇지만 위구르 자치구라는 말이 무색하게 이 지역은 갈수록 한족화되고 있다. 자치구 수도 우루무치에서 위구르족은 그야말로 소수민족으로 전락했고, 카슈가르마저 한족 비율이 30%를 넘어섰다.

사막을 가르는 도로가 뚫리고 산맥 사이로 철도가 새로 놓였다. 쓸모없던 땅에서 천연가스와 석유 자원이 개발되었다. 이슬람을 믿는 민족들이 다수를 차지하던 타림분지 남부나 동 파미르에도 한족 유입이 부쩍 늘고 있다. '문명'을 내세우는 자본이 흘러드는 건 당연한 수순이다.

국제버스 아니 국제화물차

여기는 키르기즈스탄 오쉬, 버스정거장 옆 호텔 라운지. 국경을 넘으며 보낸 스무 시간이 아득하기만 하다. 버스에서 내린 외국인 여행자들은 자연스레 한 동아리로 어울렸다. 새벽 3시면 원하는 숙소를 찾아 나서기에 애매한 시간. 차 한 잔씩 시켜놓고 카페 테이블을 차지했다. 투숙객도 아닌데 자리를 내어준 호텔 직원이 고마울 따름이다.

독일에서 온 할아버지 유르겐, 한국에서 영어 강사를 했다는 영국 아가씨 엠마, 그녀의 여행 친구 일본인 후미코, 중국계 말레이시아인 양린, 또 다른 중국계 말레이시아인 여자 위화, 구석 소파에 누워 잠들어 버린 일본인 청년 둘. 지나온 여정과 앞으로 갈 길에 대해 저마다 애기를 풀어놓았다. 모두들 키르기즈스탄 이후 우즈베키스탄이나 카자흐스탄으로 이동할 계획이라고 했다. 타지키스탄으로 넘어가겠다는 사람은 나 혼자였다.

어제 새벽, 빗소리를 들으며 잠에서 깼다. 유스호스텔 직원은 키르기즈스탄으로 가는 여행자라며 엠마와 후미코를 소개했다. 우리 셋은 함께 택시를 타고 카슈가르 국제버스터미널로 향했다. 베이징에 맞춰진 시계는 오전 7시, 신장 시간으로는 아직 어둠이 걷히지 않은 꼭두새벽이었다. 버스터미널 출입문은 굳게 잠겨 있었다. 쏠

아지는 빗속을 헤치고 여자가 뛰어왔다. 위화 씨였다. 우리는 추위에 오들거리며 한 시간 가까이 바깥에서 기다려야 했다.

세 사람이 사라진 자리에 덩그러니 놓인 내 배낭을 발견한 것은 터미널 주변을 잠시 어슬렁거리다 돌아왔을 때였다. 그 틈에 터미널 문이 열린 것이다. 비록 인사만 나눈 사이지만 그들에게 섭섭한 감정이 생기는 건 숨길 수 없었다. 주위에 있던 누군가 가방을 들고 도망이라도 갔더라면 어떻게 되었을까 하는 상상이 더해지니 슬며시 화가 났다.

나는 창 쪽 아무 침대에나 몸을 뉘였다. 버스 천장에 닿도록 정체 모를 자루와 박스 더미 따위가 뒤편을 채우고 있었는데, 내 자리 번호는 그 아래 어디쯤으로 짐작되었기 때문이다. 나무 화분을 통로 양측에 두고 누운 일본 청년을 가리켜 '숲 속의 잠자는 왕자'라고 주위 승객들이 놀려대기도 했다. 중국 장거리 버스가 흔히 그렇듯이 침상은 다리 뻗기 힘들 정도로 짧았고 허리 펴기 곤란할 지경으로 좁았다.

9시에 떠난다던 버스는 11시경에야 출발했다. 국경 검문소를 앞 둔 마을에서 라그만(양고기 국수)으로 점심 겸 저녁을 때웠다. 중국 측 국경 검문소를 통과하고도 이르케쉬탐 고개에 다다를 때까지 그 야말로 무인 지대를 세 시간이나 달렸다. 키르기즈스탄 군인들이 버스에서 내리는 외국인들을 빈둥거리며 관찰했다. 짐 검사 같은 건 없었다. 부슬부슬 찬비는 내리는데, 막사 밖에 줄을 세워놓고 창구에서 입장권을 팔 듯 한 사람씩 입국 도장을 찍어줬다. 그걸로 끝인 줄 알았더니 다른 막사로 불러들였다. 장교로 보이는 자와 면담을 했다. 이름과 국적, 방문 목적을 묻는 말에 답했다. 입국 도장을 이미 받은 상태인데 뒤늦게 뭐로 꼬투리를 잡으려는 걸까 하고 혼잣속으로 중얼거리는 순간, "웰컴 투 키르기즈스탄!"이라고 외치며 여권을 돌려주었다. 그렇게 나는 키르기즈스탄 땅에 들어섰다.

버스가 통째로 피랍되기라도 한 걸까. 설핏 잠결에 차가 멈추는 소리를 들었다. 차량 전조등에 눈이 부셨다. 창문이 활짝 열리며 랜턴 불빛이 안으로 비쳐 들었다. 어리둥절해할 틈도 없이, 버스 내에 가득 쌓였던 박스들이 창문 밖으로 내던져졌다. 아래 트렁크 칸에서도 박스가 쉴 새 없이 쏟아져 나왔다. 소형 트럭 두세 대 분량은 됨 직해 보였다. 저 많은 짐 무게를 버티며 달려온 버스가 신통할 지경이었다. 버스는 중국산 공산품을 실어 나르는 국제 화물차였다. 승객 수송은 차라리 부가 서비스였다. 그 바람에 잠에서 깬 나는 등걸잠마저 포기하고 말았다.

ㄴ 중국–키르기스스탄 육로 국경 넘기

카슈가르 국제버스터미널 안내판에는 카슈가르와 키르기스스탄 오쉬를 연결하는 버스 외에도 동일한 요금으로 카슈가르에서 나른과 비쉬켁으로 가는 버스가 운행하는 것으로 나와 있다. 하지만 이 버스는 중국과 키르기스스탄 현지인만 탈 수 있고 외국인은 이용이 불가능하다. 여행사를 통해 차량을 대절한 경우(500~600달러)에만 토루가트 고개를 지나 키르기스스탄 나른으로 이동할 수 있다.(차량을 공유할 동료를 구하려면, 여행사를 겸하는 '존스 카페'를 방문하면 된다.)

이르케쉬탐 고개로 넘어가는 오쉬행 국제버스는 매주 두 번 월·목요일 아침(베이징 시간 기준 10시 전후)에 출발하며 요금은 570위엔(약 10만원)으로 비싼 편이다. 오쉬에서 카슈가르로 돌아가는 버스는 일·수요일 저녁에 페킨 호텔 옆에서 떠난다. 이르케쉬탐 구간은 자전거 여행자도 지나갈 수 있으나, 중국 측 첫 번째 검문소에서 국경까지는 차량을 이용해야 한다. 주말과 공휴일에는 국경이 닫힌다.

중국 신장위구르 지역에서 이웃 중앙아시아 나라로 국경을 넘는 순간, 시차가 2시간이나 발생한다. 중국 전역에 걸쳐 베이징 기준 단일 시간대를 고수하고 있는 탓이다.

소원을 들어주는 미끄럼틀

키르기즈스탄*에서 첫날을 맞이한 곳은 이 나라 제2 도시인 오쉬다.

오쉬에는 시내 어디에서나 눈에 들어오는 바위산이 있다. 바로 슐레이만 뚜. 꼭대기에서 펄럭이는 붉은색 키르기즈스탄 국기를 길잡이 삼아 산을 오른다. 길동무는 같은 숙소에 머물게 된 위화 씨. 그녀와는 침대 두 개 놓인 방을 함께 사용했다. 밤새워 버스를 타고 온 뒤라 숙소를 구하러 다니기 피곤해서거나 숙박비를 아끼려고 그렇게 한 거라 여겼는데, 그녀가 털어놓은 얘기는 내 추측과는 달랐다. 국제버스를 타고 오는 동안 비싼 카메라를 도둑맞았고 그래서 안전에 위협을 느낀 나머지 나와 동행했노라고.

입구에서 만난 중학생 또래 여자아이들이 슐레이만 뚜 오르는 길을 안내했다. 여학생들은 내가 한국에서 왔다는 말에 반색을 하며 한국 드라마 남자 주인공 이름을 이구동성으로 외쳤다.

슐레이만 뚜는 이슬람 선지자 슐레이만 쉐이크가 산 아래 묻히면서 성지로 알려졌다. 또한 역사적인 사실과는 무관하게 예언자 무함마드가 이곳을 찾아 기도했다고 현지인들은 믿는다. 멀리서 바라본 바위산은 임산부가 누운 형상을 닮았다. 그런 까닭에, 아기 갖

---

* 현지 지명을 러시아어 키릴문자로 표기하고 이를 다시 영어로 옮기는 과정에서 실제 발음과 차이가 생겨났다. '키르기즈스탄'보다는 '크르그즈스탄'이라고 하는 게 좀 더 정확하다. 마찬가지로, '타지키스탄'보다는 '토지키스톤'이 현지어에 가깝다. 본서에서는 알려진 지명은 기존 표기를 따르되, 그렇지 않은 곳은 가능한 한 현지 발음에 근접하게 적도록 노력했다.

기를 원하는 여자들은 산에 올라 기도를 드리곤 한다. 슐레이만 뚜는 키르기즈스탄 1,000솜 지폐에도 실려 있다.

사원 옆에는 홈이 파인 미끄럼틀 바위가 있어 흥미를 끈다. 얼마나 많은 사람들이 미끄럼을 탔는지 표면에 반질반질 윤이 날 정도다. 세 번 미끄러지면 소원을 들어주고 일곱 번 미끄러지면 죄가 씻기고 병이 낫는다고 한다. 한 바퀴 도는 데 꼬박 사흘이 걸리고 108바퀴 돌면 일생의 업죄가 사라지고 윤회에서 벗어날 수 있다는 카일라스 코라에 비한다면 정말 손쉬운 방법인 셈이다. 함께 온 여학생들도 교복 치마 차림으로 신나게 미끄럼을 탔다. 소원을 빌기보다 순전히 재미로 오르락내리락하며 미끄럼틀을 타는 듯이 보인다. 나도 바위를 미끄러지며 앞으로 여행길에 행운이 함께하기를 빌어본다. 바위에 난 구멍에 손을 넣고 기도하거나 산 중턱에 파인 동굴에 들어가 웅크린 이들, 돈을 받고 점을 쳐주는 여자, 성황당 신목처럼 티베트 타루초처럼 나뭇가지에 걸려 나부끼는 색색의 천. 이곳은 토착 샤먼과 이슬람이 혼합된 성지이다.

2010년 6월, 오쉬에서 대규모 유혈 사태가 일어났다. 슐레이만 뚜에서도 총격전이 벌어졌다. 키르기즈인과 우즈벡인 간 충돌로 이천여 명의 사상자가 발생했고 우즈벡계 주민 수만 명이 우즈베키스탄으로 피신했다. 오쉬, 잘랄아바드를 비롯한 키르기즈스탄 남서부 지역은 우즈벡 사람들이 다수 거주하고 우즈벡 문화가 강한 지역이다. 본디 오쉬 지역은 우즈벡인들이 살던 땅이었으나 소련 정부에 의해 강제로 키르기즈스탄 영토로 편입되면서 민족 분쟁의 불씨를 뿌렸다. 당시의 참혹했을 상황을 아는지 모르는지 여학생들은 깔깔대며 산을 내려간다.

손님은 신이 보낸 선물

오쉬를 떠나 아슬란봅으로 가려면 중간에 잘랄아바드와 바자르 코간이라는 곳을 거쳐야 한다. 합승택시 운전사와 요금 협상을 벌이며 차를 갈아타야 하지만 번거롭기보다는 그 차제가 흥미롭다. 아슬란봅은 키르기즈스탄 내에 자리한 우즈벡 마을이다.

CBT*를 통해 소개받은 민박집이 마음에 쏙 들었다. 마당에는 샐비어 꽃이 붉게 피었고 가지가 늘어지도록 나무마다 주렁주렁 과일이 열렸다. 사과를 따 먹어도 뭐라 하는 사람은 없다. 나무계단을 올라 이층에서 내려다보면 과수원에 놀러 온 듯한 착각이 들기도 한다. 화장실은 푸세식이고 반야(목욕탕)가 제구실을 못해 더운 물로 머리라도 감으려면 장작불로 데운 물을 양동이째 퍼 담아 날라야 했다. 하지만 마당 한켠에서 솟아나는 차가운 물로 비누칠하지 않고 세수하는 걸로 충분했다.

강 건너에 있다는 연못을 찾아가는 길. 하얀 레이스가 바람결에 나풀거린다. 계집아이들이 레이스 달린 옷을 교복으로 입고 학교에서 돌아온다. 열 살을 갓 넘겼을 꼬마들이 당나귀를 자가용처럼 타고 동네를 누빈다. 사내아이들은 하나같이 얼굴이 동글동글하다. 아기를

* Community Based Tourism. 키르기즈스탄은 다른 중앙아시아 나라들에 비해서 그나마 여행 지원 단체들이 갖추어진 편이다. CBT, Shepherds' Way같이 지역 사회를 기반으로 하는 여행사를 통해 숙소를 정하거나 교통편을 마련하고 트레킹 정보를 알아보는 것도 나쁘지 않은 방법이다.

안은 동네 아낙, 밭에서 수확한 채소를 바구니에 담고 가던 여자들이 무람없이 우리를 대한다. 여성인 위화 씨와 함께한 덕택인가 보다. 그녀가 아기를 안아 올리며 어르자 아기는 몸부림치며 벗어나려 하고, 그 모습이 하도 귀여워 모두들 한바탕 웃음을 터뜨린다.

손자를 돌보던 할머니가 덥석 손목을 잡더니 우리를 대문 안으로 이끌었다. 큼지막한 빵을 잘라 꿀과 잼을 바르고 마당에서 금방 따온 사과와 포도를 곁들여 먹는다. 넓은 마당이 정원이요 과수원이다. 자연 산지와 식탁이 이어져 있다. 성찬이 따로 없다. 음식이 입에 들어가는 모습을 할머니는 흐뭇하게 바라본다. 그 집을 나와 숙소로 돌아오다가 또 한 번 초대를 받았다. 궁금한 입을 달래주던 것도 잠시, 즐거운 음식 고문에 시달려야 했다. 손님을 신의 선물로 여기는 사람들이다.

절벽 아래로 곤두박질치던 물줄기는 바닥에 닿기도 전에 햇살 속에서 어지럽게 흩어진다. 폭포를 지나 에움길로 접어들었다. 호두나무들이 군락을 이룬 숲이 우리를 맞이한다. 호두나무가 이렇게 크고 울창한 줄 몰랐다. 녹색 잎사귀들이 하늘을 가렸다. 숲 속에서 요정이라도 튀어나올 것만 같다. 땅에 떨어진 호두를 줍다보니 금세 한 움큼이다. 말고삐를 당기며 부부가 인사를 건넨다. 길이 내리막으로 바뀌더니 시야가 트였다. 우리는 파노라마 전망대 노릇을 하는 바위 언덕에 서 있다. 나무들이 내뿜는 초록 물결이 계곡 마을을 감싼다.

바다 닮은 호수, 이슥쿨

바다 없는 내륙국 키르기스스탄에는 바다 닮은 호수 이슥쿨이 있다. 러시아 우주비행사 유리 가가린이 세계 최초로 지구 궤도를 도는 우주 비행에 성공한 후 이슥쿨 호수에 머물며 건강을 회복했다고 알려지면서 유명해졌다. 이슥쿨은 카자흐스탄이나 러시아 사람들도 즐겨 찾는 여름 휴양지이지만, 지금은 철 지난 해변인 양 셔터 내린 가게들이 한산한 거리에 스산함을 더할 뿐이다.

산에서 굴러 내리던 돌덩이들이 호수 앞에서 움직임을 멈추었다. 길게 굽은 뿔을 자랑하는 아이벡스, 아이벡스에게 활을 겨누는 사냥꾼, 사슴을 덮치는 눈표범이 그려졌다. 덩치 큰 초식동물이 인간과 표범을 압도한다. 기원과 숭배의 대상이던 동물들이 기나긴 시간 속에 정지한 채 바위에 새겨졌다. 노랑과 빨강을 띤 이끼가 유화 물감처럼 바위 표면에 달라붙어 자연미술을 담아낸다.

벌판에 멋대로 흩어진 수많은 바위들 가운데 암각화를 찾아내기란 쉽지 않은 일이다. 보물찾기 놀이라도 하듯, 흐릿한 흔적을 더듬으며 어떤 형체를 떠올려보려 애쓴다. 낙서를 가리키며 암각화를 찾아냈다고 장난치기도 한다.

석양이 깃드는 호수를 만나러 서두른다. 건너 설산이 물마루에 신기루처럼 떠돈다. 톈산 산맥이 품었다가 풀어놓은 빙하수가 호수 밑바닥 온천에서 솟은 물과 뒤섞인다. ‘따듯한 호수’ 이슥쿨에 손을 담가본다. 호수는 바닥이 훤히 드러나도록 투명하고 시리도록 차갑다. 손에 물을 담아 한 모금 마신다. 호수 아래 잠들어 있다는 고대 도시를 상상해본다.

호수에 이는 잔잔한 파도는 사람이나 동물 뼈를 실어 나른다. 때로 어부들은 호수 바닥에서 청동 항아리나 화살촉, 스키타이 양식의 칼을 건져내기도 한다. 전설에 따르면, 오래전 갑자기 지진이 일어나 땅이 꺼지고 샘물이 솟아났고, 주변 마을을 삼키며 커다란 호수가 생겼다고 한다. 키르기즈 사람들은 세계 중심이 이슥쿨 호수라고 믿는다.*

타바카라고 불리는 통닭을 뜯고 맥주를 마시며 위화 씨와 나는 마지막 저녁 만찬을 나누었다. 같은 국제버스를 타게 된 인연으로 오쉬에서 여기 촐폰아타까지 그녀와 동행했다. 세세한 신상은 서로 묻지 않았다. 일정이 짧았던 그녀는 이슥쿨에 발을 적신 걸로 만족하고 말레이시아로 돌아가기 위해 비쉬켁행 합승택시를 탔고, 나는 반대 방향인 카라콜로 가는 미니버스에 올랐다.

---

* 장준희 《문명의 실크로드를 걷다》(청아출판사, 2012) 337면에서 수정 인용

우연한 인연

바르스콘에서 프랑스 노부부 일행의 지프차를 얻어 탄 나는 마을길
이 호수변 도로와 만나는 지점에 내렸다. 언제 올지 모르는 마르슈
르트카(미니버스)를 기다리기에는 여유가 없다. 카지사이 방면으로
가는 차를 히치하이크했다. 히치하이킹이라고 해서 흔히 생각하듯

이 공짜로 차를 얻어 타는 건 아니다. 혹시 운 좋게 착한 화물트럭 기사라도 만난다면 모를까. 중앙아시아에서는 돈을 받고 개인 차량에 손님을 태우는 게 문제가 되지 않는다. 운전자로서는 볼일 보러 가는 길에 같은 방향으로 가려는 사람을 태우고 기름값을 보충할 수 있으니 일석이조. 목 빠지게 기다리지 않고 어깨 부대끼는 일 없이 편하게 이동할 수 있으니 승객들도 마다할 이유가 없다.

옆자리 아저씨도 카지사이 마을로 들어가는 갈림길에서 내렸다. 우리는 대기 중이던 차를 타고 마을로 들어갔다. 택시기사인 줄 알았더니 핸들을 잡은 남자는 아저씨 아들이었다. 바스러질 듯한 사암 둔덕으로 둘러싸인 녹음 짙은 오아시스 마을. 카지사이가 사람 사는 아늑한 마을을 이룬 건 이슥쿨로 흘러드는 물길을 거느린 덕택이리라.

키르기즈 전통악기 연주 장인이 운영한다고 알려진 민박집에 머물고 싶어 음악 학교를 찾아갔으나 그와 연락이 닿지 않았다. 나를 거기까지 데려다준 아저씨 댁에 머물기로 했다. 사께노프 쿠다이베이젠 씨는 삼대가 모여 사는 전형적인 키르기즈 집안의 가장이자 두 아들과 딸, 손자 손녀 여섯을 둔 할아버지였다.

그는 내게 햇살 드는 널찍한 이층 방을 내주었다. 쉬르닥이 방바닥과 벽면을 장식하다시피 했고 이불이 천장에 닿을 정도로 쌓여 있었다. 쉬르닥은 조밀하게 압축한 양털을 천연 염료로 물들이고 양 뿔이나 새 발톱 등을 형상화한 화려한 문양을 이어 붙인 키르기즈 양탄자를 말한다.

차이 마시라며 나를 불렀다. 차만 내온 게 아니라 티베트 빵을 닮은 둥근 난에 양고기, 과일, 과일로 만든 잼, 꿀 등이 식탁에 가득했다. 무슬림이 손님에게 "차이?"라고 묻는다면, 차 한 잔으로 그치는 것이 아니라 한 끼 식사로도 충분한 먹을거리가 나오리라는 점을 알아야 한다. "한 잔의 차를 함께 마시면 당신은 이방인이다. 두 잔의 차를 함께 마시면 당신은 손님이다. 그리고 세 잔의 차를 함께 마시면 당신은 가족이다."*《세 잔의 차》라는 책에 나오는 얘기다. 나는 사께노프 씨 가족과 어울려 차를 거푸 마셨다. 이 집에 머무는 동안만이라도 가족 중 한 사람이 된 기분이었다.

* 그레그 모텐슨, 데이비드 올리비에 렐린 《세 잔의 차》(권영주 옮김, 이레, 2009)

"김, 오늘 뭐 할 건가요?"

"그냥 마을 여기저기를 둘러보려고 하는데요."

"특별히 할 일 없으면, 말이 뛰노는 자일로에 갑시다."

러시아어와 영어 단어 몇 개, 몸짓 언어로 이루어진 대화였지만 대충 이런 말이 오갔다.

'자일로'는 고원 지대에 자리한 목초지를 말한다. 사께노프 씨와 그의 아들만 가는 줄 알았는데 할머니(사께노프 씨 부인)와 두 살배기 손자도 차에 올랐다. 차는 버컨바예바 마을 쪽으로 꺾어지더니 밀밭 사이로 난 흙길을 달려 설산 아래 초원에 멈추었다. "스넥(눈)!" 사께노프 씨 아들이 나를 돌아보며 외쳤다. 피라미드 모양으로 뾰족하게 솟은 설산 봉우리가 나를 유혹했다.

사께노프 씨네 가족은 여기에 임시 거처를 두고 마을과 방목지를 오가며 생활하는 듯했다. 벽돌로 대충 지은 집 안에는 옷가지와 이불, 그릇들, 어디서 전기를 끌어오는지 중국제 전열기와 심지어 작은 텔레비전도 놓여 있다. 유르트에서 지내리라고 여겼던 내 추측과는 달랐다. 맑은 개울에서 떠온 물을 전열기에 올리고 차를 끓였다. 간단하게 요기를 하고 밭에서 감자를 캐기 시작했다. 나도 감자 수확에 일손을 보태었다.

일손을 돕다 말고 나는 설산을 향해 하이킹을 떠났다. 도중에 말이 쟁기를 끄는 광경을 만났다. 우리네 산골에서 소가 하던 일을 여기서는 말이 대신했다. 이들 가족도 감자를 거둬들이는 참이었다.

아들이 말을 타고 쟁기를 당기면 뒤에서 아비가 쟁기의 각도와 강도를 조절해 흙을 파헤쳤다. 그러면 아낙네들이 감자를 주워 통에 담았다.

언덕마루에 평원이 펼쳐질 때까지 꼬부랑길을 따라 가파른 등성이를 올랐다. 수백 마리 양들을 혼자 지키는 이가 있었다. 내가 손을 흔들자 그도 손을 흔들었다. 상대가 겨우 열 살이나 될까 말까 한 꼬마라는 걸 알고 나는 놀랄 수밖에 없었다. 멀찍이서 보았을 때에는 키 작은 어른이라고 여겼는데 말이다. 아이는 자기보다 덩치가 큰 양을 끌어안고 뒹굴었다. 인적 없는 산속에서 심심하지 않을까, 사람이 그립지는 않을까. 나는 양들이 오글거리는 작은 돌기들처럼 조그맣게 변할 때까지 뒤돌아보곤 했다.

물 흘러내리는 소리가 시원하게 귓가를 적셨다. 눈 녹은 물에 목을 축였다. 능선이 하늘과 닿아 부드러운 곡선을 그렸고, 그 위에 말 탄 사람이 그림자로 걸려 있었다. 한 마리 소를 앞세우고 그림자는 느릿느릿 움직였다. 눈 덮인 산들이 다가섰다. 무리에서 벗어난 소를 데려오던 남자는 나를 위해 말을 세웠다. 그도 내가 궁금했을 것이다. 설산을 배경으로 유르트에서 연기가 피어올랐다. 나는 아무런 계획 없이 홀로 방랑객이 되어 유르트에서 며칠 밤 쉬어가고 싶었다.

이틀 밤을 보내고 카지사이를 떠나려니 발걸음이 쉽게 떨어지지 않는다. 우연한 만남이 맺어준 인연이었기에 마음속에 고마움과 아쉬움이 더 크게 자리 잡았다. 특히나 사께노프 씨의 열한 살 손자 탈가르벡, 일곱 살 손녀 말리까와는 정이 꽤 들었다. 녀석들은 저녁이면 내가 머무는 방으로 들어와서 한참을 놀다가 내가 자리 가라는 표시로 손을 흔들어 보일 때에야 비로소 돌아가곤 했다. 사께노프 씨에게 한국의 산천을 담은 사진엽서를 선물로 드렸다. 가족을 찍은 사진은 한국에 돌아가면 우편으로 보내주기로 약속했다. 그는 한길까지 차로 나를 데려다주었다. 우리는 악수로 작별 인사를 대신했다.

ㄴ 독수리사냥

카지사이와 이웃 마을 버컨바예바는 키르키즈스탄 내에서도 독수리사냥으로 유명한 곳이다. 야생에서 생포한 독수리를 길들여 토끼나 여우를 사냥한다. 매년 여름이면 독수리사냥 대회가 열리고 관광객을 상대로 사냥 시범을 보이기도 한다. 독수리사냥꾼을 '베르쿠치'라고 한다. 이제는 진기한 구경거리로 변했지만, 대를 물려 독수리를 훈련시키고 수렵하던 베르쿠치의 자긍심은 대단했다.

삼국유사 기록에 따르면 우리나라에서도 삼국시대부터 매사냥을 했다고 전해진다. 우리나라에서는 길들인 매로 꿩 따위를 잡는 사람을 응사鷹師라고 불렀다. 우리말 '시치미를 떼다'에서 '시치미'가 바로 매사냥에서 나온 말이다. 길들이던 매가 달아날 경우를 대비해 쇠뿔을 얇게 깎아 주인 이름과 주소를 적고 매 꽁지털 속에 매달았는데 이를 시치미라고 부른 데서 유래했다. 몽골 서부 카자흐 유목민에게도 독수리사냥 풍습이 전해온다.

보물 상자 콜 유퀵을 찾아서

눈폭풍

코치코르에서 산악 호수 콜 유퀵으로 트레킹을 떠나기로 했다. 트레킹 안내도를 숙소에서 발견했고 주인장 무라트의 설명이 도움이 되었다. 트레킹을 시작하는 이사케이프 마을까지는 합승택시를 타면 10분이면 도착할 수 있는 거리였다. 하지만 방해꾼은 다른 데서 나타났다. 날씨가 흐리더니 새벽부터 비가 내린 것이다. 마을에 비가 쏟아진다면 산에는 눈이 흩뿌릴 게 분명했다. 뚝 떨어진 기온에 한기가 몰려왔다. 트레킹을 떠나야 할지 말아야 할지, 아침에 일어나서 두세 시간을 그렇게 고민했다. 하늘도 내 마음을 알았는지 빗줄기가 차츰 가늘어지더니 구름 사이로 조각하늘이 드러났다.

말을 타고 내려오는 유목민들과 조우했다. 한 명은 아이였다.
"앗꾸다(어디서 왔나요)?"
"이스 까레이. 야 뚜리스트(한국에서요. 난 여행객이에요)."[＊]
한국에서 온 여행자이고 '테스 터르' 자일로와 콜 유퀵 호수를 찾아가는 길이라고 밝히자, 남자는 소년에게 어딘가로 전화를 걸게 했다. 휴대폰을 사용하는 목동, 그 모습이 조금은 낯설어 보였다.

＊ 대화의 생생함을 살리고 싶어 러시아어로 적었다. 공용어인 러시아어나 현지어를 몇 토막이라도 알고 있으면 중앙아시아 여행이 한결 즐거워진다.

자일로에 유르트가 두 군데 있으니 어떻게 하라는 말인 듯한데, 내 변변찮은 러시아어 실력으로는 잘 알아들을 수가 없었다.

세 시간쯤 걸었을까. 길이 내리막으로 바뀌는 언덕바지에 이르러 말을 탄 남자를 만났다. 유르트가 있는 방향을 묻자 손을 들어 멀리 가리켰다. 가축을 가두는 울타리만 보일 뿐 유르트는 눈에 잡히지 않았다. 몇 번이나 두 눈에 힘을 주고 두리번거린 후에야 고깔모자 같이 생긴 하얀 유르트를 찾아냈다.

누군가 말을 몰아 내게 다가왔다. 가까이서 본 목동은 사내아이가 아니라 여자애였다. 나를 발견하고는 자기네 가족 유르트로 데려가기 위해 달려온 것이다. 이때 말을 타고 한 남자가 나타나더니 자기 말에 올라타라며 재촉했다. 나를 태우고는 황급히 그 자리를 벗어났다. 말은 서덜길을 지나 살여울을 건너 유르트 앞에 나를 내려놓았다. 그의 유르트는 첫 번째 유르트보다 훨씬 위쪽에 자리했다. 걸어서 간다면 40분은 걸릴 거리였다. 아래쪽 유르트는 여행사 CBT와, 위쪽 유르트는 Shepherd's Life와 연계되어 있음을 깨달았다. 오는 길에 만났던 유목민 소년이 전화를 걸던 장면이 떠올랐다. 코치코르에서 내가 머문 숙소를 통해 미리 연락을 취한 것도 아니고 내 입장에서는 어느 유르트에서 지내든 상관이 없었지만, 어찌 되었든 호수와 좀 더 가까운 유르트에 머물기로 했다. 알튼벡 토수알, 유르트 주인장의 이름이다. 서른다섯 살이라는 사실을 알고 나니, 강렬한 햇볕과 찬바람에 그을리고 튼 얼굴에서 나이에 걸맞은 인상이 읽혔다.

카메라 가방만 챙겨 길을 나섰다. 언덕바지에 앉아 있던 두 사람이 나를 불러 세웠다. 그들은 계곡에 흩어져 풀을 뜯는 가축들을 망원경으로 살펴보고 있었다. 위장 무늬가 들어간 군복 바지에 털모자 차림이라든지 담배 연기 내뿜는 품새가 이곳 풍경과 잘 어울린다는 생각이 들었다. 맛있게 피우는 담배는 원산지에서는 자취를 감춘 한국산 Pine(솔)이었다.

어제 산 아래 마을에 비가 내릴 때 여기서는 눈을 뿌린 게 틀림없다. 물 고인 웅덩이, 난봉꾼처럼 불쑥 튀어나온 바위들이 눈 쌓인 대지에 얼룩을 그려놓았다. 우두머리 양이라도 있는지 마치 행군을 하듯 양들이 줄지어 내려갔다. 나는 아무도 밟지 않은 깨끗한 숫눈을 뭉쳐 손바닥에 올려놓고 녹였다.

희뿌연 안개 물결이 스멀스멀 밀려왔다. 조금 전까지만 해도 하늘 푸른색을 드러내며 개는가 싶던 날씨가 급변했다. 잉크가 물에 번지듯이 안개가 대기를 잠식해 들어갔다. 시야가 흐려지는 건 순식간이었다. 꿈길을 몽유하듯, 짐승들이 남긴 흔적을 더듬어 한걸음씩 나아갔다. 어깨에 떨어지던 진눈깨비는 우박에서 눈으로 바뀌었고 폭설로 둔갑했다. 안개와 눈이 몰고 온 백색 점령군에게 나는 완전히 포위당했다. 순백 바다에 풍덩 빠져 세상의 경계, 사물의 윤곽이 지워지고 뭉개졌다. 나는 숨을 크게 한번 들이마셨다가 입김으로 훅 내뿜고는 발걸음을 되돌렸다. 몇 걸음만 더 옮기면 안개

속에서 호수가 나올 것만 같았지만.

살아 있는 당나귀 두 마리가 얼어붙은 채 눈을 맞으며 당나귀 조각상처럼 서 있었다. 돌아가는 길은 올 때 보았던 그 길이 아니다. 눈폭풍은 길을 삼켜버렸다. 온 세상을 화이트아웃시켰다. 얼음장같이 매서운 눈바람이 얼굴을 사정없이 할퀴었다. 발목 위로 눈이 차올랐다. 달려드는 눈보라에 눈을 뜰 수 없어 저절로 고개가 밑으로 푹 꺾였다. 털어내기가 무섭게 옷에 눈이 쌓였다. 안경에 맺힌 눈을 닦아내면 김이 부옇게 서려 앞이 보이지 않았다. 적어도 두 시간은 무작정 그렇게 걸었을 것이다. 가축을 가두는 외양간 구실을 하는 벽돌 담장이 눈 속에 흐릿하게 드러났다.

마음 놓기에는 일렀다. 유르트로 가려면 여울에 놓인 나무다리를 찾아야 했기 때문이다. 퍼붓는 눈이 공기 중 다른 소리들을 빨아들이기라도 했는지 오직 출렁이는 물살의 아우성만 귓전에 울렸다. 그건 공포였다. 나는 방향감각을 잃고 헐떡였다. 심장이 요동쳤고 들숨과 날숨 간격은 빨라졌다. 멀리서 사람 형체가 환영처럼 떠올라 무지개색 우산을 흔들지 않았더라면, 나는 여울을 건너지 못하고 제자리를 맴돌다 끝내 지쳐 쓰러졌을지도 모른다. 나를 구조한 이는 유르트의 아주머니였다.

난로에 불을 피우고 주전자를 얹어 물을 끓였다. 유르트 안이 이리도 따듯하다니. 눈을 뒤집어쓴 소들이 유르트 근처로 피신해 왔다. 부부는 우리 안으로 양들을 몰아넣었다.

바람이 능선에 눈보라를 피워 올린다. 언제 폭설이 내렸나 싶게 거짓말처럼 구름이 물러가며 햇살이 스며든다. 그것도 잠시, 푸른 하늘과 잿빛 눈구름이 서로 전진과 후퇴를 거듭하며 공방전을 벌인다.

마지막 손님

유르트 안에 등불을 켜서 어둠을 지울 수 있는 시간은 짧다. 전기 배터리는 조그마한 태양열 집열판에 연결되어 있다. 음식을 앞에 둔 얼굴들이 흐릿한 백열등 아래 그늘진다. 이웃 남자도 식사에 초대받았다. 그의 거처가 어디인지는 알 수 없다. 고원과 초원을 터전으로 살아가는 유목민에게는 수 킬로 떨어져 있어도 모두가 생활을 공유하는 이웃이다. 문명화된 대도시에서는 벽 하나를 사이에 두고 옆집에 누가 사는지도 모르는 경우가 비일비재하지만 말이다.

알튼벡 씨는 양 갈비뼈 부위를 칼로 자르더니 내 접시 위에 올려 준다. 그것을 가리키며 내 등뼈와 갈비뼈를 더듬어 만지는 시늉을 하자 절로 웃음이 터진다. 뼈에 붙은 살을 발라 먹는 재미가 쏠쏠하다. 감자를 넣은 양고기국이 저녁 식사의 주 요리이다. "라흐맛(고마워요)." 나는 이럴 때 쓰려고 외워둔 '맛있다'라는 뜻의 러시아어 "프꾸스나!"를 연발한다. 부부 얼굴에 미소가 번진다. 드럼통에서 우유 빛깔이 도는 액체를 사발에 퍼 담아 한 잔씩 돌린다. 크므스, 말젖을 발효시킨 음료이다. 몽골 아이락(마유주)과 똑같은 맛이다.

시큼하면서도 칼칼한 것이 목줄기를 타고 훑어 내렸다. 막걸리라도 한 사발 들이켠 듯 나는 입술을 훔치며 키르기즈 말로 "작시, 작시(좋아요), 총 라흐맛(정말 고마워요)!"이라 외치며 화답한다.

유르트 문을 밀치고 나서는 순간, 훤히 밝은 밤하늘에 나도 모르게 탄성을 지른다. 인공 불빛 한 점 없는 세상. 태양이 사라진 반대편, 눈 덮인 산릉 위로 이제 막 보름달이 둥근 이마를 내밀었다. 지구 어디에서나 뜨고 한국에서도 밤마다 떠오르는 달이지만, 그건 지금껏 한 번도 본 적 없는 가장 크고 밝은 달, 생애 최고의 보름달이다. 날짜를 꼽아보니 오늘은 추석날이다. 내가 태어난 땅에서 누군가는 휘영청 밝은 달을 바라보며 소원을 빌고 있겠지. 어머니 얼굴이 달 위로 스민다. 술 없이도 서늘한 달빛에 취할 것만 같다. 지구가 자전한 시간만큼 별들은 밤하늘에 빗금을 그었다.

유르트 두 개가 마주 보고 있다. 하나는 유목민 가족용이고 다른 하나는 손님용이다. 아주머니가 미리 난로에 불을 피우고 이불을 여러 장 깔아 잠자리를 마련해놓았다. 고래 뱃속 같은 유르트 안으로 들어가, 누에고치 닮은 침낭에 몸을 밀어 넣고 도사린다. 저녁 8시를 겨우 넘긴 시각, 잠이 오지 않는다. 랜턴을 밝히고 책장을 넘긴다. 성냥을 그어 촛불을 켠다. 내 그림자가 유령처럼 커졌다 작아졌다 둔갑술을 부리며 일렁인다. 어둠 속에 눈과 귀가 밝아진다. 새앙쥐인 듯, 온기를 찾아 찬바람 이는 틈새를 들락거린다. 남은 소똥을 화롯불에 던져 넣었다. 잉걸불마저 사그라지면서 살바람이 유르트 안으로 스며든다. 장소만 달라졌을 뿐 습관처럼 깨어나기 위해 잠들어야 한다. 태아처럼, 무릎을 붙여 허리께로 올리고 엇갈린 두 팔로 가슴을 싸안았다.

문틈으로 햇살이 비쳐 든다. 소들이 유르트 천막을 비비며 우는 기척에 나는 잠을 깼다. 유르트에 걸어놓은 가죽옷을 질근질근 씹던 소가 주인에게 혼쭐이 나며 쫓겨났다. 녀석에게는 소금이 필요했는지도 모르겠다. 양치기 개가 몸을 둥글게 말고 양달에 웅크리고 있다. 곡물을 갈아 만든 흰 죽이 아침 식사로 나왔다.

구름 한 점 없이 하늘은 푸르고 더할 나위 없이 화창하다. 어제 폭설을 만나 포기했던 호수 트레킹에 다시 도전한다. 눈밭에 처음 발자국을 낸다. 유목민 가족이 마을로 내려갈 채비를 하는지 짐을 싣고 있다. 발목 높이로 눈에 푹푹 빠진다. 눈 덮여 지워진 길에 길을 내면서 나가야 하니 걸음이 더딜 수밖에 없다.

보물 상자가 열리듯 골짜기에 숨겨진 비취색 호수 콜 유컥이 모습을 드러냈다. 깎아지른 바위산들이 눈을 뒤집어쓴 채 호수를 호위하고 있다. 바람결에 흩어지던 새털구름은 유성처럼 긴 꼬리를 뒤로 남기며 형태를 바꾼다. 호수를 감도는 길은 비교적 완만한 비탈이다. 햇빛을 그대로 반사하는 하얀 눈 때문에 제대로 눈을 뜰 수가 없어 나는 자꾸만 호수와 하늘로 눈길을 돌린다. 총을 어깨에 멘 사냥꾼이 홀로 설원 속으로 말을 몰아가고 있다.

호수로 흘러드는 개울쯤에서 소들이 남긴 흔적마저 뚝 끊겼다.

콜 유쿡에 이어 산속으로 두어 시간을 더 걸어가면 나온다는 빙하
호수 콜 토르로 가려던 계획은 단념키로 한다. 길을 물을 사람이 없
을뿐더러 유르트로 돌아가는 시간을 고려하면 여유가 없기 때문이
다. 생명이 피어나는 한여름의 호수 풍경은 어떨지 상상하며 왔던
길을 되밟아 간다.

사흘째 깎지 못한 수염이 잡초처럼 자라 까칠하다. 얼굴에는 자외선 차단제를 발랐지만 입술에 바르는 걸 잊은 탓에 입술이 부풀어 올라 따끔거린다. 눈에서 반사된 강한 햇살이 입술에 화상을 입힌 것이다. 게다가 차가운 시냇물에 세수를 하고 잠시 맨 얼굴로 돌아다니는 사이 코끝마저 그을렸다. 사정이 이러하니, 뙤약볕과 칼바람에 무방비로 노출된 채 생활하는 유목민들 얼굴은 도리 없이 검붉은 색을 띠기 마련이다.

유르트 근처 둔덕에는 남자 둘이 망원경으로 가축들을 관찰하고 있다. 어제 그곳에서 만났던 이들은 아니다. 엘레바이는 야생 짐승이 내려와 양을 잡아먹기도 한다며 발톱을 세워 덮치는 흉내를 내 보인다. 마칸은 심하다 싶을 만큼 얼굴이 불에 익은 듯이 검붉고 웃을 때마다 금이빨이 드러난다. 기우듬 나를 바라보는 눈빛에는 그 어떤 악의도 찾아볼 수 없다. 그들이 내는 휘파람 소리 몇 번의 외침이 양들의 움직임 이동 방향을 바꿔놓는다.

입맛에 익숙한 만트(만두)가 저녁상에 올랐다. 나직이 얘기를 나누는 알튼벡 씨 부부.

"지금은 날씨가 추워져 아이들을 먼저 마을로 내려 보내고 우리 둘만 유르트를 지키고 있다오."

그들은 4월 말에서 10월 초 6개월 동안만 고원 목초지에서 유목 생활을 하고 이후에는 마을로 내려가 주택에서 지낸다고 한다. 풀이 무성해지는 6월에서 8월 여름철에는 콜 유컥 호숫가에도 유르트를 세우고 가축들을 방목한다고 한다. 전 재산인 가축은 양이 310마리, 소가 30여 마리, 말이 20여 마리라고.

　부부는 나흘 뒤면 유르트를 거두고 코치코르의 카라수 마을로 내려갈 거라고 했다. 내가 이 해 마지막 손님이었다.

가짜 경찰

이슥쿨 호수를 한 바퀴 돌아 2주 만에 비쉬켁으로 다시 돌아온 다음 날. 타지키스탄 대사관을 방문해 비자를 발급받고 시간이 남는 터라 오쉬 바자르를 한 번 더 둘러보았다. 지난번 다채로운 농산물에 정신이 팔려 미처 구경하지 못했던 장소를 구석구석 헤집고 다녔다. 고려인 아주머니가 내미는 김치를 맛보고, 양고기 냄새가 물씬 풍기는 고깃간을 들락거렸다. 옷이나 신발, 가방 따위 온갖 물건을 고쳐서 재탄생시키는 수선공들 작업장인 컨테이너 내부를 들여다보기도 했다.

북새통을 이룬 인파를 헤치고 잰걸음으로 바자르를 빠져나올 때였다. 뒤에서 누군가 내 어깨를 잡아당겼다. 말쑥한 차림의 남자 둘이었다. 가죽 지갑을 꺼내더니 신분증을 열어 보였다. 경찰이라며 여권을 내놓으라고 요구했다. 본새가 영화에서 흔히 본 경찰을 떠올리게 하긴 했다. "니옛, 니옛!"이라고 내뱉으며 나는 둘의 요구를 무시하며 돌아섰다. 둘은 뭐라고 고함치며 따라오더니 금세 포기하고 사라졌다. 그들은 순진한 외국인 관광객을 먹잇감 삼아 여권을 빼앗은 뒤 그걸 무기로 돈을 갈취하는 녀석들이었다. 며칠 후 두샨베 숙소에서 만난 심 선생님도 이곳 바자르에서 비슷한 일을 겪었다고 했다. 비쉬켁 오쉬 바자르를 방문한다면 가짜 경찰을 조심할 것!

ㄴ 알라카추, 납치 결혼

키르기즈스탄을 비롯한 중앙아시아 일원에는 '알라카추'라는 납치 결혼 풍습이 아직도 남아 있다. '알라 카추'는 '붙잡아서 뛰어라'는 뜻이다. 옛날에는 말을 이용했다면 요즘에는 차를 타고서 미리 점 찍어 둔 여자를 납치한다. 조선시대 보쌈 풍습을 연상시킨다. 키르기즈 기마 축제 때면 선보이는, 남녀가 겨루는 말 경주 '크스쿠마이'에서도 이러한 약탈혼의 흔적을 발견할 수 있다.

사전 합의 하에 이루어지는 경우가 많고 신부값(결혼지참금)을 지불할 수 없을 때 사용하는 방법이라고 알려져 있다. 하지만 본인 의사와는 상관없이 강제로 끌려가 감금 폭행당하는 사례도 흔하다. 결혼을 거부하고 빠져나오더라도 이미 한 번 결혼하고 이혼한 것으로 여겨지니 여성에게 크나큰 고통을 안기게 된다.

납치혼은 연 16,000건이나 발생하고 있다고 한다. 법적으로 금지된 상태지만 처벌을 받는 예는 거의 없다. 알라카추 풍습은 역사가 900년이나 되었다고 하는데, 인권을 무엇보다 중요시하는 오늘날에는 전통이 아니라 범죄에 해당한다.

목욕하는 선녀의 날개옷을 훔쳐 신부로 삼았다는 '선녀와 나무꾼' 설화가 지상과 천상을 오가는 아름다운 사랑 이야기가 아니라 약탈혼을 드러낸 것이라면, 비약일까. 전래 동화라고 해서 어린아이들에게 멋모르고 들려줄 일은 아닌 듯싶다.

#2. 멀고 먼 길, 파미르 하이웨이
타지키스탄

무르갑

한 집 건너 환전소

2012년 7월 말, 타지키스탄 고르노 바다흐샨 자치주에서 이슬람 반군과 정부군 사이에 소규모 무력 충돌이 발생했다. 이 때문에 내가 여행 중이던 10월 초에도 키르기즈스탄 오쉬에서 타지키스탄 무르갑으로 넘어가는 육로 국경이 막힌 상황이었다. 나는 당초 계획을 변경하여 비행기를 타고 비쉬켁에서 타지키스탄 두샨베로 이동했다.

두샨베는 타지크어로 '월요일'이라는 뜻이다. 월요일에 시장이 열리던 작은 마을이 계획도시로 개발되면서 한 나라 수도로 변신했다. 포이타흐트 호텔은 두샨베 아이니 광장에 떡하니 자리한 러시아식 외관의 5층 건물이다. 겉모습만 보고 숙박비가 퍽이나 비쌀 거라고 지레 겁먹을지도 모르지만 이곳에도 도미토리 형태의 방이 있다. 배낭족 게스트하우스를 구하기 힘든 두샨베에서 가격 대비 괜찮은 숙소다. 건물 상부를 장식한 반짝이는 일곱 개 별을 발견하고는 무슨 칠성급 호텔이냐고 오해할 수도 있겠는데, 그건 타지키스탄을 상징하는 '금색 왕관과 별'로서 이 나라 국기에도 들어가 있는 문양이다. 두스티 광장에 세워진 이스모일 소모니 동상이 손에 들고 있는 것 역시 '일곱 별' 상징물이다.

계단을 오르고 긴 복도를 지나 여러 방들 중에 한 곳의 문을 열자 중년의 한국인이 나를 반겼다. 심 선생님은 어젯밤 우즈베키스탄 타슈켄트에서 두샨베로 넘어왔다고 한다. 타슈켄트에서 타지키스탄 후잔드로, 사마르칸트에서 판자켄트로 이동하는 국경이 둘 다 막히는 바람에 빙 둘러서 데나우라는 곳을 통해 두샨베로 들어왔다고 한다.

건물보다 키가 큰 나무들이 도열해 있다. 바자르 주변만 붐빌 뿐 도심 거리는 한산하다. 두샨베 거리 풍경은 비쉬켁과 비슷하다. 정부 청사 앞의 거창한 분수대, 건물 외벽에 걸린 대통령의 가식적인 대형 사진, 전력 사정이 좋지 않음에도 휘황하게 불 밝힌 공원 가로등, 이런 보여주기 위주로 조성된 조경만 빼면 말이다.

두샨베 시내를 걷다보면 서울의 카페나 편의점만큼이나 유독 많은 환전소에 놀란다. 한 집 건너 하나가 붉은 글씨로 외화 환율을 표시한 환전소이다. 이 나라에서는 가족 중 한둘은 외국에 거주하기 마련이라고 한다. 러시아를 비롯한 외국으로 나가 돈벌이를 하는 사람들이 많으니 자연히 환전소도 늘어났으리라. 타지키스탄은 국민소득의 40% 이상을 해외로부터 송금에 의지하고 있는 형편이다.

심 선생님과 쇼흐 만수르 바자르 구경에 나섰다. 키르기즈스탄과 타지키스탄은 자연 환경이 비슷한 이웃 나라지만 사람들 생김새는 사뭇 다르다. 키르기즈 사람이 몽골에 가깝다면 여기 타지크 사람은 페르시아(이란)와 친근하다. 이란이나 파키스탄의 바자르에서는 눈 씻고 보아도 찾아보기 힘들던 여자 장사꾼이 이곳에서는 오히려

우위를 점하고 있다. 채소나 과일, '까레이스키 살랏'이라 불리는 김치 종류를 파는 상인들 대다수는 여자들이다. 답답한 히잡이나 차도르 대신 알록달록 화려한 아틀라스 무늬가 들어간 원피스를 입은 아낙네들. 그들은 카메라 앞에서도 별 스스럼이 없다.

이곳의 베스트셀러는 단연 '당겜' 쇼핑백이다. 한복 입은 당겜(대장금의 이영애) 사진이 들어간 파란색 비닐 봉투가 사람들 손에 하나씩 들려 있다. 아마도 타지키스탄 인구보다 많은 당겜 쇼핑백이 팔리지 않았을까. 미간을 검게 칠해 일자 눈썹을 한 여인네들이 이따금 눈길을 끈다. 멕시코 화가 프리다 칼로처럼 양 눈썹이 붙은 여자를 미인으로 쳐주는가 보다.

일곱 호수 사람들

소그드 폐허 유적

고대 판자켄트 시가지로 알려진 야트막한 둔덕은 내 눈에 차라리
버려진 무덤 터 같아 보였다. 춤추는 소녀가 새겨진 기둥을 찾아내
고 조로아스터 사원을 알아보는 건 불가능에 가까웠다. 침략에 파
괴되고 비바람에 닳아 없어지며 간신히 형태를 유지한 흙덩이만이
이곳이 천오백 년 넘은 옛 소그드Sogd 유적지임을 알려주었다.

소그드인들은 5~8세기 당나라와 동로마 제국을 연결하는 실크로
드 교역을 주도했던 사람들이다. 일설에 의하면 신라와도 교류했다
고 한다. 우락부락한 생김새에 구레나룻을 기른 '서역인상'이 경주
괘릉에 남아 있어 그 증거 노릇을 한다. 그들은 조로아스터교를 믿
는 페르시아계 민족이었다. 판자켄트에서 멀지 않은 야그높 계곡
안쪽에는 알렉산드로스 원정 시대 이후 별로 변하지 않은 고대 소
그드어를 쓰는 주민이 아직 살아남아 있다.

폐허 유적지에서 내려와 골목으로 접어들었을 때였다. 여덟아홉
살쯤 먹었을 계집아이 셋이 도랑에서 흙장난하며 놀고 있었다. 양
귓불에서 반짝이며 흔들리는 귀고리, 분홍물 들인 손톱, 눈썹 위
일자로 자른 앞머리, 하나 빠진 앞니를 드러내는 웃음, 잘 익은 포
도알처럼 까맣고 또랑또랑한 눈동자. 프리드리히 니체가 차라투스
트라의 입을 빌려 말한 "어린아이는 순진무구함이고 망각이며, 새

로운 시작, 놀이, 스스로 굴러가는 바퀴, 최초의 움직임이며, 신성한 긍정이다"라는 잠언이 떠오르는 순간이었다. 까르르 자지러질 듯 웃으며 서로를 끌어안고 친구가 카메라 앞에 서면 머리 위에 뿔 모양 브이 자를 세워 장난을 쳤다. 아이들은 세상을 환하게 밝히는 해맑음, 모든 것을 무화시키는 순수한 유희 그 자체였다.

판자켄트에서 숙소로 정한 곳은 러시아인 부부가 운영하는 게스트하우스였다. 꺼칠한 수염에 야윈 얼굴을 한 남자가 옆방 문을 열고 나왔다. 그는 마당에 놓인 탁자를 식탁 삼아 빵에 토마토를 얹어 먹었다. 이 독일인 여행자는 집을 나와 2년째 세계 각지를 떠돌고 있다고 했다. 그의 몸에서 외로움의 냄새가 배어났다.

"그러면 언제 집으로 돌아갈 건가요?"

"글쎄요, 나도 여행의 끝을 모르겠어요."

그늘진 이마를 바라보는 내 눈빛은 어두워졌다. 그는 오늘 아침 하프트 쿨에서 돌아왔다며 차량을 대절하지 않고 그곳에 가는 방법을 전했다. 복닥거리는 미니버스를 타고 계곡에서 제일 큰 마을인 싱으로 갔으며 거기서부터 줄곧 걸어 빠드루드 마을에 도착해서 이틀 밤을 홈스테이에서 지냈노라고 덧붙였다. 타지크어로 숫자 7을 의미하는 하프트. 미즈곤, 후쇼르, 노핀, 마구조르, 하조르 차쉬마 등 크고 작은 호수 일곱 개가 연이어 펼쳐진다고 해서 하프트 쿨이라 불린다. 그가 들려준 이야기는 판 산맥에서 여러 호수 계곡을 놓고 선택을 고민하던 나에게 하프트 쿨로 마음이 기울게 했다.

당나귀 수송 작전

빠드루드 마을로 바로 간다는 지프를 타기로 했다. 먼짓길을 걸어서 가느라 시간과 체력을 낭비하고 싶지는 않았다. 11시는 출발 시간이 아니었다. 차는 12시가 지나도 꿈적하지 않았다. 바자르에서 산 물건들을 모두 실으면 곧장 떠나는 줄 알았더니, 지프가 움직여 들어간 곳은 부근 골목이었다. 집에서 가져 나온 것은 물건이 아니라 동물이었다. 당나귀를 어떻게 하려는지 궁금했다. 밧줄로 발을 엮더니 줄을 잡아당겨 당나귀를 쓰러뜨렸다. 네 발을 한데 모아 단단히 묶고 목에도 밧줄을 감았다. 당나귀를 통째로 차에 실으려는 기세였다. 사냥꾼에게 잡힌 운 나쁜 한 마리 짐승이 거꾸로 묶인 채 매달려 끌려가는 상황과 겹쳐졌다. 장정 셋이 힘을 모아 당나귀를 번쩍 들어 올렸다. 지프 뒷문을 열자 의자 뒤로 짐 싣는 공간이 나왔다. 상처라도 날까봐 바닥에 천을 깔았다. 짐칸에 당나귀는 살아 있는 짐짝으로 실렸다. 모가지를 꺾고 다리는 의자 밑으로 밀어 넣어 비스듬히 눕히자 전용 칸으로 맞춤 제작이라도 한 것인 양 딱 맞았다. 당나귀는 체념한 듯 아니면 천성이 그러한지 아무런 저항이 없었다. 기껏해야 몸이 묶여 답답하다는 표시로 발을 버둥거리다 잦아들곤 했다.

전화 통화를 하던 운전사는 차를 세웠고 승객 하나를 더 태웠다. 이로써 5인용 지프는 사내아이를 포함하여 모두 일곱 남자와 당나귀 한 마리를 실었다. 아이는 앞자리 의자 사이에 비집고 앉았다.

남자가 남자 무릎 위에 앉아서 가는 광경은 안쓰럽다 못해 우스꽝스러웠다. 도시를 벗어나는가 싶더니 판자켄트 입구를 알리는 게이트를 지나자마자 차가 멈추었다. 고장이라도 났는지 보닛을 열고 안을 살폈다. 1시에 출발한다던 노란색 미니버스가 지프 옆을 지나쳐 갔다. 차 바닥에 쏟아놓은 똥 냄새가 났다. 당나귀를 차에서 내렸다. 풀려난 가축은 본능처럼 길섶에 난 풀을 뜯어 먹기 바빴다. 또 한 차례 당나귀를 묶고 차에 싣는 과정을 되풀이했다. 한 30분을 달렸을까, 차는 어떤 건물 앞에 멈추었다. 마스지드(모스크)였다. 사람들은 화장실 곁 세면장에서 얼굴과 손발을 씻고* 나오더니 일제히 기도를 올렸다.

손목에 찬 전자시계를 가리키며 빠드루드 마을에는 언제 도착할 수 있냐고 묻자, 운전사는 오늘 안으로 해지기 전에는 도착할 테니 염려 놓으라는 표정을 지어 보였다. 이러저러한 볼일을 마치고 정식으로 차가 출발하기까지는 세 시간이 걸렸다.

시계라는 장치가 일상으로 들어온 순간 우리는 여유를 잃고 시간에 쫓기거나 시간을 쫓아가는 노예가 되었는지도 모른다. 출근 시간에 맞추느라 종종거리고, 컴퓨터, 메신저, 전화, 스마트폰 따위에 매달려 멀티태스킹에 몰두하고, 불안에서 벗어나기 위해 사소한 일에 목숨을 걸고, 속도 경쟁에 에너지를 쏟아붓고…. 시 · 분 · 초

---

* 이슬람에서는 이를 '우두'라 한다. 예배 전에 치르는 정화 의식이라고 할 수 있다. 정해진 절차에 따라 흐르는 물에 손, 입 안, 코, 얼굴, 팔꿈치, 귀, 발까지 꼼꼼하게 씻는다.

단위로 쪼개어 시간을 수치화하기 전까지, 옛 사람들은 해가 뜨고 지고 계절이 바뀌는 자연의 흐름에 삶의 리듬을 맡기며 살아왔다. 여기 산골 사람들도 마찬가지라서 시간을 유연히 흐르는 물과 같다고 여기며 애써 거스르나 따라잡으려 하지 않는다. 시간이 돈인 자본주의 도시에서 시간과 속도에 대한 강박관념에 빠져 바쁘게 생활해온 나로서는 산속으로 들어가는 동안 시차 적응이 필요했다.

싱 마을에 이르자 야단스레 주민들이 몰려들었다. 차에서 짐을 내리고 누군가는 또 윗마을로 보낼 물건을 부탁했다. 호수를 감도는 나무나 풀이 없어, 진초록 물빛과 삭막한 흙빛이 극을 이루었다. 출현하는 순서대로 호수에 번호를 매겼다. 약, 두, 세(하나, 둘, 셋)⋯ 지프는 마구조르 마을까지 가므로 나는 네 번째 호수를 지나 빠드루드 마을에서 내려야 했다.

"세 번째 호수인가요?"

세 번째가 아니라 이번이 네 번째 호수라고 했다. 두, 세 번째 호수는 이름만 다를 뿐 하나로 연결된 호수였다. 지프 의자는 몹시도 딱딱했고 길은 고도가 높아질수록 지랄맞게 요동쳤다. 차에서 내렸을 때에는 무언가에 흠씬 두들겨 맞은 듯이 온몸이 느른했지만, 어스름이 깃들기 시작한 호수 마을의 아름다운 풍광은 그런 고단함을 날려버리기에 부족함이 없었다. 민박집으로 들어가는 고샅길을 따라 시냇물이 시원스럽게 흘러들고 있었다.

산정 호수에서 만난 사람들

물비늘을 반짝이며 여섯 번째 호수 마구조르가 제 모습을 드러냈다. 지프 다니는 큰길에서 벗어나 호수를 끼고 도는 샛길을 택했다. 길을 물어볼 겸 혹시 요깃거리라도 얻을 수 있을까 싶어 여자들에게 다가갔다. 주춤대며 달아나던 빨간 옷은 내가 손을 흔들자 경계심을 풀고 마주 손을 흔들었다. 둘은 어른이 아니라 자매로 보이는 아이였다. 내가 길이라고 착각했던 암벽에 수평으로 그어진 선은 호수 수위가 내려가면서 남겨놓은 흔적이었다.

강어귀 삼각주처럼 모래톱이 호수에 혓바닥을 내밀고 있었다. 잔물결에 부딪혀 흙탕물이 초록과 뒤섞였다. 굳이 저렇게 높다란 벼랑 위에다 집을 지은 이유가 무엇일까. 경사면에 비쭉 튀어나온 사각형 집들이 군사용 참호처럼 보였다.

길가 흙집 뜨락에 흩어진 신발들이 궁금증을 자아내었다. 벌컥 문이 열리더니 수염 기른 남자들이 쏟아져 나왔다. 모자나 두건을 쓰고 우리네 두루마기를 떠올리게 하는 옷을 입고 있었다. 정해진 규약은 없는지 모자 색깔과 모양이 제각각이었다. 그곳은 마을의 기도소 역할을 하는 집이었다. 나에게 악수를 청하는 이가 있었다. 어제 지프에 당나귀를 태우고 온 아저씨였다. "덩키!"라고 외치지 않았다면 옷차림이 달려져 못 알아볼 뻔했다. 그들 중에서 의복을 제대로 갖춰 입고 지팡이와 염주를 쥔 분이 내 눈을 끌었다. 사진을 청하고, 주소와 이름을 받았다. 하지알리브 이숑쿨, 그의 이름이다. 글씨를 해독하기 어려워 홈스테이 주소로 사진을 보내주기로 약속했다. 이후로도 정확하지 않은 이름들이 이날 내 수첩에 한글로 남았다. 사리삼푼, 아부도팟도, 압둘라 등등. 인사말과 국적, 감사 표시 같은 몇 마디를 주고받고 나니 침묵이 흘렀다. 이럴 때는 정말이지 현지어로 긴 대화를 이어갈 수 없는 게 아쉽다. 나에 대한 관심이 사그라지며 모여 있던 사람들이 하나둘 흩어졌다. 집으로 초대받지 않을까 은근히 기대했는데 말이다.

열쇠를 목걸이로 건 계집아이는 남동생과 장난치다 말고 호두알 몇 개를 나무 그늘에서 주워 내게 내밀었다. 감지 않은 머리칼이 바람결에 물결쳐 치솟아 내려올 줄을 모른다. 저편에선 아낙네들이 시냇물에 빨래를 하고 있다. 바위에 널은 옷가지들이 허물 같기도 하고 날개 같기도 하다. 입은 옷도 빨랫감도 꽃무늬가 그려진 붉은 색이다. 땔감을 마련하는 일 역시 여자들과 아이들 몫이다. 땔나무 더미에 묻힌 당나귀를 냇가에 세워놓고 물을 마시고 손을 씻는다. 아이들의 입성은 꾀죄죄하지만 죄를 모르는 눈빛은 맑기만 하다.

일곱 번째 호수, 하조르 차쉬마에서 양치기 아가씨를 만났다. 수줍음보다 호기심이 강했던 걸까. 입을 가리고 있던 스카프를 내리고 나를 똑바로 바라보았다. 말 붙이려 다가가기만 해도 불에 덴 듯 소스라치게 놀라며 피하거나 집 안으로 숨어버리던 여자들과는 달랐다.

오늘은 '오골리가라'라는 고갯길을 오르기로 했다. 계곡을 조망할 수 있는 뷰포인트를 물색하던 나에게 홈스테이 주인장이 알려 준 곳이다.

나같이 생긴 사람은 생전 처음 본다는 듯 노천에서 불을 피워 음식을 끓이던 부부가 물끄러미 쳐다본다. 짐 실은 당나귀를 앞세우고 산에서 내려오는 아낙네들과 스친다. 자꾸만 구름이 제 모양을 바꾼다. 구름에게 공간은 무한대, 시간은 찰나. 동그랗던 구름 뭉치가 몇 걸음 옮겨 고개를 들 때마다 오리, 양, 토끼로 변신한다.

나무기둥만 남은 양치기 움막에서 숨을 고르고 일어선다. 목표점은 해변의 곶처럼 계곡 방향으로 툭 튀어나온 바위투성이 구릉이다. 뱀 한 마리가 한 발짝 앞에서 꿈틀거리며 기어가는 통에 흠칫 놀란다. 구름과 내가 키가 같아진 기분이다. 오른편은 어제 다녀온 마구조르 호수, 왼편이 노핀 호수와 노핀 마을이다. 마지막 일곱 번째 호수 하조르는 산등성이에 가려 보이지 않는다. 바위에 걸터앉아 한동안 넋을 놓고 시름을 잊는다. 새의 눈으로 무경계의 지도를 그린다. 호수는 팔레트에 고인 초록 물감을 닮았다. 실핏줄 길이 꿈틀거리며 호수와 마을을 잇는다. 골짜기 틈에 거웃처럼 자란 나무들이 산기슭을 훑으며 호숫가로 내려온다. 계곡에서 흘러내린 물줄기가 균열을 일으킨다. 호수에 부대끼며 다발로 갈라진다. 나는 다시, 고빗길을 따라 아래 세상으로 터벅터벅 내려간다.

어제는 혼자 지냈는데 오늘은 동료가 생겼다. 그녀는 타이완 출신인 펄 첸. 중국어 발음이 어렵다며 영어 이름 펄Pearl로 불러 달란다. 직업이 뭐냐는 물음에 'dreamer'라고 답하는 유쾌한 아가씨다. 나 혼자 있을 적에는 별 관심을 드러내지 않던 민박집 아저씨도 여자 손님을 맞이했기 때문인지 곁을 떠나지 않고 살갑게 대한다.

투이치 씨가 서랍을 뒤져 보여준 것은 자기네 홈스테이에 머문 손님들 사진과 낡은 방명록이다. 여행자들의 국적은 대부분 독일, 프랑스, 이스라엘, 미국, 러시아. 그중에서도 유독 이스라엘, 독일 사람이 많다. 이스라엘 단체 여행객은 웬만한 여행지에서 무더기로 부딪히기 마련인 군복무를 마친 청년들일 테고, 독일인이 많은 것은 타지키스탄 지원에 독일이 적극적이라는 점이 작용했는지도 모르겠다. 여기 제라프샨 지역의 홈스테이 또한 독일 NGO 도움으로 생겨났으니. 판자켄트의 게스트하우스에서 만났던 독일, 홍콩 여행자 이름도 적혀 있다. 타이완이나 한국은 몇 년치 숙박 장부를 아무리 뒤져도 나오지 않는다. 우리는 거기에 기록을 남기는 최초의 한국인, 타이완인이 되었다며 기뻐한다.

그녀를 통해 중요한 정보를 입수했다. 출입이 통제되었던 파미르 지역이 다시 열렸다는 반가운 뉴스를. 나는 두샨베에 도착하자마자 파미르 퍼밋을 얻기 위해 여행사를 찾아갔지만 퍼밋을 받을 수 없다는 소식을 듣고 적잖이 실망을 했었다. 그래서 이번 여행의 주 목적지인 파미르를 포기하고 제라프샨 계곡 산골 마을에 머무르거나 며칠 호수 트레킹을 한 후에 이웃 나라로 넘어갈 계획을 세웠었다. 여기서 그녀를 만나지 못했더라면 나는 이런 사실을 까맣게 모른 채 후잔드를 거쳐 우즈베키스탄 국경을 넘었을지도 모른다.

이틀 전부터 뚝딱거리며 지프를 고치던 투이치 씨. 판자켄트로 나갈 참이라며 함께 타고 가자고 한다. 나야 무조건 대환영이다. 투이치 씨 부부, 아기를 안은 할머니가 지프에 올랐다. 차는 싱 마을 골목으로 접어들더니 어느 집 앞에 멈추었다. 아내 친정집이라고 했다. 사람들이 뛰어나와 얼싸안고 뺨을 비비며 인사를 나누었다. 지켜보는 내가 다 감격스러웠다. 짐을 내리고 여자아이를 지프에 태웠다. 이후로는 내처 판자켄트까지 내달렸다. 사흘 전 고생길과 비교하면 비즈니스 클래스급 귀환이었다.

코레사람

이스타라브샨을 떠나 두샨베로 가는 차는 먼지가 솜이불처럼 깔린 길을 달렸다. 점심을 먹기 위해 차가 휴게소에 멈추기 전까지 나는 옆에 앉은 아저씨를 타지키스탄에 거주하는 키르기즈 사람이라고 여겼다. 옆자리에 탈 때부터 정이 가는 얼굴이라고 생각했지만 그는 러시아어로 한두 마디 대답만 할 뿐 다른 사람과 거의 얘기를 나누지 않았다.

"키르기즈?"

"까레이."

"야 이스 까레이(저 한국에서 왔어요)!"

나는 깜짝 놀랐다. 여기서 고려인을 만나게 되다니. 내가 아저씨를 키르기즈로 여겼듯이 그는 나를 기타이(중국인)로 넘겨짚었다고 한다. 러시아어로 어렵사리 대화를 시도하던 것도 잠시, 어느새 우리말이 그분 입에서 흘러나왔다.

"조선말 하시네요!"

그가 사용하는 말은 "~둥", "~합세" 따위로 끝나는 함경도 방언에다, 한 세기 전쯤에나 쓰였을 화석으로 굳어진 우리말이었다. 러시아어와 우즈벡어는 할 줄 알지만 타지크어는 배우지 못했다고 한다. 자신은 한국말을 하지만 자식들은 겨우 알아듣는 정도라고 털어놓았다. 원래 우즈베키스탄에 거주하다가 타지키스탄으로 건너왔으며, 지금 후잔드에는 코레사람(고려인) 여섯 가구가 살고 있다고 한다.

"전에는 열심히 일한 사람에게 국가에서 집을 나눠 줬는데 러시아가 물러가면서 집을 다 빼앗겼다오."

이 한마디 말에서 소수민족으로서 겪었을 어려움과 지난 시절에 얽힌 향수가 느껴졌다. 아무런 기반 없는 생면부지 땅에 강제 이주를 당하고서도 특유의 성실함으로 삶을 이어갔을 코레사람들. 소비엣 연방 붕괴 후 중앙아시아 각국에서 민족주의가 대두되면서 어디에도 속하지 못한 경계인 이방인으로서 또다시 크나큰 시련을 맞았으리라.

"여기는 계곡에 물 흐르는 데에만 나무가 자라고 산에 나무가 없는데, 거기는 어떻소?"

"거기서도 벼를 재배하고 사과 포도 같은 과일이 나는가?"

한국의 산은 중앙아시아처럼 높지는 않지만 흙이 드러난 벌거숭이가 아니라 푸르다고, 6.25전쟁이 일어난 후인 5~60년대에는 산에 나무가 없었지만 그 뒤로 나무를 많이 심어 울창해졌다고. 그리고 쌀은 물론이고 사과, 토마토, 포도, 수박 같은 과일들이 풍성하게 생산된다고 말씀드렸다. 나로서는 당연한 사실이지만 아저씨는 그런 것들이 무척이나 궁금했던 모양이다.

"남쪽과 북쪽이 서로 싸우지 말아야지…."

한 민족인 남한과 북한이 사이좋게 지내길 바라는 마음은 중앙아시아의 코레사람도 마찬가지다.

"여기 사람들은 쌀로 그저 지름밥이나 해 먹지 다른 건 안 해 먹어."

쌀밥에 김치, 국시(국수)를 먹고 가끔은 개고기도 먹는다고, 추석이나 설날 같은 명절에는 제사를 지낸다고 하니, 고국과는 동떨어져 살아왔음에도 옛 풍습을 지키고 있다는 게 놀라웠다. 시골 어른이 젊은이에게 하듯이 부모님은 살아 계신지 가족은 어떻게 되는지 나에게 하나하나 물었다. 그 말에, 쉰둘이라는 아저씨 얼굴 위로 일찍 돌아가신 내 아버지 모습이 겹쳐졌다.

"부모님 고향은 어디세요?"

할아버지가 스탈린 시대에 연해주 블라디보스톡에서 기차를 타고 우즈베키스탄으로 강제 이주해 왔다는 사실만 알 뿐 고향이 어딘지는 모른다고 하신다. 말씨로 봐서는 함경도 어디쯤일 거라고 알려드렸다.

나는 진 선생님이 하는 말씀에서 대략 80%는 알아들었지만 그는 내 말의 반절 정도만 이해하겠다고 했다. 근대 이후 생겨난 신조어가 그만큼 많이 우리말에 침투했다는 증거이리라. 가끔씩 못 알아듣고 되묻거나 엉뚱한 대답을 하기도 했지만, 차가 두샨베에 도착할 때까지 우리는 대화를 멈추지 않았다. 여기 사람들이 장금이를 '당겜'이라고 하는 것처럼 자기 이름을 '사샤 진'이 아니라 '사샤 틴'으로 발음한다며 투덜대기도 했다.(원래는 러시아어에 구개음화 현상이 있다.) 드라마 대장금을 보면서 온 가족이 울었다는 얘기에 나도 조금 울컥해졌다. 주소와 전화번호를 적어주며 개고기를 먹으러 자기 집으로 놀러 오라고 거듭 청하셨다. 두샨베에서 도착하면 후잔드와는 반대 방향인 파미르 고원으로 이동해야 하는 나로서는 아쉬운 일이었다. 한국의 산하를 담은 사진엽서를 진 선생님께 선물로 드렸다.

└ 까레이스키가 아니라 코레사람

일제 강점기 두만강 너머 연해주에 모여 살던 우리 동포들은 1937년 스탈린에 의해 카자흐스탄, 우즈베키스탄 등 중앙아시아 지역으로 강제 이주를 당했다. 아무런 준비 없이 화물열차에 가축처럼 실려 6,000킬로를 이동하던 중에 추위와 굶주림으로 18만 명 중 1만6천 명이 희생되었다. 그들은 강인한 생명력으로 객지에 정착했고, 숨겨온 볍씨로 척박한 땅에 농사를 지어 중앙아시아에 벼농사를 보급하기도 했다. 대표적으로 김병화 농장에서는 버려진 땅을 개간하여 소련 중앙정부도 놀랄 만큼 기록적인 소출을 거두어들였다.

그 디아스포라의 후손들을, 동명의 드라마 영향으로 한국에서는 흔히 '까레이스키'라고 칭하지만 옳은 표현은 아니다. 그분들은 스스로를 '코레사람'이나 '조선사람'으로 부를뿐더러, 러시아어 '까레이스키'는 '한국의'라는 뜻을 지닌 형용사이기 때문이다. 한편, '고려인'이라는 말은 이들을 중국 연변 동포나 북한 사람들과 구분하려다 보니 생긴 조금은 억지스러운 조어이다. 한국인, 조선사람, 조선족, 고려인. 옛 왕조 이름을 따서 한 민족이 달리 불리는 것은 이산의 아픈 역사가 남긴 아이러니라고밖에 할 수 없다.

1950년대 말 이후 거주지 이동이 가능해지면서 코레사람들은 중앙아시아를 벗어나 러시아, 우크라이나 등 소비엣 연방 각지로 퍼져 나갔고, 1990년대부터는 연해주로 '귀향'하는 이들도 생겨났다.

두 번의 공짜 음식

바다흐샨스카야 압토스탄시야는 토요다, 혼다, 미쯔비시, 현대, 쌍용 등 사륜구동차의 종합전시장을 방불케 했다. 버스터미널을 의미하는 '압토스탄시야'라는 말이 무색하게 승합차와 지프 종류만이 공터를 가득 메우고 있었다. 두샨베에서 호로그까지, 총 560킬로 열여섯 시간을 보내게 될 차는 현대 갤로퍼. 200소모니면 요금도 괜찮은 편이다. 호로그를 거쳐 무르갑까지 간다는 할머니 두 분, 호로그 이전에 내릴 거라는 청년, 그리고 나, 이렇게 넷으로 승객은 단출했다.

운전사 초르삼베 씨가 공짜 점심을 먹게 될 거라고 귀띔했다. 그와 할머니가 휴대폰으로 누군가와 번갈아 통화를 하는 사이 차는 어느 집 앞에 멈추었다. 포도나무 덩굴이 마당에 그늘을 드리운 이층집이었다. 오랜만의 재회인 듯 할머니 친척들이 몰려나와 얼싸안고 반겼다. 가족들의 여유로운 태도로 보나 거실에 놓인 가구와 가전제품으로 미루어 짐작컨대 타지키스탄 사회에서 중산층에 속할 법했다. 내가 깔고 앉은 방석만큼이나 큼지막한 빵, 피스타치오 등 각종 견과류와 사탕, 포도와 사과, 올리브, 과자, 소시지, 그리고 쁠로프. 반에 반도 못 먹고 남겨야 할 정도로 많은 음식들이 끊이지 않고 나왔다. 언제나 그랬듯 시작은 차로. 잔을 비우자마자 차가 채워졌다. 비록 초대받지 않은 군손님이지만 나는 사양하지 않고 먹고 마셨다. 초르삼베 씨가 찻잔 위에 손을 올려놓으며 일어나자는 신호를 보낼 때까지. 방 안에 모인 사람들은 마른세수 하듯이 얼굴을 두 손으로 감싸고 이마에서 턱까지 훑어 내리며 신에게 감사 기도를 드리는 것으로 식사의 시작과 끝을 알렸다.

"아프가니스탄!"

고갯마루를 정점으로 산간 도로가 아래로 내리닫기 시작하자 누군가 소리쳤다. 차는 슈라바드 고개를 넘어 판즈 강이 파고들며 만들어낸 계곡을 향해 곤두박질쳤다. 입을 다물지 못할 만큼 어마어마한 깊이를 지닌 광막한 풍경이 눈앞에 펼쳐졌다. 파미르 고원에서 발원한 강은 타지키스탄과 아프가니스탄 국경을 가르며 굽이쳐 흘렀다. 강물은 아무 다리야로 합쳐져 투르크메니스탄, 우즈베키스탄까지 흘러갈 것이다.

밤이 이슥해서야 칼라이 쿰 마을에 이르렀다. 그곳은 하룻밤을 보낼 숙소가 아니라 내 옆자리 청년의 누나 집이었다. 이번에도 공짜로 풍성한 저녁 식사 대접을 받았다.

호로그에 도착한 것은 새벽 1시 무렵이었다. 저렴한 게스트하우스로 데려다달라는 말에 아저씨가 나를 내려놓은 곳은 트럭운전사들이 주로 머무는 하루 20소모니짜리 숙소였다. 컨테이너 창고 비슷한 방에 들어서자 퀴퀴한 냄새가 풍겼다. 쿨렁이는 스프링 침대에 고단한 몸을 누였지만 쉬 잠들지 못했다.

아프가니스탄 남자들

이런 걸 필연적인 우연이라고 하나. 창고 같은 방을 빠져나온 건 어스름이 가시지 않은 이른 아침이었다. 박물관 부근 골목에서 호텔을 발견했으나 문이 닫힌 상태였다. 책자에 나온 게스트하우스를 물어물어 찾아갔지만 빗장 걸린 대문을 두드려도 아무런 인기척이 없었다. 다시 아까 보았던 호텔로 돌아가니, 근처에 있던 남자가 어딘가로 전화를 걸고선 잠시만 기다리라고 했다. 하지만 나는 대기하지 못하고 시내에서 조금 떨어진 '파미르 롯지'로 향했다. 그곳에서 지구 반대편 남미를 여행 중일 거라고 생각했던 정용 씨와 조우한 것이다. 그는 남미 여행 중 가방을 통째로 도둑맞고 한국으로 돌아와, 다시 중국을 시작으로 여행길에 올랐다고 한다. 우리는 작년 이맘때 파키스탄 길깃에서 우연히 만나 파코라 패스 트레킹에 동행했던 시간을 떠올렸다. 그로부터 정확히 1년 만에 파키스탄 이웃나라인 타지키스탄에서 재회한 것이다. 내가 혹시라도 다른 숙소에 묵었다면 같은 도시에서 지내면서도 끝내 마주치지 못했을지도 모른다. 더구나, 파미르 지역에 대한 출입 통제가 며칠 전에야 풀렸고 날씨가 점점 추워지면서 호로그를 찾는 여행객은 전무하다시피 한 상황이었다.

타지키스탄과 아프가니스탄 사이 국경 역할을 하는 판즈 강에 작은 섬이 떠 있고 그곳에서 토요일마다 시장이 열린다. 일명, 아프간 바자르. 미니버스는 강을 오른편에 끼고 와한 밸리Wakhan Valley를 달린다. 마약 운반로로 이용되는 아프간 국경과 맞닿아 있는데다가 반군과의 총격전 후유증이 가시지 않은 상태라 군인들의 검문이 철저했다. 차에서 내려 여권과 파미르 퍼밋을 제시하고 인적 사항을 기록했다. 강폭이 좁은 데는 채 50미터도 안될 성싶다. 몰래 헤엄쳐 건너가도 들키지 않을 것만 같다. 강 이쪽에는 그래도 차가 다니는 도로가 나 있는 반면, 건너편 아프가니스탄 땅에는 양치기 길만이 가늘게 그어져 있다. 산기슭에 드문드문 흩어진 흙집, 밭일 하는 아낙네, 양을 몰고 가는 아이. 경계선을 무시하고 새들이 떼 지어 강 위를 날아다닌다.

바자르로 들어가기 위해 다리 입구를 지키는 군인에게 여권을 맡 겼다. 가벼운 긴장감이 인다. 여행 금지국인 아프가니스탄 사람들을 만난다는 설렘 때문이다. 나는 지금 아프가니스탄 국경에 서 있는 셈이다. 담장으로 둘러쳐진 시장터는 물건을 팔러 온 사람들과 사러 온 사람들이 뒤엉켜 왁자지껄하다. 입다가 가져온 듯한 옷가지들, 여자들 관심을 끄는 알록달록한 옷감, 카펫, 모자, 향신료, 화장품, 신발, 그밖에 치약이나 비누 같은 자질구레한 생활용품. 축구공을 파는 아프간 아이들도 눈에 띈다. 이렇듯 거래 물품이라고는 특별날 것이 없다. 상인들 태반은 아프간 남자들이다. 그들은 파콜이라 불리는 둥근 모자나 터번을 쓰고 있어 한눈에 구별된다. 이들 얼굴에서 탈레반으로 인해 덧씌워진 어떤 과격 이미지도 떠올릴 수 없다. 아프가니스탄 여자들은 장사를 할 수 없는 까닭에 바자르 안을 활보하는 여자들은 모두 타지키스탄 여자들이다. 어쩌면 장사를 핑계로 얼굴을 드러낸 여자들을 보러 오는 아프간 남자들도 있으리라. 나는 구경하랴 사진 찍으랴 바쁘게 돌아다닌다. 듣던 바와는 달리 사진 촬영을 막는 군인이나 경찰은 없다. 오히려 그들은 시장 물건에 눈이 팔려 있다.

내가 바자르를 빠져나올 즈음에는 벌써 파장 분위기였다. 호로그로 돌아가기 위해 얻어 탄 차량에는 바자르에서 산 옷감들이 한가득 실려 있었다.

고원 마을 영어 선생님

차가 파미르 하이웨이에 들어서자 사람들은 얼굴을 쓸어내리고 손바닥을 위로 향하며 신에게 무사 안녕을 기원했다. 차량 흔들림에 장단 맞추며 쿵쾅쿵쾅 음악이 울려 퍼진다. 계곡을 울긋불긋하게 물들이던 나무들은 점차 옅어지고 간혹 스치던 집들마저 시야에서 사라졌다. 산꼭대기를 장식하던 흰 눈이 기세를 더하며 아래로 내려온다. 활처럼 휘어진 거대한 뿔을 자랑하며 마르코폴로 양* 조각상이 도로를 내려다본다. 길은 별다른 기복 없이 곧고 평탄하게 뻗으며 파미르 고원의 허리를 가른다. 용기만 있다면 자전거 페달에 몸을 싣고 고원을 횡단하는 일쯤은 어렵지 않으리라.

마치 서서히 고도를 낮추며 착륙하는 비행기에서 지표면에 낮게 깔린 사물들을 조감하는 기분이다. 신기루처럼 호수가 나타나는가 싶더니 곧이어 황량한 벌판 한가운데 둥지를 틀고 모인 집들이 모습을 드러낸다. 호로그와 무르갑 사이 파미르 하이웨이에서 유일하게 마을다운 마을, 알리추르다. 파미르 하이웨이는 이곳 주민을 외부와 연결해주는 유일한 통로다.

700여 년 전, 베네치아 상인 마르코 폴로가 이 길을 지나가기라도 했던 걸까. 운전사는 하얀 벽면에 '마르코 폴로 홈스테이'라는 글씨가 선명하게 찍힌 집을 가리켰다. 창문으로 실내를 들여다보며 문을 두드려도 아무런 반응이 없다. 나는 근처에서 양을 잡고 있는 사내들에게 다가갔다. 진홍색 피가 땅바닥에 진한 얼룩을 남기고 스며들고, 속살과 거죽의 경계면에 칼을 그을 때마다 하얀 살덩이가 출렁인다. 그 모습이 마치 양에게 입혀진 가죽옷을 강제로 벗겨내는 듯하다. 숙소로 삼을 집이 있는지 묻자, 사내는 칼질을 멈추고 검붉은 얼굴로 나를 쳐다보며 손을 들어 옆집을 가리켰다.

그곳은 가정집이었다. 빵을 뜯어먹고 있던 남자들이 방 안에 들어서는 나를 일제히 올려다봤다. 갓 구운 빵 냄새가 고소하게 퍼졌다. 나도 한구석을 차지하고 차이와 난을 먹었다. 정체불명의 노란 기름을 차에 섞어 마셨다. 화덕에서 난을 구워내던 여자가 안주인이었다. 그녀는 영어로 말을 건네었다. 집에 여행객이 묵는 건 처음인지 조금 당황하는 기색으로 마을에서 영어를 가르치는 학교 선생님이라고 자신을 소개했다.

알리추르 마을에 대한 정보는 없었다. 알리추르의 고도가 무르갑보다 높고, 키르기즈인과 타지크인이 반반씩 섞여 거주한다는 사실은 이제야 알았다. '이 지역에서 가장 비옥한 평원, 여름이면 점점이 흩어져 있는 키르기즈 유르트', 책자에 실린 이 단 한 줄에 이끌려 파미르 하이웨이를 따라 무르갑으로 곧장 가지 않고 여기에 머물기로 한 것이다. 하지만 주변을 뒤덮은 초원에 대한 기대는 이곳에 발을 들여놓는 순간 여지없이 깨졌다. 짧고 짙은 여름을 보내고 고원 마을은 이미 겨울을 맞이했다.

메마른 풀, 얼어붙은 물웅덩이, 도열한 전봇대 사이로 된바람이 매섭게 몰아친다. 얼굴을 천으로 가리고 눈만 내놓은 여자들이 종종걸음 치며 멀어진다. 펌프로 퍼 올린 지하수를 양동이에 가득 담아 간다. 볼 빨간 아이들이 몰려왔다. 농구대에 기어올랐다가 뛰어내린다. 웅덩이에서 얼음을 지친다. 이곳은 울타리 없는 학교 운동장이다. 기우는 햇살이 스며들어 아이들 눈동자는 투명한 갈색이다. 말간 눈망울 속에 내가 있다. 윙크라도 보내는 양, 햇살에 눈살을 찌푸린다. 내 키 큰 그림자가 아이들 얼굴 위로 드리운다. 집집마다 저녁을 준비하는 연기가 피어오른다. 나는 어쩌면 이런 쓸쓸하고 거친 배고픔을 사랑하는지도 모른다.

삼시야는 알리추르에서 생활한 지 1년밖에 되지 않았다고 했다. 결혼을 하면서 알리추르로 왔을까, 혹은 이 마을에 교사로 근무하다가 지금의 남편을 만났을까. 어떻게 이곳에 가정을 꾸리게 되었는지 궁금했다. 부모가 결혼 상대를 정해주는 이슬람 관습을 따랐을 가능성이 높지만 말이다. 남편은 무르갑에 있는 은행에 근무하는 까닭에 집을 비운 상태였다. 교사 급여는 한 달 500~600소모니(약 14만원)에 불과하다고 한다. 살짝 나온 배를 보니 아기를 가진 게 분명했다. 임신 중임에도 음식을 장만하고 먹은 걸 치우고 시부모와 시동생들을 챙기느라 정신이 없었다. 우리나라 맞벌이 부부였다면 아마도 푸념이 터져 나왔을 법한데, 그녀는 아무런 군소리 없이 집안일을 했다.

세면장이 따로 없어 손이라도 씻을라치면 추위를 무릅쓰고 바깥으로 나가야 했다. 담장이 없으니 문을 열면 바로 길거리이자 벌판이다. 삼시야에게 부탁해서 플라스틱 호리병에 뜨거운 물을 채운 후 물을 조금씩 흘려 세수와 양치를 했다. 파미르에서는 절대 물을 물 쓰듯이 해서는 안 된다. 그러고 보면, 수도꼭지만 틀면 물이 콸콸 쏟아지는 환경을 당연하게 여기며 우리는 평소에 세수 한 번 하고 머리 한 번 감는 데 얼마나 많은 물을 펑펑 허비하는지. 마침 선생님을 뵈러 온 여학생들이 문 앞을 서성이기에 한 아이에게 물을 두 손에 부어달라고 부탁했다. 그렇게 하지 않고서는 한 손으로 호리병을 들고 다른 손에 물을 따라 얼굴을 씻기에는 영 불편했기 때문이다.

저녁거리로는 양고기가 나왔다. 내가 잡는 광경을 목격했던, 낮에 희생된 양의 일부가 아닐까 하는 생각이 들었다. 할아버지와 마주 앉아 조용히 식사를 했다. 나는 호로그에서 사 두었던 사과를 선물이라며 식탁에 내놓았다. 여자들은 부엌에서 밥을 먹었다. 많은 애기를 나누지는 못했지만 할아버지 할머니 모두 좋은 분임을 온화한 표정에서 느낄 수 있었다. 배터리를 연결해 어둑한 전등을 켜고 텔레비전을 보았다. 마을에 쭉 늘어선 전봇대는 제구실을 못했다. 채널을 돌려도 화면에서 방송 프로그램은 나오지 않았다. 할아버지가 비디오시디를 넣자 흑백 영화가 시작되었다. 터키에서 제작된 텔레비전 시리즈물에 타지크어로 더빙을 입힌 거라고 했다. 나는 화덕과 굴뚝이 연결된 벽에 등을 기대었다. 이 집에서 제일 따뜻하고 좋은 자리를 손님에게 내어준 것이다.

별달리 할 일이 없는 저녁, 일찍 잠자리에 들어야 한다. 이부자리를 두세 겹 깔고 덮었다. 삼시야가 두꺼운 담요를 내오느라 부엌과 방을 오갈 때도 도우는 사람이 없어 내가 거들었다. 찬바람을 품고 들어온 남자는 옷을 입은 채 쓰러지더니 곧바로 코를 골며 잠들었다. 시동생이었다. 옆에 누운 그에게서 양 냄새가 풍겼다. 두 남자에게 안방을 내준 노부부와 며느리는 부엌에서 잠을 잤다. 몸을 뒤척이다가 새벽녘에야 잠에 빠져들었다.

가장 추운 마을 불룬쿨

고산병 걱정은 접어두고 해발 3,800미터 고원을 뛰어다닌다. 냄새 나는 호수 사식쿨, 소금 호수인 투즈쿨을 더 가까이서 보려는 조급함에. 타지키스탄은 국토 절반이 해발고도 3,000미터가 넘는 '고원의 나라'이면서 수많은 호수와 빙하를 산과 계곡이 품은 '호수의 나라'이기도 하다. 내가 지금 만나는 호수는 그 이천여 개 호수 중에 하나일 뿐이다. 도로가 두 갈래로 갈라지는 지점이 나오자 운전사는 왼쪽으로 꺾어지는 방향을 가리키며 "하르구쉬, 이쉬코심!"이라고 소리쳤다. 그 길을 따라가면 하르구쉬에 이어 이쉬카심이 나온다는 얘기였다.

파미르 하이웨이를 벗어난 차는 정면에 눈 쌓인 산을 소실점에 두고 고도를 조금씩 높였다. 마을과 호수 중 어디로 갈지 운전사가 물었을 때, "오제라(호수)!"라고 답했는데 여기서 착오가 생겼다. 알리추르 민박집을 나오면서 여행 책자를 챙기지 않아 정확한 호수 이름을 대지 못한 것이다. 마을에서 언덕으로 한 시간은 걸어가야 내가 가려던 호수가 나온다는 사실만 생각났다. 그는 나를 내려놓고 두 시간 후에 태우러 오겠다는 말을 남기고 마을 쪽으로 사라졌다. 나는 혼자가 되었다. 그런데 그곳은 내가 가려던 호수가 아니라 불룬쿨 마을 부근에 자리한 불룬쿨 호수였다.

호수 주변 늪지는 살얼음이 얼어 발이 푹푹 빠졌다. 호수 물빛은 푸르다 못해 바라보는 것만으로 눈이 시릴 지경이었다. 누군가 얼어붙은 호수에 거룻배를 띄우고 있었다. 수염 덥수룩한 남자는 배에 타라는 시늉을 해 보이며 배 안에 고인 물을 퍼내었다. "발륵(생선)"이라고 외치며 손을 입에 가져갔다. 물고기 요리를 먹으러 호수 건너 자기 집으로 가자며 청하는 듯했다. 구미가 당기면서도, 통나무에 양철을 입힌 신통찮은 쪽배가 남자 둘의 무게를 이겨낼 수 있을지부터 의심스러웠다. 우선 불룬쿨 마을로 가서 운전사를 찾아내는 게 급했다.

습기 먹은 풀밭과 메마른 벌판을 번갈아 가로질러, 스무 채 남짓한 집들이 옹기종기 모인 작은 마을에 닿았다. 폐차 직전의 차에 달라붙어 둥당거리던 사내들은 갑자기 출현한 이방인에 놀란 기색이다. 타고 온 차와 운전사를 찾아내어 언덕 너머에 자리한 호수로 가자는 뜻을 전했다. 그제야 호수 이름이 야실쿨이라는 걸 듣게 되었다.

대륙 중심에서 마주한 세상 끝 풍경. 차라리, 인간 세상에 속하지 않는 풍경이라는 표현이 걸맞았다. 산란한 빛이 물속 고요의 바닥으로 스며들었다. 손을 담그자 청옥색 거울은 투명한 유리로 변했다. 물꽃 파문이 일며 진저리를 쳤다. 호수 둘레를 걸으며 마법 같은 순간을 연장하기에는 애석하게도 내게 주어진 시간이 너무나 짧았다.

마을 어느 가정집에서 차이를 마셨다. 주인 아낙은 낯모르는 손님에게 선뜻 먹을거리를 내주었다. 약간의 돈을 건네었지만 한사코

받기를 거절했다.

삭풍에 고스란히 노출된 집들은 비빌 언덕이라고는 없다. 고도 3,730미터 마을에 폭설이라도 쏟아진다면 눈 속에 푹 파묻혀버리지나 않을까. 불룬쿨은 타지키스탄에서 가장 추운 마을로 알려진 곳이다. 척박하지만 가축을 먹일 풀이 자라는 땅, 물고기 헤엄치는 맑은 호수가 곁에 있기에 세상 끝에서도 사람들은 삶을 이어간다.

  고원 산골에 거주하는 사람들 중에 비만으로 뒤뚱거리는 이는 보지 못했다. 문전걸식하는 거지도 없었다. 거친 환경 속에서 살아가는 히말라야, 힌두쿠시, 라다크, 그리고 파미르의 주민들이 그랬다. 자연을 소유하고 소비하는 대상으로 여기지 않는다. 이들은 자연이 베푼 산물을 필요한 만큼만 취하고 남는 것은 이웃과 나누며 자족적인 삶을 꾸려간다. 가진 게 적으니 걱정거리도 그만큼 적다.

펑크난 차로 파미르 하이웨이를

파미르 하이웨이Pamir Highway는 카라코람 하이웨이의 명성에 가려 그동안 여행자들에게 잘 알려지지 않았다. 파미르 고원을 관통하며 타지키스탄 호로그에서 키르기즈스탄 오쉬까지 이어지는 산간 도로를 파미르 하이웨이라 일컫는다.(기점을 타지키스탄 두샨베나 아프가니스탄 마자리샤리프로 삼기도 한다.) 1930년대 러시아에 의해 군사 목적으로 건설되었다. 7,000미터에 달하는 산맥을 거느리고 4,000미터 넘는 고갯길을 네 번이나 올라야 하지만, 고봉들 사이로 난 고지대 평원을 달리는 까닭에, 골짜기 비탈에 놓인 카라코람 하이웨이와 비교한다면 이동하는 데 불편이나 위험은 덜한 편이다.

또다시 길에 오른다. 불쑥 찾아든 길손에게 따스운 잠자리를 내주고 먹을거리를 나눠준 분들에게 더는 폐를 끼치고 싶지 않아, 며칠 더 머물면서 산등성이에 올라 주위를 조망하거나 파미르 하이웨이를 두 발로 종일토록 걸어보고 싶은 욕심을 억누른다. 이틀치 숙식비에 해당하는 돈을 삼시야에게 건네니 굳이 일부를 되돌려준다. 한지로 만든 수첩을 그녀에게 선물로 전했다. 그것을 받아든 얼굴이 미소로 빛났다. 그녀는 버터를 넣고 구운 빵과 견과를 챙겨주었고 나는 배낭에 다 들어가지 않는다며 반을 들어내었다.

이 작은 마을에 마르슈르트카가 있다니 천만다행이다. 호로그에서 오는 합승택시를 운 좋게 만난다고 하더라도 나를 위해 비워둔

자리가 남아 있을 리 없는데다가, 그렇지 않으면 지나가는 차에 대고 손을 흔들어야 하는데 한 시간에 차 한 대가 안 다닐 만큼 한산하다 못해 적막한 이 길에서 그마저 녹록지 않을 게 빤하기 때문이다.

차는 얼마 못 가 길가 외딴 집 앞에 멈추었다. 사람을 더 태우려나 보다고 여겼는데 그게 아니었다. 자전거용 펌프를 빌려서 바퀴에 바람을 넣기 시작했다. 두 사람이 교대하면서 한참을 시름하며 펌프질을 해도 타이어가 탄탄해지지 않았다. 구멍 난 데다 나사못을 박아 넣는 응급조치를 취했지만 별 효과가 없었다. 스페어타이어를 꺼내어 바람 빠진 타이어와 교체했는데 그것 역시 형편없이 마모된 상태였다. 그 후 잔설이 추격해 오는 도로를 따라 한 시간쯤을 이동했을까. 퍽 하는 소리와 함께 차가 정지했다. 이번에는 제대로 펑크가 난 모양이다. 차에서 내린 승객들이 벌판에 흩어져 소변을 보는 동안 운전사는 바퀴와 씨름하며 차를 손보았다. 그가 취한 임시방편은 원래의 나사못 박은 타이어로 바꾸는 것이었다.

"무르갑까지 얼마나 남았나요?" 이러다가 졸지에 파미르의 노숙자 신세가 되지 않을까 하는 걱정이 들어, 타이어에 바람을 넣느라 애쓰고 있던 운전사에게 내가 던진 말이다. "한 30분이면 도착할 거요. 걱정 마쇼."

그 상태로 무르갑까지 가기에는 무리라고 생각했는데 용케도 차는 그럭저럭 움직였다. 가는 내내 정체 모를 타악기를 두드리는 듯이 타닥타닥 대는 소음이 끊임없이 귀를 거슬리며 들리긴 했지만.

파미르 고원의 밤

에랄리 게스트하우스, 언덕 위에 자리한 덕분에 무르갑 전경이 한 눈에 들어오는 곳이다. 7월 말에 파미르로 들어오는 길이 막혔으니 내가 근 세 달 만에 맞이한 손님일 것이다. 침실이라며 안내한 구석방에는 싸늘한 기운이 감돌았다. 반면 휴게실로 쓰이는 마루는 햇살이 스며드는 남향받이였다. 창가 양탄자에 드러누워 낮잠이라도 들고 싶어졌다. 그렇지만 해가 사라지면 그런 소망도 사라졌다. 고산병에 대한 염려는 없었지만 복병은 추위였다.

명색이 고르노 바다흐샨 자치주에서 호로그 다음으로 두 번째로 큰 도시라는데, 여행자 눈에 비친 무르갑은 도시라고 하기엔 규모가 작았다. 그래도 파미르 하이웨이를 쿨마 패스 너머 카라코람 하이웨이와 연결하는 교통의 요지임에는 틀림없다. 집들은 하나같이 하얗게 칠한 육면체 모양이고 평평한 단층 지붕을 이고 있다. 거인처럼 두 다리를 버티고 선 전신주들이 지붕 낮은 집을 압도한다. 어떤 면에서는 라다크의 곰파 마을을 연상시키기도 한다. 무르갑에는 딱히 볼거리라고 할 만한 게 없다. 거친 자연과 그 속에서 나름의 삶을 꾸려가는 사람들이 있을 뿐이다. 파미르 하이웨이로 화물을 실어 나르던 중국 트럭들이 버린 컨테이너 박스에다 가게를 차린 바자르가 그나마 구경거리라면 구경거리겠지만 천천히 둘러보는 데 몇십 분이면 족하고 파는 물건 역시 별난 게 없다. 내가 여행 중 즐겨 먹은 사과 같은 과일도 생산지에서 멀다 보니 작고 썩은 것들만 팔렸다. 늘 그렇듯 내 관심은 시장에 내놓은 물건이 아니라 그곳을 오가는 사람들이 그려내는 일상 풍경으로 향한다.

알리추르처럼 무르갑도 키르기즈와 타지크 사람이 한데 어울려 사는 마을이다. 오히려 키르기즈계 사람들이 다수를 점하는 것으로 보인다. 1920년대 소비엣 연방 시절, 민족 분산 정책으로 키르기즈스탄에서 파미르 고원으로 이주해온 사람들의 후손이다. 키르기즈 전통 모자 깔팍을 쓴 남자들이 눈에 많이 띄어 국경을 넘기도 전에 벌써 키르기즈스탄 땅에 들어온 느낌을 주기도 한다. 우리나라에서라면 비싼 돈을 주고 사야 할 양가죽 재킷을 이곳 여자들은 평상복으로 입고 다닌다. 양이 흔하니 양가죽 옷도 흔할 수밖에.

간이 세면대에서 억지로 머리를 감고 얼굴을 씻었다. 뜨거운 물을 쓸 수 있다는 데 고마워하며. 물을 아끼느라 얼굴과 머리카락에 한꺼번에 비누칠을 했다. 물이 담긴 작은 양철통을 손으로 건드리면 물이 조금씩 흘러나오는데, 물방울이 떨어지는 순간 잽싸게 머리에 물을 적셔야 한다. 호로그를 떠난 이후 처음 머리를 감는 것이니 나흘만이다.

냉기로 들어찬 방에 난로를 지핀다. 자팔 아주머니와 며느리가 번갈아 오가며 음식물이 담긴 접시를 나른다. 아들은 난로에 넣을 야크 똥을 한 바구니 들고 왔다. 전등을 켰지만 약한 전압 탓에 방 안은 동굴처럼 어둑하다. 전구를 갈아 끼우자 한결 밝아져서 환호성을 지른 것도 잠깐, 얼마 못 가 맥을 못 추고 스러졌다. 충전하려고 콘센트에 연결한 카메라 배터리도 전압이 모자란다고 깜박거린다. 그런데 잠시 후 전등이 환해졌다. 나를 위해 발전기를 돌렸다는 소식을 자랑스럽게 전한다.

옷을 몽땅 꺼내 입고 담요 여러 장과 침낭을 동원하니 그럭저럭 견딜 만하다. 랜턴을 켜고 김애란의 소설을 두 번째 읽는다. 소설 속 인물들은 떠나왔거나 떠나갈 사람 아니면 쫓겨난 사람이다. 내 떠도는 영혼은 어디에 속할까. 주전자에 담긴 찻물이 차갑게 식었다. 변소에 가려고 냉기를 온몸으로 받으며 문밖을 나선다. 나무판자를 대고 아래로 구멍을 내었는데 과장 좀 해서 그 깊이가 지하 2층 바닥으로 내려간다. 여기서는 화장실보다는 뒷간이나 변소라는 말이 어울린다. 쭈그려 앉아 있노라면 묵은 근심을 풀어주니 해우소라고 불러도 적당할 터이다.

어두워야 잘 볼 수 있다. 밤이 별들을 멀리서 데려온 건 아니다. 낮 동안 태양이 붙박이별을 가렸을 뿐. 시린 별빛이 잠든 마을을 비춘다. 나는 지금 여린 불빛이 명멸하는 고원의 밤바다에 서 있다.

두샨베 930, 호로그 311, 젤란디 192, 알리추르 105. 무르갑으로부터의 거리를 알리는 표지판이다. 나는 두샨베를 떠나 이레 만에 여기에 와 닿았다.

괜스레 검문소를 피해 에둘러 움직이다 보니 발길은 모래 둔덕에 다다랐다. 수십 미터 높이를 올라왔을 따름인데 전망은 확연히 달라졌다. 산줄기가 견고하게 버티고 선 마을 앞으로 강물이 호弧를 그리며 흐른다. 굽이치던 길은 마을 안으로 숨어들었다가 빠져나온다.

성글고 서늘한 바람이 구릉을 더듬는다. 누렇게 죽은 풀들이 켜켜이 쌓여 썩어간다. 추위와 더위를 반복하며 부풀어 오른 흙이 발 아래 물컹하게 밟힌다. 한여름 초원을 뒤덮었을 양 떼와 소 떼, 천진하게 물장구치던 아이들, 강물에 빨래하던 아낙네들은 어디로 갔을까. 게으른 이가 남겨둔 양 몇 마리, 주인 잃은 옷가지들만 물가에 남았다. '새들의 강'에는 새소리마저 들리지 않는다.

이마에 내 천川 자를 그린 어른 얼굴을 한 사내아이가 양동이에 물을 담아 돌아가다가 자꾸만 뒤돌아본다. 바짝 마른 나무뿌리처럼 보이는 것을 초로의 남자가 외발 수레에 가득 싣고 간다. 겨우 수십 센티 자라는 데 10년이 걸린다는 테레스켄이라는 관목이다. 겨울은 길고 땔감은 태부족한 고원에서, 불쏘시개로 쓰이는 테레스켄은 말린 야크 똥과 더불어 없어서는 안 될 일용품이다.

나란히 걸어오는 여학생 둘과 눈인사를 나누고 사진을 청한다. 파미르 소녀들이 전하는 고운 미소가 여행자의 가슴을 설레게 한다. 자신이 지닌 아름다움을 미처 깨닫지 못하는 까닭에 더욱 아름답다.

양 잡는 날, 국경 검문소

굴뚝 연기가 자욱이 피어올라 허공으로 일제히 손 뻗으며 스며든다. 게스트하우스 간판이 나오도록 자팔 아주머니와 아들 사진을 찍은 후 작별 인사를 나누었다. 그런데 아주머니가 나를 배웅하며 "오쉬 가는 차가 없으면 여기로 돌아와야 돼요"라고 말하는 게 아닌가.

장터가 썰렁하다. '호로그'라고 써 붙인 지프가 두어 대 서 있을 뿐 차를 타려는 사람들은 보이지 않는다. 국경 너머 오쉬로 떠나는 차는 없다는 말에 낙담하고 만다. 아침잠을 설치며 일어난 보람이 없다. 숙소로 돌아가던 나는 바자르 쪽으로 내려가는 배낭 멘 남녀를 발견했다. 무르갑을 찾은 여행객은 나 혼자라고 여겼는데 두 사람이 더 머물고 있었던 거다.

"어디로 갈 건가요?"

"이쉬카심으로 가요!"

영어로 묻고 답했지만 한 사람은 한국인이었다. 이때는 경민 씨와 인사만 하고 헤어졌다.

히치하이킹을 시도했다. 목을 빼고 도로변에 서 있은 반 시간 동안 차 한 대 지나가지 않았다. 방값을 내리는 조건으로 게스트하우스에 하루 더 묵기로 했다. 허탈한 기분으로 방에 누웠다가 다시 바자르로 향했다. 오늘 못 간다면 내일 떠나는 차라도 있는지 알아보기 위해서다. 호로그에서 만났던 친구, 두샨베에서 호로그로 나를 태우고 온 운전사 초르삼베 씨를 삼촌이라 부르며 능숙한 한국어로 나를 감탄시켰던 누랄리를 310킬로 떨어진 이곳에서 다시 만나게 될 줄이야.

"오쉬 가는 차, 어디 있는지 알아요?"

"저기 길에 세워진 차가 오쉬 가는 거예요."

우리말로 묻고 들으니 이렇게 편할 수가 없다. 바자르 옆을 지나는 도로에 세워진 승합차로 냉큼 달려가 신속하게 요금 협상을 하고 자리를 확보했다. 누랄리와 마주치지 못했더라면 오쉬로 가는 차가 있는 줄도 모른 채 하루 더 머무를 뻔했다.

"오늘, 양 잡는 날에요. 명절이라서 아침에 사람들이 없는 거예요."

라마단이 끝난 지 70일째 되는 날에 양을 잡아 가족과 이웃이 함께 나눠 먹는 이슬람 명절인 '이디 코르본'*이 오늘이었다.

바자르 주차장에는 경민 씨도 있었다. 이쉬카심으로 가는 차편이 없어 행선지를 호로그로 변경했다고 한다. 그는 시베리아횡단열차를 시작으로 중앙아시아, 유럽, 아프리카, 남미로 이어지는 세계여행에 몸을 실은 상태였다.

차는 승객을 더 태우려고 마을을 한 바퀴 돌았다. 자동차 경적

---

* 아브라함이 자기 아들을 신에게 제물로 바치려 했던 희생을 기념하는 날이 '이디 코르본'이다. '코르본'은 '희생'을 의미한다. 터키에서는 '쿠르반 바이람', 아랍 지역에서는 '이드 알 아드하'라고 부른다. 이날 양이나 소를 잡아 그 고기의 3분의 1은 가족과 손님 접대에, 3분의 1은 이웃에게, 나머지는 가난한 사람들을 위해 사용한다. 아브라함은 유대인과 아랍인의 공동 조상이다. 이슬람에서는 아브라함이 신에게 바치려 했던 아들이 이삭이 아니라 이스마엘이었다고 믿는다. 또한 이스마엘이 아브라함의 첫째 아들이라고 주장한다.

소리에 가족들이 몰려나왔다. '양 잡는 날'이라고 손님에게 줄 빵과 견과류가 접시에 담겨 있다. 흔히 보던 둥근 난이 아니라 먹기 적당한 크기의 작은 빵(보르속)이다. 명절에는 인심이 후해진다. 내가 하나 집어 먹으며 관심을 보이자 접시를 통째로 비워 봉투에 담아주었다. 차 안에서 시간을 보내는 동안 간식거리로 먹기에 충분한 양이다.

운전석 옆을 내가 차지했다. 승객은 아이 안은 부부와 남자 셋, 나를 포함하여 도합 일곱이다. 생김새로 보건대 모두 키르기즈 사람들이다. 무르갑을 떠나려니 아쉬움이 크다. 조금 더 일찍 파미르 퍼밋을 받았더라면 추위 걱정 없이 작은 마을에 들르고 계곡으로 트레킹을 다니며 고원의 속살을 들여다볼 수 있었을 텐데 말이다.

중국 측과의 국경을 표시하는 철조망이 도로를 따라 이어진다. 대륙 중심을 떠받치며 융기한 고원은 늙은 어미의 굽은 등뼈를 닮았다. 파미르를 벗어나고 있는데도 자꾸만 그 속으로 다시 헤집고 들어가는 듯한 기분이 드는 건 왜일까. 자전거로 파미르를 횡단하는 여행자들이 곁을 스친다. 파미르를 여행하는 방법은 여러 가지다. 기계의 편리에 기댄 사람, 온몸으로 둥근 바퀴를 저어 밀고 가는 사람, 두 발로 땅을 촉감하며 지친 몸을 이끌고 가는 사람. 각자의 속도로 움직인다. 이동 속도와 그것이 전하는 기쁨의 강도는 거꾸로 향하는 걸까. 속절없이 사라지는 시간의 풍경을 붙잡을 수 없으니 안타깝다. 흐르는 시간을 거스르려는 듯 카메라 셔터를 누른다. 내가 사진으로 세상에서 건져 올리려는 것은 무엇일까. 언젠가 다시 찾는다면 바람처럼 이 길을 걷고 싶다고 되뇐다. 그것이 미래로만 남아 있을 언젠가라는 것을 알면서도.

신음하며 차는 흰 눈으로 뒤덮인 4,655미터 악 바이탈('흰 말'이라는 뜻) 고개를 넘는다. 눈이 녹거나 남은 자국들이 교차하며 얼룩말 줄무늬를 그린다.

"즈졔스(여기), 스톱!"

카라쿨 호수다. 운전사는 조금 더 움직여 전망 좋은 지점에 차를 세웠다. 나는 눈인사로 다른 이들에게 양해를 구하고 차에서 내렸다. 세상에 더는 없을 풍경을 사진으로나마 남기지 않고 그냥 지나친다면 두고두고 후회할 일이기 때문이다.

국경 검문소를 앞두고 지나온 길을 뒤돌아본다. 그대로 곧장 뻗어 나간다면 길은 설산 봉우리에 닿으리라. 길 위로 구름이 두둥실 헛된 꿈처럼 부풀어 오른다. 타지키스탄 파미르와 작별을 고한다.

　모르긴 몰라도 이곳은 카라코람의 군자랍 패스 다음으로 어금버
금을 다투는 세계에서 가장 높은 위치에 놓인 국경 검문소 중 하나
가 아닐까. 4,000미터 넘는 고지대 국경을 지키는 군인들 얼굴에서
무료함이 읽혔다. 타지키스탄 국경 검문소에는 우리가 타고 온 지
프차 말고는 대기 중인 차량이라고는 없었다. 승객들 여권을 거둬
들인 운전사는 막사로 들어갔다. 거길 나와서는 차를 이동시켜 놓

고 다른 막사 안으로 사라졌다. 병사 하나가 차로 오더니 나를 불러냈다. 다른 사람들은 제쳐두고 나만 데려가는 게 이상했다. 천막 내부는 난로를 피워 따뜻했다. 눈동자에 푸른빛이 도는 젊은 장교는 나에게 '양 잡는 날'이라고 내놓은 음식을 먹으라며 권했다. 나는 건성으로 호두 하나를 집어 들었다. 빨리 끝내줬으면 하는 심정이 앞섰다. 여권에 기재된 영어를 읽을 줄 모르는지 내 이름을 재차 물으며 장부에 받아 적으려 했다. 말을 못 알아듣는 눈치여서 나는 여권 뒷장에 꽂아둔 파미르 퍼밋을 가리켰다. 거기에 내 이름이 키릴 문자로 쓰여 있었기 때문이다. 그는 장부에 이름과 국적 따위를 적는가 싶더니 갑자기 책상을 주먹으로 쾅 내리치며 벌떡 일어섰다. 화들짝 놀라 얼떨떨함에 그를 올려다보는 순간, 씩 웃으며 악수를 청하는 게 아닌가. 그리곤 그걸로 끝이었다. 나는 "스빠씨바(고맙습니다)!"라고 외쳤고.

밖에는 운전사가 초조한 표정으로 나를 기다리고 있었다. 입국 시 작성한 출국카드를 잘 보관했다가 출국할 때 제출해야 한다는 정보를 접했었는데 그걸 달라는 소리는 나오지도 않았다. 나는 차가 검문소를 벗어난 후 여권을 살펴봤다. 그런데 여권 어디에도 타지키스탄 출국 스탬프는 찍혀 있지 않았다.

크즐아트 고개를 넘자, 이번에 우리를 맞이한 건 키르기즈스탄 국경 검문소였다. 차를 세워놓고 운전사 혼자 여권을 거두어 사무실로 향했다. 반갑다고 끌어안으며 악수를 건네는 군인들마다 손에 지폐를 집어주면서. 그 덕택인지 십 분도 지나지 않아 그는 여권 뭉치를 들고 밖으로 나왔다. 키르기즈스탄 입국 도장은 확실히 찍혀 있었다. 본인 확인 절차도 거치지 않고 입국을 허락하는 건 직무유기 아니냐는 생각이 들었다. 국경을 건너는 나 같은 외국인 입장에서야 일이 일사천리로 처리되니 좋아라 손뼉이라도 쳐야 하는지 모르겠지만.

국경을 통과한 차는 차츰 내리막을 달렸다. 키르기즈스탄 측 파미르 하이웨이 풍경도 만만찮다. 키르기즈스탄 오쉬에서 반대 방향으로 넘어왔더라면 먼저 감탄했을 풍경이다. 이름 모를 마을에서 저녁을 먹었다. 차에서 내리면서 남자들은 키르기즈 사람임을 표시하는 깔팍을 꺼내 머리에 썼다. 입때껏 내가 먹은 거라곤 출발할 때 얻은 빵과 다른 승객들이 나눠준 간식거리가 전부였다. 카라쿨 호수쯤에서 멈추어 점심 식사라도 할 줄 알았는데 말이다. 용무를 보기 위해 차를 세운 경우를 제외하면 쉬지 않고 줄곧 달려온 셈이다. 메뉴는 양고기국. 밥값은 남은 소모니로 계산했다. 국경에서 가까우니 타지키스탄 소모니가 통용된다. 사리타쉬 이후 오쉬로 연결되는 도로는 여행 초반 국제버스를 타고 중국 쪽에서 키르기즈스탄 국경을 넘어왔던 길과 겹친다. 그때는 밤이라 잠결에 스쳤던 길이다.

오쉬에 가까워지면서 하나둘 내리기 시작했다. 운전사는 문전까지 승객을 실어다주었다. 오쉬 시내를 얼마 남겨두지 않고 차가 어두운 골목으로 들어섰다. 뒤트렁크를 열더니 뭔가를 꺼내었다. 어두워서 랜턴을 비추었다. 거기에서 나온 물건은 네 발이 꽁꽁 묶인 두 마리 양이었다. 언제부터 양들이 트렁크 안에 갇혀 있었던 걸까. 신음조차 들리지 않았으니 나는 그런 게 차에 실린 줄도 몰랐다. 묶인 줄을 칼로 자르고 풀었다. 일어나지 못하고 누운 것도 잠시, 어린 짐승은 사내들이 이끄는 데로 절뚝거리며 따라갔다.

ㄴ 중앙아시아에서 밥 한 끼

유목 생활을 해온 중앙아시아 사람들. 그런 까닭에 가축에서 얻은 육류와 유제품이 음식 주재료를 이룬다.

- **라그만** : 고기 국수, 일종의 짬뽕. 위구르족에게서 전래했다. 들어가는 재료나 국물이 있고 없음에 따라 종류가 가지가지. 여행 중 만만하게 한 끼 때우기로 그만이다.

- **뿔로프** : 우즈벡에서는 '오쉬', 고려인에게는 '지름밥(기름밥)'으로 불린다. 당근 등 채소 넣은 쌀밥을 기름에 볶고 고기를 얹은 것으로, 한국 볶음밥보다 기름기가 많아 느끼할 수도 있다. 원래는 이슬람 명절이나 손님을 초대했을 때 특별히 내놓던 음식이라고 한다. 깨끗하게 씻은 오른손으로 손가락 끝에 밥알을 뭉쳐서 먹는 게 무슬림식 뿔로프 식사법이다.

- **슈르빠** : 갈비탕 느낌의 고깃국. 손에 기름을 묻혀가며 뼈에 붙은 양고기를 뜯고 푹 고아낸 국물을 마시는 맛이 제대로다. 현지인들은 육류를 먹을 때 살코기보다 지방 부위를 더 귀하게 여긴다.

- **베쉬바르막** : 양고기 또는 말고기 수육을 면에 얹거나 밀전병에

싸서 먹는 요리. '베쉬 바르막'은 '다섯 손가락'이라는 뜻이다.

- **샤슬릭** : 숯불 꼬치구이. 양고기, 염소고기, 닭고기, 소고기 중에서 선택 가능하다. 물론 돼지고기 꼬치구이는 없다.

- **스베지** : 토마토, 오이, 양파 샐러드. 샤슬릭 같은 육류 음식에 곁들여 먹으면 좋다.

- **난/논 또는 리뾰시까** : 화덕에 구운 둥근 빵. 어른 손바닥만 한 것부터 방석이나 세숫대야만큼 커다란 것까지 크기가 다양하고, 빵 중앙에 찍힌 문양도 저마다 다르다. 글씨나 그림이 들어간 장식용 난을 팔기도 한다. 이스트가 적게 들어가 제과점 빵보다 속이 덜 더부룩하다. 시장이나 가게에 쌓아놓고 파는 것도 괜찮지만 화덕에서 갓 구워낸 난을 사면 특유의 따끈하고 고소한 맛을 즐길 수 있어 좋다.

- **차이/초이** : '쇼르늬 차이'는 홍차, '질료늬 차이'는 녹차. 찻잔을 데우고 헹구는 의미인지 흔히 의례처럼 첫 두 잔은 차 주전자에 다시 부어 넣고 세 번째 따른 차를 마신다. 육류의 기름기를 빼려면 식사 틈틈이 차를 마셔줘야 한다. 차이에는 설탕이 세트처럼 붙어 다니지만 인도 밀크티 '짜이'만큼이나 달게 마시지는 않

는다. 유목민들은 차에 우유나 버터를 섞어 마시기도 한다. 중앙아시아에서 난과 차이가 빠진 식사는 생각할 수 없다.

그밖에, 타바카(통닭구이), 만트(만두), 츄츄바라(만둣국), 삼사(삼각형 모양 고기만두), 뻬라시끼(감자빵 튀김), 막심(밀을 발효시킨 탄산음료) 그리고 유제품인 크므스(말젖 발효 음료), 아이란(요거트), 쿠르트(누에고치나 새알 모양으로 빚은 덩어리 치즈) 등이 있다. 현지인들은 짭짤한 쿠르트를 맥주 안주 삼아 먹곤 한다.

길거리에서 식당을 찾기 어려우면 바자르에 가도록 하자. 시장통에는 맛이 괜찮은 음식을 저렴한 가격에 내놓는 서민 식당들이 널려 있기 마련이다. 또한 바자르에서는 사과, 포도, 토마토, 수박, 살구, 감, 디냐(대형 참외) 등 갖가지 과일을 구할 수 있다. 주머니 사정이 넉넉지 않은 데다 기름기 많은 음식에 질린다 싶으면, 과일을 난과 곁들여 먹는 건 어떨까. 한 끼 해결하는 데 손색이 없다. 우리 돈 천 원 선이면 보통 과일 1킬로를 살 수 있다.

#3. 살아남은 첨탑, 사라지는 호수
우즈베키스탄

무이낙

환전 한 번에 벼락부자

키르기즈스탄 오쉬에서 우즈베키스탄 국경은 지척이었다. 키르기즈스탄 측 국경은 의외로 쉽게 빠져나왔지만 우즈베키스탄 입국이 발목을 잡았다. 여자와 남자를 구분해서 기다랗게 줄을 세워놓고는 입구를 막은 군인이 한 사람씩 들여보냈다. 대기 중인 사람들이 족히 백 명은 넘었다. 손에는 쪽지를 하나씩 들고 있었는데 번호표였다. 이런 식으로 진행된다면 하루해가 저물도록 서서 기다려야만 할 형편이었다. 그래서 나는 일종의 새치기를 시도했다. 외국인 여행객임을 호소했더니 먼저 들여보내 주었다. 세관신고서에 보유한 달러 금액 등을 적고 제출했다.(신고서는 두 장 작성해서 나머지 한 장은 출국 시 제출해야 한다.)

입국장 건물을 빠져나오니 나를 반기는 사람은 택시기사들. 먼지 날리는 간이식당에서 뿔로프로 빈속을 채우고 안디잔행 합승택시에 올랐다. 키르기즈스탄과의 시차 덕에 한 시간을 벌었다.

다마스* 운전사가 안디잔 호텔 앞에 나를 떨구었을 때, 엉뚱한 곳에 내린 줄 알았다. 소비엣 스타일의 거창한 외관으로 판단하건대 럭셔리 호텔로 보였기 때문이다. 그런 생각은 대리석으로 치장한

---

* 우즈베키스탄 미니버스는 예외 없이 대우 다마스. 시내택시는 티코나 마티즈, 합승택시는 주로 넥시아이다. 국영 우즈벡 대우에서 생산된 차들이다.

로비와 계단까지 이어졌지만 어두침침한 복도를 거쳐 실내로 들어 서자 180도 반전되었다. 청소를 안 해서 지저분한 거야 둘째로 치 더라도 한쪽 벽 일부를 베니어합판으로 막아놓아 아연실색케 했다. 나는 그걸 트집 잡아 방값을 깎는 수고를 마다하지 않았다. 그래도 명색이 더블룸이라고 TV, 탁자, 화장실 등 갖출 건 다 갖추었다. 조금씩 망가져서 탈이지만. 끝이 기역 자로 꺾인 골동품 열쇠를 아 무리 돌려도 문이 잠기지 않아 지나가던 남자에게 도움을 청하기도 했다.

숙박비를 지불하려니 우즈베키스탄 돈이 없었다. 일단 환전이 급 했다. 나는 은행이 아니라 바자르(우즈벡식으로는 '보조르')로 향했다. 우즈베키스탄은 공식 환율과 블랙마켓 환율 간에 30% 이상 차이가 나기 때문이다. 에스키 바자르에는 쇼핑백에 돈을 뭉텅이로 들고 다니는 환전상들이 수두룩했다. 걸음을 옮기며 다른 환전상과 접촉 할수록 환율이 상승했다. 1달러에 2,680숨. 100달러를 환전했더 니 1,000숨짜리 218장, 500숨짜리 100장을 고무줄로 묶어서 주었 다. 한 장 주고 318장을 받았으니 벼락부자가 된 기분이다. 최고액 지폐는 1,000숨으로 한국 돈으로 약 420원에 불과하다. 우즈벡 숨 의 가치는 계속 떨어지고 있는 형편이다. 더 많은 돈을 환전하고 싶 어도 부피 때문에 그렇게 할 수가 없다. 시장을 돌아다니다 보면 상 인이 은행원인 양 계수기로 지폐를 세는 모습을 심심찮게 볼 수 있 다. 10,000숨짜리 지폐를 만들면 좋을 텐데, 서민 생활에는 무관심

한 이 나라 정부는 그럴 생각이 별로 없어 보인다.[*]

환전을 마치고 바자르 구경에 나섰다. 사람들이 우즈벡인으로 바뀌고 시장 규모가 커졌을 뿐, 장터에 내놓은 물건이라든지 왁자한 분위기는 이웃 키르기스스탄, 타지키스탄과 별반 다를 게 없었다. 어수선한 바자르 주변 골목을 지나 조메 마스지드에 들렀다. 벽돌을 단단하게 쌓아 올리고 푸른 타일 장식을 넣은 건물 외관이 제법 웅장한 것과는 달리 나무로 지은 내부는 평범했다. 마침 예배 시간이라 사람들이 마스지드 안으로 모여들었다. 기도 소리가 실내에 울려 퍼졌다. 자전거를 타고 온 한 남자가 나에게 다가서더니 무슨 말인가 속삭였다. "앉아요." 처음에는 알아듣지 못했는데, 그건 한국말이었다. 한국어를 배우고 있다는 남자를 따라 얼떨결에 나도 바닥에 쭈그리고 앉아 잠시 기도에 동참했다.

---

[*] 2013년 7월, 5,000숨짜리 지폐가 새로 발행되었다.

ㄴ 안디잔 학살

2005년 5월, 우즈베키스탄 안디잔에서 대규모 학살이 벌어졌다. 발단은 '히즈브 웃 타흐리르(해방당)'라는 이슬람 단체에 소속된 이 지역 이슬람 기업인 23명이 체포된 사건이었다. 그들은 빈민구제 활동을 이끌어 주민들로부터 신망을 얻은 인물들이었지만 정부 전복과 테러 기도 협의로 수감되었다. 이들의 석방을 요구하며 반정부 시위가 1년 가까이 이어졌고, 2005년 5월 12일 시위대 중 일부가 교도소를 습격하여 23명을 포함한 수감자 전원을 풀어주었다. 이튿날 대통령 카리모프가 보낸 군인들은 탱크와 헬리콥터까지 동원해 자국민들을 향해 무차별 총격을 가했다. 정보가 통제된 상황에서 정확한 희생자 수는 알려지지 않았으나 최소 500명에서 2,000명이 사망한 것으로 추정되었다. 하지만 안디잔 학살의 진상은 아직도 밝혀지지 않고 있다. 9/11 이후 테러와의 전쟁을 내세우며 우즈베키스탄에 군사기지를 빌려 아프가니스탄 침공에 열을 올리던 미국은 일시적으로 이 나라 정권에 대한 제재를 가했으나 얼마 지나지 않아 지원을 재개했다. 국가를 사기업화한 카리모프는 1990년부터 현재까지 장기 집권 중이다.

이 사건은 우리의 '5월 광주'를 떠올리게 한다. 시인 정한용은 〈광주-안디잔〉이라는 시에서, 되풀이되는 학살의 역사를 고발했다.

경찰이 너무해

페르가나에 와도 페르가나 밸리는 보이지 않는다. 그도 그럴 것이, 톈산 산맥과 파미르 알라이 산맥 사이 드넓게 퍼진 분지를 가리켜 페르가나 밸리라 부르기 때문이다. 시르 다리야 상류에 놓인 덕에 물이 풍부하고 땅이 비옥해 많은 주민들이 일대에 모여 살고 있다.

중국 한漢나라 때에는 페르가나 지역을 대완국 '발한나'라고 일컬었다. 한 무제는 피땀을 흘리며 빨리 달리는 말, 한혈마汗血馬를 탐내어 이곳에 군사를 보내 공격하기도 했다.

끼어들기 경쟁이 치열하다. 앞차 꽁무니를 쫓아 조금씩 움직이던 참인데 경찰이 갑자기 바리케이드로 막아버리니 우리 차는 진퇴양난에 처했다. 요금소를 앞두고 병목현상이라도 생긴 줄 알았더니 검문을 받느라 늘어선 줄이었다. 모두들 차에서 내려 신분증 검사를 받았다. 우즈베키스탄과 관계가 좋지 않은 타지키스탄 국경 근처를 지나기 때문일까, 또는 반정부 분위기가 강한 페르가나 지역에 대한 통제 차원에서 검문을 실시하는 것일까. 그 와중에 한국 회사 우즈벡 지사에 근무하는 한국인들과 마주쳤다.

"국경도 아닌데 왜 이렇게 여권 검사를 하는 건가요?"

"여긴 늘 이렇게 해요."

이런 일쯤은 진작 익숙해진 듯했다.

합승택시 종착지는 타슈켄트 꾸일룩 바자르였지만 그 전에 메트로에서 내렸다. 지하철 입구를 지키던 녹색 제복의 경찰은 신분증을 보여달라고 요구하더니 공연히 금속탐지기를 내 배낭에 갖다 대었다.

짐을 풀어놓고 문을 나서려는데, 그대로 외출하면 큰일이라도 난다는 듯이 게스트하우스 주인아주머니가 고함을 치며 나를 불러 세웠다. 여권을 돌려주며 거주지 등록증을 써 주었다. 거주지 등록증은 이름, 여권번호, 도착일, 등록번호, 숙박업소 서명이 적힌 작은 쪽지에 불과하다. 그렇지만 괜한 괴롭힘의 빌미를 경찰에게 제공하느니 여권과 함께 거주지 등록증을 항상 갖고 다니는 편이 속 편하다. 소비엣 시대 잔재인 거주등록제가 우즈벡에는 아직 남아 있다.

우즈베키스탄 경찰 숫자가 통틀어 얼마인지는 모르겠으나 길거리에 널린 것이 경찰들이다. 좀도둑 걱정은 안 해도 되니 좋은 점이 있긴 하다. 하지만 웬만하면 경찰과는 눈도 마주치지 않는 게 상책이다. 차를 타고 도시 간 이동할라치면 아무런 이유도 없이 경찰이 차를 세우고는 시쳇말로 삥을 뜯어내는 경우가 허다하다. 안전띠를 안 매었다든지 속도위반을 해서 교통경찰에게 걸리기라도 하면 운전사는 그날 벌이를 날릴 각오를 해야 한다. 그 옛날 실크로드 대상들이 안전을 보장해준다는 명목에 굴복해 주요 길목마다 지방 군주에게 관세를 상납해야 했듯이 요즘 운전자들은 현대판 세리인 경찰에게 꼬박꼬박 통행세를 치러야 한다.

우르겐치에서 누쿠스라는 도시로 이동할 때 겪은 일이다. 안전띠를 하지 않은 합승택시 운전사는(이 나라에서는 운전할 때 거의 안전띠를 매지 않는다) 돌연 전방에 경찰이 출현하자 벨트를 잽싸게 어깨에 걸쳤다. 차를 세우라며 경찰이 붉은 봉을 흔들었다. 그는 차를 멈추지 않고 그대로 달아났고, 다른 경찰에게 연락이 취해져 다음 검문소에서 걸릴 것을 염려해 샛길로 빠져서 한참을 이동했다. 어떤 여행객은 '김태희가 밭을 맨다는' 목화밭 사진을 찍다가 경찰차에 실려가 심문을 받았다고 한다.

이 나라 경찰에게 어떤 직접적인 피해를 입은 적은 없지만 법치국가 시민으로 살아온 나로서는 녹색 제복이 보일라치면 은근히 짜증이 났다. 나는 그들이 입은 녹색 옷에 '개구리'라는 별명을 붙여줬는데, 현지인들은 '오이'(우즈벡어로 '버드링')라 부른다고 한다. 예를 들어, 경찰이 접근하면 "오이 온다!"라는 식으로 속삭인다. 우즈베키스탄에서는 도둑이나 강도보다 무서운 존재가 경찰이다.

레기스탄에 비는 내리고

다리우스, 알렉산드로스, 칭기즈칸, 그리고 아미르 티무르. 잔인한 정복자들이 피바람을 일으키며 대륙 심장부를 휩쓸고 지나갔다. 티무르 시대, 왕은 제국의 영화를 과시하기 위한 많은 건축물을 사마르칸트에 세웠다. 오늘날 독재자는 동상과 기념관을 세우고 정복자를 영웅화하여 권력 유지에 이용한다. 호사가들은 이들을 칭송하며 전설을 덧칠하여 신비화한다.

1398년 인도 원정에서 돌아온 아미르 티무르는 이슬람 세계에서 가장 높고 웅장한 사원을 건축할 것을 지시한다. 그렇게 지어진 사원은 티무르의 왕비 비비하눔과 젊은 건축가에 얽힌 비극적인 사랑 이야기가 더해지면서 비비하눔 마스지드로 불리게 된다.

비비하눔의 미모에 반한 페르시아 출신 젊은 건축가는 그녀에게 사랑을 고백한다. 그러자 그녀는 여러 가지 색깔을 칠한 계란을 늘어놓고 이런 말로 그를 설득하려 했다.

"이 계란들은 겉은 다른 듯하지만 깨 보면 속은 모두 같아요. 여자도 마찬가지니, 다른 여자를 찾도록 해요."

건축가는 투명한 액체가 담긴 잔 두 개를 가져와 응수한다.

"물과 술은 겉은 같아 보여도 취하게 만드는 건 술이지요. 겉모습이 같다고 모두가 같을 순 없죠. 사랑도 그러하답니다."

사원 건축을 재촉하던 비비하눔은 결국 볼에 입맞춤하도록 그에게 허락했다. 강렬한 입맞춤의 흔적은 지워지지 않고 남아 왕에게 발각되고 만다. 건축가는 페르시아로 도망갔고 비비하눔은 미나레(첨탑) 아래로 내던져졌다. 이후 티무르는 모든 여성들에게 천으로 얼굴을 가리도록 명을 내렸다고 한다. 판본이 하도 다양해서 어느게 원본인지 구분할 순 없지만, 낭만적인 스토리 끝은 늘 주인공의 죽음으로 귀결되기 마련이다. 유명한 미나레마다 전해지는, 차도르가 낙하산 역할을 해서 미나레에서 떨어진 여자 목숨을 구했다는 애기만큼이나 관광객의 흥미를 돋우려는 가이드의 입담거리에 지나지 않겠지만 말이다.

스스로를 칭기즈칸의 후예라고 주장하며, 이란 이스파한, 이라크 바그다드, 인도 델리, 터키 앙카라에 이르는 옛 몽골 제국 서부 지역을 점령하고 가는 곳마다 무자비한 파괴와 학살을 일삼았던 아미르 티무르. 그는 늙은 나이에 동쪽으로 명나라 원정길에 올랐다가 병사하고 말았고 그 후 얼마 못 가 티무르 제국은 무너졌다.

주변 수로에서 나온 모래로 조성했다는 광장, 레기스탄에 부슬부슬 가랑비가 내린다. 정면에서 오른쪽이 시르도르 마드레사(메드레세), 중앙이 틸라카리 마드레사, 왼쪽이 울루그벡 마드레사이다. 울루그벡 마드레사가 1420년 최초로 세워졌고 200여 년이 흐른 뒤에 시르도르, 틸라카리 마드레사가 차례로 들어섰다.

울루그벡 마드레사에는 '학문에 정진하는 것은 모든 이슬람 남녀의 의무'라는 글귀가 쓰여 있다. 티무르의 손자 울루그벡은 철학자, 역사학자, 수학자이자 천문대를 세운 천문학자였다. 하지만 왕으로서의 재위 기간은 길지 않았다. 통치나 정벌보다는 학문 연구에 관심이 많았던 그는 반란을 일으킨 아들에 의해 죽임을 당했다. 절세 미녀 비비하눔, 정복자 티무르, 문화 군주 울루그벡조차 죽음 앞에서는 모래알같이 하찮은 존재에 지나지 않았다.

우상숭배를 막기 위해 이슬람 교리에서는 현실 사물을 구체적으로 표현하는 행위를 금했음에도 시르도르 마드레사에는 사자 등 위로 솟는 사람 얼굴을 한 태양이 그려졌는데, 나는 이와 똑같은 형태의 그림을 이란 테헤란의 골레스탄 궁전에서도 본 적이 있다. 사슴을 쫓는 용맹한 사자는 아무리 봐도 호랑이와 사자를 익살스럽게 합쳐놓은 동물로밖에 보이지 않는다. 시르도르 마드레사를 설계한 건축가는 율법을 어겼다는 자책에 시달리다가 스스로 목숨을 끊었다고 한다.

황금 칠을 한 사자 두 마리가 공원에 버티고 있고 그것이 이 도시의 중요한 상징물이라도 되는 양 녹색 제복 경찰들이 지키고 있다. 낙엽이 쌓이면 큰일이라는 듯 청소부 아주머니는 빗질에 여념이 없다. 이 자리에 이슬람 신학교인 마드레사를 셋이나 지은 까닭이 뭘까, 나는 왜 지금껏 이들을 마스지드로 알고 있었을까, 같은 물음만 머릿속을 맴돈다. 중앙아시아 최고라고 일컬어지는 건축물을 관람하고서도 큰 감흥이 일지 않으니 어찌된 일일까. 유명한 볼거리를 눈앞에 두고도 연애만 6년차인 애인을 대하듯 시큰둥한 까닭은 다른 데 있었다. 어느새 나는 비교의 잣대를 들이대고 있었던 것이다. 기대했던 사마르칸트 유적이 이란 이스파한을 따라가지 못하고, 바자르 규모와 활기가 파키스탄 페샤와르의 그것에는 못 미친다고 여기며.

무언가 신통한 광경을 목격하고 싶어, 경찰에게 지폐를 찔러주고 울루그벡 마드레사의 좁고 가파른 회전 계단을 다리 통증이 생기도록 오른다. 나는 미나레 꼭대기 구멍으로 간신히 머리를 내민다. 광장에 삼삼오오 모인 사람들이 개미처럼 꼬물대는 것이, 사마르칸트에서 제일 높은 자리에 올랐음을 알려준다.

코리안 드림

커다란 철문 아래로 뚫린 개구멍 출입구를 발견한 건 바자르와 비비하눔 마스지드를 잇는 큰길을 두세 번 왕복한 뒤였다. 그 문은 관광지와 격리된 주택가 골목으로 나를 이끌었다. 고급 상점과 호텔 이면에 허름한 가옥들이 드러나지 않도록 높은 울타리를 둘렀으니, 베를린 장벽이 따로 없다.

빵 굽는 냄새에 붙들려 발걸음을 멈추었다. 청년 둘과 꼬마가 각자 일을 나누어 재빠르게 난을 구워내는 광경을 곁에서 지켜보았다. 반죽한 밀가루를 치대어 적당한 크기로 떼어낸다. 둥글납작하게 빚어 그 중심에 빗살무늬를 찍고 깨를 골고루 뿌린다. 모양을 갖춘 빵을 달구어진 탄드르(화덕) 안쪽 벽에 붙여 굽는다. 난에 찍힌 무늬는 빵 가게마다 조금씩 달라 어디서 구운 것인지 구별해낼 수 있다고 한다. 자전거를 타고 지나던 남자가 난을 한 봉지 가득 담아 간다. 고소하고 향긋한 냄새가 코를 자극한다. 나도 돌아가는 길에 한두 개 사기로 맘먹는다.

대문을 수리 중인 집을 지날 때였다. 한 남자가 작업하는 인부들을 지켜보고 있었다.

"살럼?"

"안녕하세요? 한국에서 왔나요?"

나는 놀란 눈으로 그의 얼굴을 바라봤다. 시쳇말로 한국 사람 뺨칠 정도로 정확하게 한국말을 했기 때문이다. 고려인은 아니다. 분명 우즈벡인. 그가 이끄는 대로 마당에 발을 들였다. 벽에는 한국산 맥주 광고 사진이 걸려 있었다.

"어떻게 그렇게 한국말을 잘하세요?"

"한국에서 11년 살았습니다. 전주에서 7년, 서울에서 4년."

나이가 마흔하나라고 하니 서른 살에 한국으로 간 것이다. 굴샨은 주로 건설 현장에서 막일(그의 표현대로 하면 노가다)을 했는데 일당 10만 원을 받았다고 한다. 그렇다면 우즈베키스탄에서 한 달 내내 일해야 겨우 모을 수 있는 돈을 단 이틀 만에 번 셈이다.

"제 월급보다 많이 받았는데요." 농담 삼아 이렇게 말해주었다.

한국에서 손님이 왔다며 그의 아내가 음식을 내왔다. 그녀 또한 한국말을 잘했다. 우리는 한글이 적힌 머그잔으로 한국산 커피를 마셨다. 그는 전주 한옥마을에 놀러 간 적이 있다며 휴대폰으로 촬영한 동영상을 내게 보여주었다. 한국에서 돌아온 지는 두 달밖에 안 되었고, 귀향 기념으로 새로 대문을 만들어 다는 중이라고 했다. 그는 나쁜 사장님을 만나지는 않았는지 한국에 대해 좋은 기억을 갖고 있었다.

"우즈벡에 돌아왔으니 한국에서 번 돈으로 뭘 할 생각이에요? 장사라도 할 건가요?"

"여기서는 마땅히 할 일이 없어요. 한국에 다시 가고 싶어요."

차이하네(찻집)에서 카드놀이를 하던 중년 남자들, 골목 쉼터에서 한담을 나누던 아저씨들도 한국에서 몇 년씩 살았다며 익숙한 우리 말로 나를 반겼다. 어제는 바자르 안에 자리한 핫도그와 케밥을 파는 우즈벡식 패스트푸드점에 들렀다가 한국말을 하는 식당 주인과 인사를 나누기도 했다. 그는 의정부에서 5년 동안 일해 번 돈으로 작은 식당을 차렸다며 자랑스러워했다. 이후에도 한국에서 일하다 돌아왔다거나 돈 벌러 가고 싶어 한국어를 공부한다는 이들을 우즈베키스탄 각지에서 만날 수 있었다. 적어도 그들에게 대한민국은 '꿈의 나라'였다.

└ 그 많던 우즈벡 김태희는 어디에

'김태희가 밭을 갈고 한가인이 소를 몬다'는 우즈베키스탄. 정녕 우즈베키스탄에는 미인이 많을까? 내 대답은 '니옛(No)'으로 시작하는 부분부정. 목화 따고 물 긷던 젊고 예쁜 아가씨들은 수도 타슈켄트로 다시 러시아 모스크바나 뻬쩨르부르그에 돈 벌러 떠나고, 일부는 한국으로 시집가는 바람에 미인이 남아나지 않는다고 한다. 한국어를 2년째 배우고 있다는 한 우즈벡 아저씨가 우스갯소리로 전한 말이다. 어느 나라에서나 그렇듯이, 내 눈에도 평범한 다수 속에 아름다움을 지닌 소수가 두드러져 보였을 뿐이다.(차라리, 파미르 고원 여자들이 다들 말뜻 그대로 자연 미인에 속했다. 믿거나 말거나.)

우리네 식으로 뛰어난 미모를 가꾼 여자들은 러시아계 혼혈일 가능성이 높다. 바자르에서 만난 아주머니들은 한결같이 중후한 몸매를 자랑했다. 살짝 난 콧수염에 금니를 반짝이고 얼굴은 리뾰시까(빵)처럼 둥글고 컸다. 육류와 기름진 음식 위주로 식사를 하는데다가 중앙아시아 여성이라면 대개 20대에 들어서면 결혼을 하고 20대 후반에는 아이 두셋을 낳으니 어쩔 수 없을 것이다. '미녀들의 수다'라는 방송 프로그램에 빠진 한국 뭇 남성들이 내린 성급한 일반화의 오류, 거기에다 국제결혼정보회사에서 퍼뜨린 것으로 의심되는 뜬소문을 탓해야 할까. 어쨌든, 모두들 눈은 깊고 맑았고 표정은 밝고 건강해 보였다.

골목 안 가축시장

누라타를 여행한 것은 사막과 들판이 국토 대부분을 차지하는 우즈베키스탄에서 혹시 수풀 무성한 산을 접할 수 있지 않을까 하는 기대감 때문이었다. 거기에 타슈켄트-사마르칸트-부하라-히바로 이어지는 유적지 중심의 뻔한 루트에서 벗어나고 싶은 마음도 더해졌다.

호텔을 찾아 헤매던 나에게 두 남자가 나타나 도움의 손길을 내밀었다. 그들은 걸어서 가겠다는 나를 굳이 차로 데려다주었고 차비도 받으려 하지 않았다.

외국인 관광객에게 누라타는 북쪽에 자리한 아이다라쿨 호수에서 낙타 트레킹을 즐기기 위해 거쳐 가는 도시에 불과할지 모르지만, 이슬람 순례자라면 신성한 샘에서 귀한 물고기를 구경하고 질병 치료에 효험이 있다는 샘물을 길어갈 목적으로 들르는 곳이다. 불타는 바위가 하늘에서 떨어졌고 그 자리에 우물이 솟아났다는 이야기가 전해져 내려온다. 샘터에서 발원한 물길은 사원과 영묘 둘레를 돌아 때로는 지하로 흐르다가 마을 곳곳으로 뻗어간다. 물에서 노니는 마린까(잉어)를 잡아먹는 일은 없다. 단순한 물고기가 아니라 숭배 대상인 까닭이다. 그 점은 터키 샨르우르파, 아브라함의 성스러운 연못을 연상시킨다. 하얀 웨딩드레스를 곱게 차려입은 신부, 검정 슈트에 빨간 넥타이로 멋을 낸 신랑이 사원을 돌며 축복을 기원한다. 알렉산드로스 왕이 세웠다는 오래된 요새가 마을을 굽어보고 있다.

잔해만 남은 토성에 올라 잿빛 구름이 드리워진 마을을 조망하다가 내려왔을 때는 날이 저물 무렵이었다. 숙소를 지나쳐 골목길로 접어들었다. 사람들과 차량이 어느 한 곳을 향해 움직이고 있음을 감지했다. 그들을 따라가 보기로 했다. 내 발길은 오토바이부터 승합차, 티코 택시, 트럭까지 온갖 종류의 차들이 모인 장소에 멈추었다. 담장 쳐진 널찍한 공터는 수백 명 남자들과 그들이 끌고 온 가축들로 들끓었다. 숫자는 시간이 지날수록 더욱 늘어났다. 내가 누라타에서 가축시장을 만난 건 행운이었다. 여태 중앙아시아를 여행하며 가축시장이 열리는 도시에 머문 적은 여러 번 있었지만 그때마다 번번이 요일이 맞지 않거나 내 게으름으로 인해 방문하지 못했었는데, 이렇게 우연히 토요 가축시장을 발견했으니 말이다. 카슈가르나 코치코르의 가축시장과는 비교하기 어렵겠지만 작은 도시치고는 그 규모가 제법 커 보였다.

트럭이 도착하면서 발 묶인 양들을 쏟아냈다. 표식을 달았던 자리인지 양의 귀에는 구멍이 뚫려 있었다. 녀석들도 팔려가는 운명을 아는 걸까, 잔뜩 풀이 죽어 머리를 구석에 처박고 움츠렸다. 악수로 시작해서는 가격을 깎으려는 자와 조금이라도 더 받아내려는 자 사이에 옥신각신 실랑이가 오갔다. 활기차게 거래가 이루어는 순간을 사진에 담으랴, 우리나라 두루마기를 연상시키는 우즈벡 전

통 옷 '초판'을 입고 '추피추이카'라는 사각형 모자를 쓴 이들을 쫓아
다니랴 내가 다 정신이 없었다.

파괴에서 살아남은 첨탑

크즐쿰 사막에 둘러싸인 유서 깊은 오아시스 도시 부하라(부호로)에
는 한때 360개 마스지드와 100여 개 마드레사가 존재했다. 조로아
스터교와 불교 흔적 위에 이슬람 문화가 번성과 쇠락을 거듭했다.
야외 박물관 도시라 일컬을 만하다.

노디르 디반베기 마드레사 입구의 타일 장식에는 조로아스터교
신화 속 새 '후모' 한 쌍과 사람 얼굴을 한 태양이 새겨져 있어 이목
을 끈다. 마드레사의 이름은 17세기 부하라 지역 실권자였던 노디
르 디반베기에서 유래했다. 처음에는 카라반사라이(대상 숙소)로 세
워졌다가 이슬람 신학교인 마드레사로 전환되었다. 학생들이 코란
을 공부하던 내부는 기념품점과 레스토랑으로 바뀌었다. 북쪽 편
이완Iwan의 벌집 모양으로 움푹 들어간 자리에는 알록달록한 꽃문
양이 하나씩 그려졌다. 불과 며칠 전에 그려 넣은 듯 색깔이 너무나
선명하여 복구를 마친 지 얼마 되지 않았음을 말해준다.

부하라 관광의 기점이라 할 수 있는 라비 하우즈 광장. '연못 둘
레'라는 뜻 그대로 연못 주위로 노디르 디반베기를 비롯한 마드레사
와 고급스런 차이하네가 에워싸고 있다. 500년 나이를 먹었다는 뽕
나무 한 그루와 더불어 광장의 명물은 뭐니 뭐니 해도 당나귀를 타
고 익살스레 웃고 있는 나스레딘의 동상이다. 그 앞에서 관광객들
은 기념사진을 찍고 아이들은 당나귀 등에 올라타 장난을 친다. 터

키 앙카라에도 당나귀를 거꾸로 탄 모습의 나스레딘 동상이 있다. 나스레딘 호자*는 이슬람 문화권에 널리 퍼진 해학적인 우화의 주인공으로, 우리나라로 치면 봉이 김선달쯤 되는 인물이다. 바보를 가장한 현자라고나 할까. 터키, 이란, 우즈베키스탄, 위구르 등지에서 서로 자기 나라 출신이라고 주장하는데, 지역마다 불리는 이름마저 조금씩 다르다. 우즈벡 사람들은 '나스루딘 아판디'가 부하라에서 태어났다고 믿는다. 수천 가지 이야깃거리가 그의 이름을 따서 전해진다. 아래 이야기는 그중 한 토막이다.

〈직접 한번 세어보게나〉**

호자의 명성을 듣고 현자를 자처하는 세 사람이 그를 찾아왔다. 마을 유지들도 함께 모인 자리에서 음식을 서로 나눠 먹으며 이야기를 나누었다. 그러다가 그들은 호자의 지식을 한번 시험해보고 싶다는 생각이 들었다. 셋 가운데 한 사람이 호자에게 넌지시 물었다. "선생님, 이 세상의 중심이 어디입니까?" 호자는 망설임도 없이 문 앞에 서 있는 당나귀를 가리키며 조용한 목소리로 대답했다. "저 당나귀가 앞발을 딛고 있는 곳이 바로 이 세상의 중심일세." 그러자 다시 물었다. "그것을 어떻게 증명할 수 있나요?" 이번에도 호자는 눈 하나 깜짝하지 않고 즉시 대답했다. "믿지 못하면 자네가

---

* '호자'는 성이 아니라 우리말 '선생님'에 해당하는 존칭이다.

** 신양섭 《바보 현자의 웃음철학》(인터미디어, 2005)

한번 측량해보면 될 것 아닌가? 내 말이 맞나 틀리나." 동료가 쩔쩔 매는 것을 보고 다른 사람이 질문했다. "좋습니다, 선생님. 그렇다 면 밤하늘을 가득 채운 별은 모두 몇 개입니까?" 이번에도 호자는 곧바로 대답했다. "저 당나귀의 꼬리털 수만큼 되지." 그러자 도저 히 믿을 수 없다는 듯이 또다시 물었다. "아니, 그것을 어떻게 증명 합니까?" 호자는 조금도 주저하지 않고 단호하게 말했다. "그거야 간단하지. 저 당나귀 뒤에 쭈그리고 앉아서 꼬리털을 직접 한번 세 어보게나." 호자의 즉각적이고 재치 있는 대답에 혀를 내두른 또 다 른 사람은 아예 입을 굳게 다물었다.

상인들은 다양한 언어로 손님을 부른다. 코란 받침대를 비롯한 목공예품, 돔 천장 아라베스크 무늬를 그대로 옮겨놓은 도자기, 새 부리 모양을 한 신기한 가위, 난에 문양을 찍어내는 떡살, 투르크 식 털모자, 실크 스카프, 보석 장신구, 전통 악기, 카펫 등 온갖 물 건들이 행인을 유혹한다. 지붕 덮인 통로로 연결된 굼바스에는 상 점과 식당, 공중목욕탕, 환전소 등이 갖추어져 있었다고 하니, 오 늘날로 치면 아케이드로 이루어진 복합 쇼핑몰인 셈이다. 천장이 유달리 높은 건 대상들이 낙타를 탄 채로 드나들 수 있도록 지었기 때문이다.

하늘을 찌를 듯 우뚝 솟은 미나레가 오후 태양을 가리고 그 아래 인간들을 왜소하게 만든다. 보존성을 높이기 위해 달걀흰자와 낙타

젖을 진흙에 반죽해 빚은 벽돌로 쌓았다는 칼랸(칼론) 미나레. 높이 47미터를 자랑하는 이 첨탑은 잦은 외침과 지진을 비켜가며 900년 동안 부하라의 상징 노릇을 해왔다. 미나레 꼭대기에서 예배 시간을 알리는 아잔이 울려 퍼지면 무슬림들은 칼랸 마스지드로 일제히 모여들었을 터이다. 미나레는 실크로드 대상들에게 사막의 등대 역할을 했으며, 한때는 죄수를 자루에 담아 탑 위에서 던져 죽이는 사형장으로 쓰이기도 했다. 완벽한 대칭과 비례를 자랑하는 미르 아랍 마드레사에 칼랸 미나레는 커다란 그림자를 드리운다. '칼랸(칼론)'은 '크다, 웅장하다'는 뜻의 타지크어이다.

푸른 돔이 빛나는 칼랸 마스지드에 들어서니 긴 회랑으로 둘러싸인 드넓은 안뜰이 펼쳐진다. 이렇듯 큰 규모의 마스지드에 자리할 법한 연못은 없고 대신 뽕나무 한 그루가 덩그러니 중정을 차지하고 있다.

초원을 이동하며 생활하기에 건축물을 남기지 않는 몽골 유목민의 기질은 그들의 정복 과정에서도 여실히 드러났다. 13세기 초 칭기즈칸이 부하라를 약탈할 때 칼랸 미나레만은 부수지 않고 남겨두었다는 이야기는 역설적으로 그가 얼마나 철저한 파괴자였는가를 드러내는 반증은 아닐까. 폐허로 변한 도시에 홀로 우뚝 선 탑을 남겨둠으로써 자신의 무한한 힘을 과시하는 상징물로 삼고자 했을지도 모른다. 칭기즈칸이 탑을 올려 보는 순간 투구가 떨어졌고 이를 집어 들기 위해 허리를 굽혔다는 일화는, 잠시나마 잔인한 정복자의 머리를 숙이게 하고 싶었던 살아남은 자들의 바람을 표현한 것일지도.

파멸의 소용돌이 속에서 화를 면한 건축물이 하나 더 있다. 그 당시 모래에 파묻혀 있던 이스모일 소모니의 묘이다. 정교하게 쌓아 올린 흙벽돌로 지어진 영묘는 1,100년 전 건축물이라고 하기에는 보존 상태가 너무나 양호하다. 숨을 참고 그 둘레를 두 바퀴 돌면 소원이 이루어진다고 한다.

'아르크'는 타지크어로 '커다란 궁전'이라는 뜻으로, 부하라의 왕들이 거주하던 성을 가리킨다. 현재 성곽은 러시아 볼셰비키 군의 폭격으로 무너진 후 재건한 것으로 내부에는 아직도 복구 작업이 진행 중이다. 아르크 성 뒤편에는 '진돈'이라는 구덩이 감옥이 있었다. 1838년, 영국과 협정을 맺도록 설득하기 위해 부하라 왕 나스룰라 칸을 찾아온 영국군 장교 스토다드는 벌레와 쥐 들이 우글거리는 지하 감옥에 갇히는 신세가 된다. 왕궁으로 이어지는 길을 말에서 내리지 않고 가는 무례를 범했다는 것이 그 이유였다. 광기 어린 군주에게서 그를 구하러 온 또 다른 영국인 코놀리 역시 첩자 혐의로 체포된다. 두 사람은 결국 아르크 성 앞에서 공개 참수형에 처해지고 말았다.

성 맞은편 연못가에 자리한 볼로 하우즈 마스지드로 걸음을 옮긴다. 나는 괜스레 그림 그리는 소녀 곁을 지나며 캔버스에 담긴 풍경을 곁눈질한다. 마스지드 벽면을 장식한 원색 무늬와 20개 나무 기둥이 인상적이다. 이란 이스파한의 체헬 소툰 궁전을 떠올리게 한다. 체헬 소툰은 '40개의 기둥'이라는 뜻이지만 실제 기둥 수는 20개로, 물에 비친 상상 속의 기둥까지 포함한 시적 표현이다. 번잡함에서 벗어나 물가 벤치에 앉아 사색에 잠기다 보면 이곳에서도 상상력이 피어날 것만 같다.

내가 부하라에서 여장을 푼 곳은 친절한 타지크인 가족이 운영하는 게스트하우스였다. 이게 누구야, 방문을 열고 들어온 사람은 타지키스탄 무르갑에서 보았던 경민 씨였다. 약속도 없이 열흘 만에 부하라에서 그와 재회했다. 여행지에서 잠시 스쳤던 한 번의 만남이 이렇듯 인연의 끈으로 이어지기도 한다. 경민 씨는 낮은 소리로 기타를 연주했다. 직접 작곡한 곡이라고 했다. 흘러간 사랑 노래라도 흥얼거리고 싶어지는 밤이었다.

∟ 가깝고도 먼 이웃나라

타지크어 명칭이 들어간 유적이 흔하다는 점에서 추측할 수 있듯이, 부하라는 예로부터 타지크 문화의 영향이 강했을 뿐만 아니라 지금도 타지크인들이 다수 거주하는 곳이다. 사마르칸트도 마찬가지다. 반면, 타지키스탄 북부 후잔드, 키르기즈스탄 오쉬에는 우즈벡인들이 많이 살고 있다. 스탈린은 이런 특성을 무시한 채 소비엣 연방 내 자치공화국의 경계선을 그었고, 소비엣이라는 단일한 체제 하에서는 숨겨졌던 문젯거리들이 제각기 분리 독립하면서 표면에 드러났다.

우즈베키스탄과 타지키스탄 두 나라는 과거에 하나의 공화국이었던 시기도 있었으나, 타지키스탄 내 우즈벡 반군 세력 문제, 수자원 개발을 둘러싼 갈등, 페르가나 밸리 국경선 분쟁 등으로 관계가 나빠졌다. 타지키스탄은 사마르칸트와 부하라 지역에 대해 자국 편입을 주장하기도 했다. 9세기 부하라를 수도로 삼아 사만 왕조를 세운 이스모일 소모니는 타지크의 선조로 알려져 있다. 그래서 타지키스탄 두샨베에 그를 기리는 동상이 세워져 있지만 정작 무덤은 우즈베키스탄 내 부하라에 남아 있다.

타지키스탄은 전력을 주변국으로 수출하고 국내 전기 사정을 해결하기 위해 아무 다리야 강 상류의 풍부한 물을 이용해 수력발전에 주력해야 하고, 우즈베키스탄 입장에서는 대규모 목화 산업을 지탱하는 데에 여기서 흘러나온 물이 절실하다. 이것은 공생 관계에 놓인 두 국가 간에 분쟁의 원인으로 작용하기도 한다. 그래서일까, 2010년에 두 나라는 사마르칸트와 판자켄트를 연결하는 국경 통로를 폐쇄했다.

미나레 꼭대기의 연인

크즐쿰 사막은 단조롭고 지루하다. 고비나 타클라마칸이 지닌 쓸쓸한 매력조차 찾을 수 없다. 사막 가장자리로 난 도로는 굴곡 없이 평평하다. 낡은 아스팔트를 콘크리트로 교체하는 작업이 한창이다. 한국 건설업체 유니폼을 입은 남자가 도로 포장에 쓰이는 중장비를 지휘하고 있다. 덤프트럭이 택시를 위협한다. 차는 아스팔트가 벗겨진 흙먼지 구간과 일부 완료된 포장 구간을 곡예 하듯 오르내린다. 폐선을 활용해 부교로 삼고 그 위에 철판 조각을 덧대어 이은 다리가 나타났다. 형편없이 졸아든 갈색 흙탕물이 힘겹게 흘렀다. 아무 다리야 강을 건넜다.

그 옛날, 서쪽으로 '검은 모래' 카라쿰, 동쪽에서 '붉은 모래' 크즐쿰을 건너온 실크로드 카라반들은 히바에서 긴 여정의 피로를 달래는 휴식을 취했을 것이다.

호레즘 왕국의 옛 영화를 간직한 히바는 오아시스 도시이자 성곽 도시이다. 내성內城인 이찬(이촌) 칼라는 히바의 구시가지를 이룬다. 힘센 자의 문, 아버지의 문, 돌로 된 문, 공원으로 난 문. 이찬 칼라에는 네 개의 성문이 네 방향으로 나 있다. 서쪽 문인 '오타 다르보자(아버지의 문)'을 지나 성 안으로 들어서면, 윗부분이 잘린 원기둥 형태의 탑이 제일 먼저 시선을 잡는다. 칼타 미노르 미나레이다. '푸른 미나레'라는 뜻을 지닌 '콕 마노라'는 현지인들이 부르는 애칭이다. 아래 기단의 폭이 자그마치 14미터라고 하니, 이 첨탑의 건설을 명한 칸이 일찍 사망하지 않았더라면 부하라의 칼랸 마나레를 능가하는 높이로 축조되었을 게 분명하다. 십자형으로 반복되는 패턴이 들어간 초록색 타일 장식이 인상적이다. 미나레 완성을 끝내 보지 못하고 죽은 왕의 이름은 호텔로 변한 모하메드 아민 칸 마드레사에 남아 있다.

서문에서부터 보도를 따라 걷다보면, 쉼 없이 이어지는 마스지드와 마드레사, 궁전, 미나레, 영묘, 고택에 눈이 팔려 동문 밖 바자르에 닿은 줄도 모르게 된다. 관광객을 상대로 기념품을 파는 상인들이 없다면 시간을 이백 년 전쯤으로 되돌려도 될 성싶다. 발길을 북쪽 골목으로 틀어, 성 안에 살고 있는 주민들 일상을 엿보고 그러다가 석양이 내리면 성벽에 올라 거닐어도 괜찮다.

흙빛으로 물든 시가지를 감상하기 위해서는 이슬람 호자 미나레의 가파른 회전 계단 백여 개를 차근차근 밟고 올라가야 한다. 나보다 먼저 꼭대기에 도착한 연인 한 쌍이 경치 조망에는 관심을 두지 않고 애정 표현에 열심이다. 아찔한 놀이기구를 타며 공포감 속에 사랑이라는 감정을 착란하듯, 감각기관의 스위치를 하나씩 켜는 중이다. 때로는 순간이 영원처럼 이해되기도 한다. 이들의 사랑은 영원할까. 첨탑 꼭대기에서 키스를 나눈 아득한 순간을 가슴속에 간직하려나. 두 사람이 요청하는 대로 나는 사진사 역할을 한다. 순간에 새길 사진을 찍는다.

무이낙, 아랄해의 비극

목화 수확기인 가을철이 찾아오면 우즈베키스탄 학생들은 교실이 아니라 목화밭으로 등교해야 한다. 이 기간 동안 학교는 임시 휴교에 들어간다. 감독에 나선 교사들은 정부에서 지시한 할당량을 채우기 위해 학생들을 독려하고 체벌까지 한다. 초등학생부터 대학생까지 매년 200만 명의 아이들이 목화 채취에 동원된다. 솜털처럼 가벼운 목화송이로 20~40킬로 무게를 채우기란 여간 힘든 일이 아니다. 우즈베키스탄 목화 산업은 소비엣 시절부터 정책적으로 집중 육성되었고 독립 후 바통을 이어받은 독재 정권 하에서도 그대로 이어졌다. 면화 단일 경작을 강제했고 밀이나 채소 같은 다른 농작물로의 전환은 허용하지 않았다. '하얀 금'이라 불리며, 목화는 우즈베키스탄의 효자 수출품 노릇을 하면서 외화를 벌어들였지만, 그건 아동 강제노동과 아랄해 소멸이라는 비극 위에 이루어진 공적이었다.

수로를 건설하여 아무 다리야와 시르 다리야의 물을 목화밭 경작지로 돌리는 바람에 강의 흐름이 바뀌었다. 운하의 물은 이동 중에 절반이 증발하거나 지하로 스며들었다. 그 결과, 아무 다리야 강 줄기는 아랄해에 닿지 못하고 크즐쿰 사막 모래 속으로 사라졌다. 1960년대까지만 해도 세계에서 네 번째로 큰 호수이자 내해内海였던 아랄해는 지금 작은 호수 둘로 갈라졌고 크기가 10분의 1로 줄어들었다. 밑바닥을 드러내며 사막화된 호수는 소금과 독성 물질을 실은 모래 폭풍을 날려 보내며 주민들 건강마저 위협하는 실정이다. '섬들의 바다' 아랄해에 기대어 살아가던 생물들은 대부분 멸종했거나 멸종 위기에 처했다. 포구 무이낙은 사막에 갇힌 죽음의 도시로 변했다. 어업과 수산물 가공업에 종사하던 무이낙 주민들은 일자리를 잃고 고향을 떠났다. 이대로 가면 2020년경에 아랄해는 지도상에서 사라질 운명이라고 한다.

히바에서 무이낙으로 가기 위해 우선 우르겐치를 거쳐 누쿠스로 이동했다. 무이낙행 버스는 수리 중이었다. 식당에서 쁠로프를 먹을 때만 해도 출발 시간이 아직 멀었는데도 여자들이 출입문 앞에 몰려 있는 이유를 모른 채 그저 혼잡한 버스에서 서서 가겠구나 하고 생각했다. 문이 열리기가 무섭게 할머니와 아주머니 들이 부리나케 달려 들어가 자리를 차지했다. 20여 명이 타면 적당할 중간 크기 버스에 70여 명을 채웠다. 이건 아무런 과장도 보태지 않은 숫자다. 울부짖음에 가까운 아우성이 터져 나왔고 어른들 다리 틈에 끼인 아이들은 울음을 터뜨렸다. 자리 하나를 놓고 두 여자 사이에 싸움이 벌어졌다. 알아들을 수 없는 험한 말이 오갔다. 신체 유연성과 신축성의 한계를 실험하는 현장이었다. 그런 악다구니판 속에서도 희한하게 사람들은 자신의 공간을 확보했고 차가 움직이지 시작하자 소란은 차츰 수그러들었다. 버스가 멈출 때면 내리는 사람은 없고 타는 사람은 많았다. 버스 차장 역을 맡은 남자는 이런 아수라장을 헤치고 용케 요금을 받아 챙겼다. 짐들을 냅다 밖으로 내던졌다. 그 속에는 사람들 가랑이 사이에 눌려 납작해진 내 배낭도 섞여 있었지만 그것에 항의하거나 배낭의 행방에 대해 걱정할 겨를이 없었다. 비집고 들어갈 틈이 없자 그는 의자 등받이를 계단 삼아 밟고 사람들 어깨와 등을 누르며 버스 뒤쪽으로 이동했는데 그 모습이 마치 밧줄을 타고 정글을 누비는 타잔을 연상시켰다.

목화밭이 물러나고 메마른 벌판에 땅거미가 내렸다. 날이 완전히 저물기 전에 무이낙에 도착하기만을 바랐다.

"여기 무이낙 맞나요?"

그렇게 초만원 버스 칸에서 지옥 같은 네 시간을 보내고 탈출한 나를 맞이한 건 암담한 암흑이었다. 길을 물어볼 새도 없이 버스에서 내린 사람들은 택시를 타거나 걸어서 밤의 대기 속으로 사라졌다. 나는 가로등 하나 켜지지 않은 도로를 따라 랜턴 불빛에 의지해 무작정 걸었다. 어둠 속에서 사람을 발견하고 반가움에 접근하면 나보다 더 놀란 표정으로 배낭 멘 외국인을 쳐다보았다. 그들의 대답은 한결같이 이러했다.

"호텔까지 너무 머니 택시 타고 가쇼!"

택시를 타려고 버스가 멈추었던 데로 되돌아오니 빈터에 어둠만이 고여 있었다. 뒤늦게 깨달았다, 인적 끊기고 불빛 하나 없는 밤길을 혼자 걸어 위치도 모르는 숙소를 찾아가는 짓의 무모함을. 카프카의 소설 《성》에 나오는 첫대목이 떠올랐다. 늦은 밤, 안개와 적막에 휩싸인 낯선 마을에 갓 도착한 K의 마음 상태가 이러했을까.

그런 나에게 구원의 손길을 뻗은 이는 자전거를 타고 가던 한 젊은 이였다. 그는 자전거 뒷자리에 타라는 시늉을 하더니, 마침 지나가던 차를 불러 세웠다.

차는 밤의 장막을 헤치며 나아갔다. 운전사가 강도로 돌변하는 상황을 상상하던 나를 무색하게 하며, 500숨(200원)만 받고 무이낙에 하나뿐인 호텔 앞에 나를 내려주었다. 아이벡 호텔은 위치를 알고 걸어간다고 해도 반 시간은 넘게 걸릴 곳에 자리했고 간판 따위는 없었다.

"헬로우, 쌀럼~"

텅 빈 복도에 내 목소리가 울렸다. 아무런 대답이 없어 신발이 놓인 방을 두드렸다. 주인장 남자가 고개를 내밀었을 때 얼마나 반가웠던지. 공포영화를 찍으면 딱 어울릴 음침한 복도를 지나 이층 불 켜진 방으로 들어서며, 나는 무이낙에 무사히 도착했음을 자축했다.

물결 출렁이던 수평선을 대신하여 땅 끝을 알리는 지평선이 들어섰다. 우즈베키스탄 무이낙과 카자흐스탄 아랄스크 간에 페리가 운행했었다는 말을 누가 믿겠는가. 아랄해의 풍요로운 포구였던 무이낙은 이제 물이 남은 호수로부터 200킬로미터 떨어진 사막 마을로 변했다. 먼지바람 날리는 거리에서 마주친 사람들은 표정마저 푸석하게 메말라 보였다. 납덩이처럼 무겁게 내려앉은 구름장이 우중충한 마을 분위기를 더욱 우울하게 물들였다.

사막의 배. 낙타가 아니라 아랄해였던 땅에 버려진 폐선들을 말한

다. 모래언덕에서 녹슬어 가는 배들은 재앙의 결과를 상징하는 설치
미술 같다. 철갑상어를 비롯하여 수많은 물고기를 길어 올리던 어부
들의 터전은 지금 배들의 무덤으로 전락했다. 한 움큼 집어든 모래에
서, 여기가 바다 생물들이 헤엄치던 장소였음을 알려주는 조개껍질
들이 나왔다. '아랄해의 어머니'를 여신으로 모시는 카라칼팍 사람들
은 어머니를 잃었고 아랄해라는 이름을 인공 소금사막 아랄쿰에게 내

줘야 할 형편에 처했다. 어리석게도 나는 '무이낙'에서 '무위낙無爲樂'을 떠올렸었다. 수십 년 전만 해도 활기 넘치는 어항에 인기 있는 휴양지였으니, 호수가 그대로 보존되었더라면 영 틀린 말은 아니었으리라.

물길을 강제로 목화밭으로 돌리면서 아랄해는 사라지기 시작했다. 지구 온난화 현상과는 무관한 완전한 인재人災인 것이다. 현재 우즈베키스탄 정부는 아랄해를 재생시키고 주민 생활을 개선할 어떤 조치도 내놓지 않고 있다. 카자흐스탄에 면한 북 아랄해는 작은 댐을 쌓아 호수로 물이 흘러가도록 하면서 차츰 살아나고 있다는 소식이 들리는 반면, 우즈베키스탄은 도리어 아랄쿰에서 가스와 원유 개발을 추진한다는 계획이다.

한반도 지도를 펼쳐놓고 방조제와 하굿둑으로 둘러막힌 해안선을 들여다보고 있자면 마음이 편치 않다. 만일 지리 교과서에서 배운 대로 누군가 서해와 남해가 리아스식 해안이라고 말한다면 그건 더 이상 정답이 아닐지도 모른다. 우리는 간척 사업을 통해 약간의 농지와 공업용지를 얻었지만 그보다 더 귀중한 개펄과 생명을 잃었다. 인위적인 개발과 자연 파괴가 장기적으로 불러올 재앙을 아랄해의 비극에서 우리도 배워야 하지 않을까.

물의 결핍은 모래의 과잉을 불러왔다. 생명의 순환 고리를 잃었다. 생태계 균형을 깨뜨린 인간에 대해 자연은 복수를 시작했다.

나는 배들이 버려진 땅을 나와 일직선으로 뻗은 도로를 따라 걸었다. 통조림 공장은 폐허로 변했고 극장은 오래전 문을 닫았다. 시청사 옆에는 선박이 기념물로 서 있었다. 시청 벽보에 그려진 그림만이 무이낙의 좋았던 시절, 물고기가 풍성하게 잡히던 한때를 기억했다. 불운에 익숙해진 탓인지 인사를 건네도 사람들은 그저 데면데면했다. 마을을 떠나지 못한 이들의 깊게 패인 주름에서 시름이 읽혔다.

이어폰을 꽂고 음악을 들으며 집 앞 골목을 빗질하던 소녀가 내 발걸음을 멈추게 했다. 하늘빛이 소녀 머리 위로 어렴풋이 비쳤다. 물기 머금은 눈빛, 꾸밈없는 미소는 온종일 나를 괴롭히던 울적함을 풀어주었다.

무슨 소리가 복도에서 울렸다. 이 밤에 외딴 호텔을 방문한 손님이 있을 리 만무하고. 섬뜩한 기분을 느끼며 방문을 열었다. 식사하러 내려오라는 말을 전하러 온 주인 할머니였다. 아들은 어디 갔는지 방에는 할머니 혼자였다. 이날 먹은 뜨끈한 감자국은 우즈베키스탄에서 이제껏 맛본 음식 중 최고였다. 나는 무언가에 몹시도 허기졌던 모양이다.

정부 돈으로 반혁명 미술품을 모은 괴짜

누쿠스는 우즈베키스탄 내 자치공화국인 카라칼팍스탄의 수도다. 타슈켄트로 돌아가는 도중에 누쿠스에서 하루 머물기로 한 건 단 하나, '이고르 사비츠키'라는 괴짜 수집가가 세운 미술관에 들르기 위해서였다. 그를 괴짜라고 불러도 좋은 까닭은 엄혹한 소비엣 체제 하에서 사회주의 리얼리즘에서 벗어난 미술품을 5만 점 이상 수집했고 우즈베키스탄 유물을 발굴한다는 명목을 내세워 정부 기금으로 자신의 박물관을 지었다는 사실 덕분이다.

젊은 시절 화가를 꿈꾸기도 했던 그는 우즈벡 유적지 복원 작업에 참여한 일을 계기로 누쿠스로 오게 된다. 유배지처럼 여겨져 중앙 정부와 KGB의 감시에서 벗어나 있던 카라칼팍스탄 지역에서 그는 1920~30년대 반혁명적인 아방가르드 경향의 작품들을 모으기 시작했다. 집단 수용소로 보내진 화가들의 다락방이나 지하실에서 그림을 찾아내기도 하고 심지어 유화 캔버스가 지붕 방수포로 쓰이고 있던 것을 가져오기도 했다. 누쿠스와 모스크바를 20차례나 오가며 집착에 가까운 열정으로 작품 수집에 몰두했다. 현재 사비츠키 미술관에 공개된 전시품은 그 중 극히 일부에 지나지 않는다.

미술관에서 단연 내 관심을 끈 전시물은 회화 작품이다. 사막화되기 전 아랄해 풍경, 화려한 색채의 인물화, 칸딘스키를 연상시키는 추상화, 파시즘을 경고했다는 황소 그림. 많은 작품들을 촘촘히 내걸다 보니 주제나 경향에 따른 분류가 제대로 안된 느낌을 주어 아쉬웠다. 졸졸 따라다니며 사진 촬영을 감시하는 직원 아주머니도 신경 쓰였다. 정부 고위관료와 유명 인사의 미술관 방문을 기념하는 사진들이 부족한 전시 공간에 한 자리를 차지하고 있었다. 그들은 사비츠키가 살아 있을 동안에는 아무런 관심을 두지 않다가 미술관의 존재가 서방 언론에 알려지자 몰려들었다.

러시아 카라칼팍 혼혈 청년

옆에 앉은 러시아 청년이 아까부터 지치지도 않고 말을 뱉어내니 듣기만 하는 내가 피곤할 지경이다. 멀대같이 키 큰 녀석이 근처 남자들과 여학생들 자리를 오가며 웃고 떠들었다. 몸을 뒤편으로 돌린 여자아이는 눈을 반짝이며 멀대에게 질문을 퍼부었다. 휴대폰에서 팝송이 울렸고 이에 뒤질세라 누군가의 라디오 스피커에서 가짜 웃음을 동반한 만담이 흘러나왔다. 중앙아시아 여행이 끝나간다는 아쉬움에 혼자만의 사색에 잠기고 싶었던 나는 그런 상황을 애써 외면하고 고개를 창 쪽으로 돌렸다. 누쿠스를 떠난 버스는 타슈켄트를 향해 가는 장정에 오른 중이다.

나중에야 알았다. 그가 떠버리라기보다는 천성적으로 대화를 좋아하는 떠돌이임을. 줄곧 이어폰을 귀에 꽂고 음악을 듣던 내가 꺽다리 이고르 구빈과 뒤늦게 말문을 트게 된 건 들녘에 어스름이 내리기 시작할 무렵이었다.

그는 농구 선수이자 배구 선수라고 했다. 여학생들은 타슈켄트에서 열리는 핸드볼 대회에 참가하러 가는 선수들이었고 앞자리 남자 둘은 팀 감독과 코치였다. 그랬기에 운동선수들끼리 얘깃거리가 많았던 모양이다. 그는 러시아어, 카라칼팍어, 우즈벡어뿐만 아니라 영어도 할 줄 알았다.

스물다섯 살 청년은 나에게 자신의 가족사를 풀어놓았다. 러시아 카스피해 인근 끄라스노다르라는 도시에서 우즈베키스탄으로 옮겨 온 건 할아버지 대였다. 그의 아버지는 젊은 시절 경작지 조성에 필요한 관개시설 건설 작업을 하러 무이낙에 왔다가 지금의 어머니를 만났다.(관개 시설이라면 목화밭에 물을 대느라 아랄해의 고갈을 불러온 운하를 말하는 것이리라.) 그렇게 해서, 그는 러시아인 아버지와 카라칼팍인 어머니 사이에 태어났다. 그는 어머니를 닮아 어릴 때부터 키가 무척이나 컸고, 그 덕에 205센티 장신으로 농구 코트를 주름잡으며 지역 대표 선수로 활약했다. 지금은 운동을 그만두고 타슈켄트에 직장을 구하러 가는 길이라며, 돈을 모으면 여자친구가 있는 러시아 치따로 떠날 계획이라고 털어놓았다. 그가 들려준 이야기는 축약된 역사 드라마 한 편이나 다름없었다.

바깥세상에는 짙은 어둠이 내렸다. 속도를 늦추며 달리던 버스에 조명이 켜지고 음악이 흘러나왔다. 환하게 불 밝힌 건물 앞에 버스는 멈춰 섰다. 그곳에는 예닐곱 대 버스가 정차해 있었고 이미 많은 사람들로 벅적거렸다. 이고르가 지금부터 야간 통행금지 시간이라고 일러주었다. 우즈베키스탄에서는 밤 10시 이후로는 버스 운행이 전면 금지되므로 장거리 버스 이용객은 이런 곳에서 하룻밤 보낸 후 다음날 새벽에 다시 출발한다고 귀띔해주었다. 2009년 5월, 수십 명이 사망한 버스 추돌 사고가 발생했는데 그 원인이 버스 운전사의 야간 졸음운전으로 밝혀지면서 이후로 버스 운행 금지 시간을 정했다고 한다.

늦은 저녁 끼니를 챙겨 먹는 사람들로 식당은 불야성을 이루었고, 한방에 침상 50여 개가 다닥다닥 붙은 숙소는 전쟁 피난소나 정신병동을 방불케 했다. 생선 썩는 듯한 지독한 냄새, 오가는 사람들의 법석거림, 새어 들어오는 불빛 때문에 나는 도저히 잠을 이룰 수가 없었다.

배 속에서 폭풍이 일었다. 콜라와 빵으로 아침을 때웠는데 그게 피곤한 몸 상태와 겹치면서 위장과 괄약근의 제어 기능이 느슨해지고 만 것이다. 좌불안석. 어디 호소할 데도 없었다, 웃음 띤 얼굴 이면에는 말 못할 고통이 숨어 있음을. 괴로운 증상이 나타난 후 타슈켄트에 도착할 때까지 그렇게 두 시간여를 버텼다. 옆자리 친구 이고르가 말을 시키면 건성으로 답했다. 그 와중에도 버스터미널 전에 가까운 지하철에 내려달라고 부탁했다. 버스가 멈추자 나는 짧게 손을 흔들고 곧장 발걸음을 놀렸다. 무단 횡단을 하느라 운전자를 놀래며. 평소 나였다면 즐겁게 작별 인사를 나누고 사진을 남기며 버스에서 함께 보낸 25시간을 기념했을 테지만.

"그제 뚜알렛(화장실 어디 있나요)?"

아저씨 한 분을 붙들고 노랗게 뜬 얼굴로 나는 이렇게 외쳤다. 바지에 실례하기 직전이었다. 아저씨도 내 울상 지은 표정에서 위급함을 느꼈는지 얼른 화장실 방향을 가리켰다. 나는 동전을 치르고 휴지 조각을 움켜쥐고 배낭을 멘 채 화장실 문을 향해 가랑이를 비비적대며 뛰었다. 지난 중국 여행에서 그리고 인도 여행에서도, 내내 평온하던 아랫배가 출국 하루 이틀을 앞두고 이상 증세를 일으키더니만. 여행 막바지에 긴장의 끈이 풀리는 건 별수 없지만 위장의 빗장이 풀리는 일만은 제발!

카자흐스탄 알마티 ▶ 콜사이, 사띄 ▶ 키르기즈스탄 비쉬켁 ▶ 카라콜, 제티 오구즈, 알튼 아라샨 ▶ 탐가 ▶ 줌갈, 송쿨 ▶ 비쉬켁 ▶ 탈라스 ▶ 오쉬 ▶ 타지키스탄 후잔드 ▶ 베샵 ▶ 이스칸더쿨 ▶ 두샨베 ▶ 호로그 ▶ 지제브 ▶ 얌춘 ▶ 랑가르, 종 ▶ 다르샤이 ▶ 이쉬카심 ▶ 호로그 ▶ 두샨베 ▶ 자프르, 가름 ▶ 두샨베 ▶ (조지아 트빌리시) ▶ 카자흐스탄 알마티 ▶ 타라즈 ▶ 쉼켄트 ▶ 투르키스탄 ▶ 알마티

2부

길을 잃고
사람을 만나다

별들은 어떻게 물을 구할까
전갈은 어떻게 독을 품게 되었고
거북이는 무엇을 생각하고 있을까
그늘이 사라지는 곳은 어디일까
빗방울이 부르는 노래는 무슨 곡일까
새들은 어디에서 마지막 눈을 감을까
왜 나뭇잎은 푸른색일까

우리가 아는 것은 한 줌 먼지만도 못하고
짐작하는 것만이 산더미 같다
그토록 열심히 배우건만
우리는 단지 질문하다 사라질 뿐

– 파블로 네루다 〈우리는 질문하다가 사라진다〉

#4. 하드럭 스토리
카자흐스탄

콜사이

처음과 끝, 헛소동

어느덧 2년이라는 시간이 물처럼 흘렀고, 나는 다시금 파미르에 발을 디뎠다.

저녁 9시 10분 중국 우루무치를 떠난 비행기는 같은 날 저녁 8시 30분 카자흐스탄 알마티에 닿았다. 타임머신을 타지 않아도 인간의 시간은 때론 거꾸로 흐르기도 한다.

알마티 공항은 짐작만큼이나 단출했다. 비행기에서 내려 청사로 들어서자마자 어지러이 긴 줄이 생겨났다. 무비자 입국이 가능해진 열 개 나라를 국기로 표시해놓은 안내판에 반갑게도 태극기가 들어가 있었다. 둥근 윤곽에 튀어나온 광대뼈, 입국 심사대 여자 직원 얼굴이 유난히 친근해 보였다. 그녀가 무심히 찍어준 입국 도장을 여권 뒷장에서 확인하며 공항을 빠져나온 것은 막바지 무리마저 흩어진 후였다.

버스는 끊겼을 시각, 일본에서 온 대학생들과 어울려 택시를 타기로 했다. 어둠이 쏟아지는 출구로 나서며 뜨뜻미지근한 밤공기를 몇 모금 마시기도 전에 한 사내가 내 팔을 붙잡아 세웠다. 시내까지 500텡게라니, 의아했다. 공항에서 출발하는 택시치고는 요금이 너무나 저렴했기 때문이다. 그게 킬로미터당 금액이라는 사실을 알아채고 나서 공항 앞 도로를 살피는 틈에도 그는 나를 놓아주지 않았다. 6,000텡게는 곧 4,000텡게(23,000원)로 내려갔다. 정상 요금의 두 배를 불렀음을 눈치챘지만 셋이 나누어 내기로 한 마당에 굳이 실랑이를 벌일 이유는 없었다. 버스를 탄다면 고작 80텡게에 불과할 테지만.

요스케와 토모히로, 두 사람은 대학교 과제로 중앙아시아 전쟁사를 조사할 겸 여행을 왔노라고 했다. 그들을 만나 합승한 덕택에 돈이 굳었다는 생각에 즐거워하며 얼마쯤을 달렸을까. 둘이 짝을 이루어 영업을 하는지 손님을 더 태울 여지를 주지 않고 운전석 옆 조수석 자리를 꿰찬 호객꾼 녀석이 대뜸 돈을 더 달라고 자근거렸다. 실내등을 켜자 가면처럼 드러난 얼굴이 불쑥 튀어나왔다. 지도를 보여주며 몇 마디 러시아어로 어렵사리 숙소 위치를 설명하던 나는 문을 두드리며 차를 세우라고 소리쳤고. 그렇다고 정작 택시를 멈추고 짐을 꺼내길 바란 건 아니었다. 지킬 뜻도 없는 꾐으로 손님을 유인하고서는 일단 차에 태우고 나면 그만이라는 꿍꿍이속에 화가 치민데다, 나름 베테랑 여행자의 깜냥으로 으름장을 놓아 기선을 제압하고 싶었을 뿐이다. 흥분한 녀석들이 정말 우리를 휑한 도로변 탁한 가로등 아래에 내던지고 돌아가리라고는 예상치 못했다.

어린 대학생들의 불안을 잠재우려는 듯 나는 알마티 모든 승용차는 택시라며 너스레를 떨었다. 카자흐스탄이 처음인 나로서도 어둠에 갇힌 낯선 장소가 걱정되긴 마찬가지였다. 다가오는 아무 차량에 대고 마구 손을 흔들어댄 지 서너 번 만에 차가 멈추었을 때, 나는 안도의 한숨을 내쉬며 "스빠씨바!"를 연발했다.

　반쯤 사람들이 잠자리에 들었을 시간이다. 근처 어디쯤이 분명한데 도무지 호텔을 찾을 수가 없다. 지도를 들고 맴돌던 운전자와 일본인 친구들에게 미안한 마음이 들어 먼저 차에서 내렸다. 간판을 보고 건물 3층에 자리한 호스텔로 올라갔다. 호스텔이면 영어가 통하는 사람이 있을 거라는 짐작에서였다. 불청객을 맞이한 호스텔 여직원은 내가 찾는 주소에 대해 성의껏 안내해주었다. 만일 다른 숙소에 예약을 하지 않았더라면 나는 당장 그곳에 머물기로 결정했을 것이다. 여행을 준비하면서 나는 설사 첫날이라도 숙소 예약 같은 건 하지 않는 편이지만 이번에는 인터넷 사이트를 통해 이틀 밤을 예약해둔 터였다. 여름 끝 성수기인데다 늦은 밤 도착해서 방 구하기가 어려울 거라고 여겼기 때문이다.

　앞장서며 나를 호텔까지 데려다준 청년들을 만나지 못했다면 인적 끊긴 밤거리를 땀에 젖어 방황할 뻔했다. 어둑한 거리를 따라 나무들이 음침한 숲을 이루며 드리운 까닭에 호텔을 턱밑에 두고도 발견하지 못했더랬다.

　호텔 데스크를 지키던 아주머니의 반응이 신통치 않았다. 비싼 더블룸으로 안내하더니 내가 내민 예약증을 흘낏 보고는 돌려주었다. 예약 따위는 무시할 거면서 인터넷에는 왜 올려놓았느냐는 항의가 목구멍까지 치밀었다. 누구는 굳이 약속을 지키느라 발바닥에 땀이 나도록 허둥거리며 돌아다녔는데 말이다. 결제 없이 예약한 상태였으므로 나는 미련 없이 그곳을 나왔다.

피곤한 몸을 이끌고 다시 찾은 호스텔에 배낭을 내려놓았을 즈음 시곗바늘은 자정을 넘고 있었다. 여행 첫날은 그렇게 시작해서 마무리되었다.

*

알마티를 떠난 중국남방항공 소속 여객기는 우루무치 공항 활주로에 내렸다. 3개월에 걸친 긴 여행을 마감하는 날이다. 일곱 시간을 대기한 후 인천행 비행기로 갈아타야 했기에, 나는 임시 체류 허가증인 스테이 퍼밋을 받아 항공사에서 무료로 제공하는 호텔에 머물다가 이른 아침 공항으로 나오는 것이 좋을까 아니면 그건 번거로우니 그냥 공항 노숙을 하는 편이 나을까 저울질하며 입국장으로 들어섰다. 그것이 부질없는 행복한 고민이 될 줄은 모르고서.

"저쪽에서 기다려요!"

여권과 예약 항공권을 건네며 환승객임을 알리자 중국 공안이 멀찍이 있던 항공사 여직원에게 뭐라고 소리쳐 묻더니 내게 던진 명령이었다. 아마도 여직원에게는 우루무치에서 한국 인천으로 떠나는 비행기가 운항 중인지 확인한 듯했다. 비행기에서 내린 승객들 모두 썰물처럼 빠져나가고 공항 직원들마저 철수할 때까지 영문도 모른 채 나는 한쪽에 서서 대기해야 했다. 뒤가 켕기거나 꺼릴 것이 없던 나로서는 그 자리에서 곧 풀려나리라 기대하며 못마땅한 표정을 억눌렀다.

내 여권을 압수해 사무실 안으로 사라진 공안이 영어를 하는 여자 공안을 데리고 다시 나타날 때까지 나는 불법 체류 혐의를 받고 있는 듯한 타지키스탄 남자와 동지애 비슷한 감정을 나누며 텅 빈 입국장 의자 귀퉁이에 한참을 쪼그려 앉아 있어야 했다.

"우루무치에서 한국 인천으로 가는 비행기는 없습니다. 오늘도, 내일도."

"24시간 내 중국을 떠나야 합니다. 그렇지 않으면 당신은 중국 법을 어긴 범법자가 되는 겁니다. 알마티로 되돌아가는 비행기를 타도록 하세요!"

졸지에 나는 있지도 않는 비행기를 타려고 시도한 사기꾼에 가짜 항공권을 증빙 삼아 중국으로 들어가려던 밀입국 혐의자 신세로 전락했다. 알마티가 아니라 한국의 집으로 돌아가야만 했던 나는 항공사에 확인해 볼 것을 거듭 요청했다. 여자는 나를 항공사 데스크로 데려갔고 결국 내 예약 내역을 전산에서 확인할 수 있었다. 11월 이후로 우루무치와 인천을 바로 잇는 항공편은 한 편도 없다는 사실도 알게 되었다. 그럼 내가 예약한 비행기는 유령 항공기였단 말인가….

알마티에 도착한 다음 날 내가 맨 처음 한 일은 중국남방항공 사무실에 들러 한국으로 돌아오는 여정을 한 달 후로 변경한 것이었다.

일정을 늦추더라도 이번 기회에 중앙아시아에 더하여 카프카즈 지역을 여행하고 싶었기 때문이다. 당시에는 아무런 말썽 없이 일정 변경이 이루어졌으니, 귀신이 곡할 노릇이 아니고 무엇이겠는가.

야단을 부려야 마땅할 상황에 나는 오히려 고마움을 표시했다. 직항 대신 우루무치에서 베이징이나 광저우를 경유해 인천으로 가는 비행기 티켓을 구해주겠다는 확답을 받고서야 나는 셔틀버스를 타고 호텔로 향할 수 있었다. 호텔에서는 샤워만 하고 뜬눈으로 단 두 시간 침대에 드러누웠다가 나와야 했다.

그리고 나는 한 차례 더 애간장을 졸이는 시련을 겪고서야 탑승권 두 장을 손에 넣었고, 예정에도 없던 베이징을 거쳐 한밤중 한국 땅을 밟았다.

많은 사건, 해프닝, 행불행이 나를 지나갔다. 처음과 끝에 치른 액운을 푸념인 양 먼저 토해내고 나니, 다른 낭패스러웠던 순간은 그 강도가 약해지며 어렴풋 추억거리로 바뀌는 듯하다. 여행지에서 담아온 선물들을 기억의 서랍에서 꺼내놓기가 한결 수월해졌다.

카인디에 갈 수 있을까

세계 아홉 번째라는 광활한 영토를 자랑하는 카자흐스탄. 그렇지만 국토 대부분은 황량한 스텝과 잿빛 사막으로 이루어져 있다. 톈산과 알타이 산맥에서 뻗어나간 산지와 거기서 기원한 호수들을 품은 남동부 지대만이 푸른빛을 띤다.

넓디넓은 땅덩이는 역설적으로 여행객의 발길을 머뭇거리게 만드는 구실을 한다. 알마티와 주요 도시를 연결하는 철로 외에는 장거리 대중교통 체계가 부실하다는 점은 그런 망설임을 부채질한다. 투르겐 계곡, 차른 협곡, 카르카라 계곡, 알튼 에멜 국립공원, 캅샤가이 호수 등 그런대로 알마티 근교라 부를 만한 관광지라 하더라도 알마티로부터 일이백 킬로 이상 떨어진 건 예사다. 이런 장소마저 여행사를 통하거나 차량을 대절하지 않고서는 접근조차 어려운 게 현실이다.

일거리를 구하러 우즈베키스탄 타슈켄트에서 왔다는 남자와는 제대로 작별 인사를 나누지 못하고 6인실 도미토리를 나섰다. 첫날 밤의 혼란에서 나를 구해준, 이름도 적이 낭만적인 노마드 호스텔은 질료늬 바자르와 가까웠을 뿐만 아니라 사약핫 버스터미널과도 걸어서 10분 거리로 지척이었다. 아니나 다를까, 버스터미널이라는 꼬리표가 무색하게도 큰 버스는 없고 마르슈르트카라고 불리는 미니버스 몇 대와 그보다 많은 합승택시들이 공터에 늘어선 채 드문 손님을 기다리고 있었다. 이웃한 중앙아시아 나라들과 별반 사정이 다르지 않았다.

이른 햇살에 길게 그림자를 늘어뜨리는 늦여름 아침, 내가 서둘러 숙소를 나선 연유는 콜사이로 가기 위해서였다. 사진으로 본 풍광에 끌리기도 했거니와 교통편이 불편한 카자흐스탄에서 그나마 하루에 한 번 호수 아래 마을로 미니버스가 다닌다는 정보를 접했던 까닭이다.

삐걱대는 의자 위에서 균형을 잡으며 덜컹거리길 여섯 시간. 크므스를 판다는 팻말과 더불어 사띄 마을을 알리는 표지판이 보였다. 포장길 끝에 미니버스를 세우며 운전사가 나에게 일러주길, 함께 내린 아주머니를 따라가라고 했다. 아주머니와 나를 태운 찌그러진 소련제 소형차는 풀풀 먼지구름을 꽁무니로 뿜으며 굽잇길을 달렸다. 차를 멈춘 남자들은 기다렸다는 듯이 술병을 꺼내 들이켜더니, 내게도 마실 것을 종용했다. 나는 침엽수림으로 둘러싸인 옥빛 호수를 내려다보며 쓰고 독한 보드카 한 잔을 입 안에 털어 넣었다.

나는 알록달록 색칠한 통나무집들 중 하나에 머물 자리를 마련하고는 호수 가장자리로 내려갔다. 호숫가에 유르트를 지어놓고 관광객을 상대로 보트 빌려주는 일을 하고 있다는 아주머니 얘기가 생각났기 때문이다. 나는 아주머니가 대신 내어준 내 몫의 차비를 갚는다는 핑계로 유르트에 들렀다가 되레 '차이' 대접을 받았다. 가지가지 먹을거리를 권하는 통에 거기서 늦은 점심거리를 해결하는 꼴이 되었다. 박낏굴 아주머니는 이번 여행에서 내게 환대를 베푼 첫 주인공이었다.

첫 번째 호수 둘레를 돌아 두 번째 호수를 향해 길을 나섰다. 알프스 산장을 연상시키는 외양과는 달리 내부는 썰렁하기 그지없는 통나무집에서 서늘한 밤을 보내고 난 다음 날이다. 소풍 떠나듯이 느긋하게 움직이더라도 시간은 넉넉했다. 유람객을 태운 배는 호수 끝으로 노 저어 갔다. 인기척에 놀란 청솔모가 키 큰 전나무 둥치를 재빨리 기어올랐다. 물에 뛰어들던 러시아 사내 몇이 떠나자 호수는 정적에 잠겼다. 콜사이 세 호수 중 스레드니 콜사이가 가장 크고 아름답다는 설명에는 유감스럽게도 동의를 보내고 싶은 마음이 생기지 않았다.

사진으로만 보고 꿈꾸던 풍경을 실물로 접하고 감각했을 때 거개는 대자연의 경이로움에 경탄을 금치 못할 테지만, 어떤 경우에는 사진으로 본 이미지와 딴판이라며 실망을 드러내기도 한다. 이미지와 실물의 불일치는 어쩌면 당연한 결과인지도 모른다. 제자리에 고여 있는 듯하면서도 끊임없이 흐르는 것이 무릇 자연의 속성이고, 그것을 사진기라는 틀에 담으면서 선택과 편집을 거치기 마련임을 고려한다면 말이다. 나는 '사진빨'이라는 말을 떠올렸다. 운때가 안 좋았다고 위로하고 내 무뎌진 감성을 탓하기도 하면서. 매끈한 호수, 짙은 녹음을 곁에 두고도 나는 이상한 건조함을 느꼈다. 있어야 할 뭔가가 빠진 기분이었다.

미련이 남아서일까. 변변한 식사 한번 하기 힘들고 세면장조차 갖춰지지 않은 호수변에서 이틀 밤을 보낸 나는 바로 떠나지 않고 호수 아래 사띄 마을에 하루 머물기로 했다. 먼저 들른 민박집은 러시아인들로 모든 방이 찼다고 했다. 그래서 다른 홈스테이를 찾아 머물게 된 곳이 바그닷 씨 집이었다. 바그닷 씨네는 삼대가 한데 모여 사는 전형적인 카자흐 대가족 집안이었다. 나를 맞는 낯빛에서부터 화목한 가족 분위기가 전해졌다.

마을 주변 초원으로 산책을 나갔다가 '강남스타일' 뮤직비디오를 온몸으로 보여준 유쾌한 아저씨를 만나기도 했다. 그는 조카들과 낚시를 하다 말고, 내가 한국에서 왔다는 말에 즉각 반응하여 물웅덩이로 풍덩 뛰어들어 괜히 허우적거리고 말 등에 올라타려고 쫓아갔다. 해질녘 민박집으로 돌아오니 주인장 아들이 자기 키보다 길고 커다란 낫을 손보고 있었다. 초승달 모양으로 휘어진 칼날만 해도 웬만한 사람 팔보다 길었다. 소나 말에게 먹일 풀을 베는 용도로 쓰이는 낫이라고 했다.

책을 뒤적이며 방에서 쉬고 있으려니 바그닷 씨 아들이 문을 열고 들어왔다. 그가 하는 러시아어를 즉시 알아듣지는 못했지만 내용인즉 내일 호수 근처로 목초를 베러 가려고 하는데 함께 가는 게 어떻겠느냐는 얘기였다. 그러면서 휴대폰에 저장된 사진을 보여주었다. 죽었는지 살았는지 모를 나무들이 수면 위로 솟아올라 호수 가운데를 신비롭게 채우고 있는 사진이었다. 마치 판타지 영화 속 배경 같았다. 나는 내일 케겐이라는 도시로 이동해서 카르카라 밸리를 통과하여 키르기즈스탄 국경을 넘거나 그게 어려울 듯하면 알마티로 돌아갈 계획이었던 까닭에 처음에는 그 제안에 별 흥미를 느끼지 못했다. 게다가 그러려면 하룻밤 더 마을에 머물러야 했다. 그런데 '카인디'라는 말이 그의 입에서 흘러나오는 순간 호기심이 동하며 귀가 솔깃해졌다. 카인디 호수라면, 책 여백에 이름만 적어놓고서 찾아가는 방법을 몰라 단념한 곳이었다. 호수로 올라가는 길에는 그의 차를 타고 같이 움직일 테지만 자신은 오후 늦도록 그곳에서 꼴을 베고 거두는 작업을 해야 하므로 돌아올 때에는 나 혼자 걷거나 히치하이킹을 해야 할 거라는 얘기를 종이에 적어가며 간신히 알아들은 뒤에도, 내 결심은 호수 쪽으로 기울었다. 뜻하지 않게 배달된 기회를 행운으로 돌리고 콜사이에서 채우지 못한 기대를 카인디 호수가 혹시 만회해주지 않을까 하는 바람이 일기도 했다. 그러면서 2년 전 이맘때 이슥쿨 호수 카지사이 마을에서 경험한 흐뭇한 일들이 마음속에서 돌아났다. 우연한 인연으로 현지인 집에 머물게 되면서 그 가족들과 소풍을 떠나 감자를 캐고 설산에 오른 기억이었다.

카인디 호수를 방문하기로 약속을 정하고 거실에서 저녁을 먹었다. 식사로 나온 양고기와 수프, 빵과 샐러드를 소화시키며 차를 홀짝이고 있을 즈음이었다. 식탁 맞은편에 앉아 있던 젊은 부부 표정이 문득 굳어지는 게 전해졌다.

"내일 호수 가기로 한 건, 취소….."

휴대폰으로 날아온 문자를 확인한 그가 중얼거린 말이었다. 자프뜨라(내일), 오제라(호수), 니옛(No) 따위 말을 분명 듣고도 잘못 들었나 싶어 내 두 귀를 의심했다. 그건 기대로 한껏 부풀려진 풍선에서 쉬익 바람이 빠져나가는 소리이기도 했다. 내일 아침 여행사 단체 손님들이 자기 집에 묵기로 했고 차로 그들을 콜사이 호수에 데려다줘야 하기 때문에 나와 했던 약속은 지킬 수 없게 되었다는 얘기였다. 순간 멍해진 내가 할 수 있는 짓이라곤 그게 정말인지 거푸되묻는 것뿐이었다.

다음 날 어슴새벽 일찌감치 잠에서 깨어난 나는 대문 앞에 배낭을 던져두고 길섶을 서성거렸다. 다섯 시경에 떠난다는 마르슈르트카를 놓치지 않기 위해서였다. 산골짜기로부터 내려온 냉랭한 새벽 공기가 을씨년스러운 골목길을 훑으며 얇은 옷소매 틈으로 파고들었다. 바그닷 씨가 미안한 얼굴로 배웅을 나왔고 그의 늙은 아내는 차이를 먹고 가라고 자꾸만 내게 청했다. 그런데 나를 태울 미니버스는 여섯 시가 다 되도록, 관광객을 무더기로 실은 버스 행렬이 눈에 불을 켠 괴물처럼 전조등을 번쩍이며 나타날 때까지, 모습을 드러내지 않았다. 버스에서 짐을 내린 무리들이 속속 민박집 안으로 사라졌다. 그들에겐 물론 잘못이 없었다.

"오늘은 마르슈르트카가 없어."

마침내 이렇게 선언한 바그닷 씨는 나를 마을 주민이 운전하는 차량으로 데려갔다. 카르카라 밸리를 통해 키르기즈스탄 국경을 넘어 이슥쿨 호수 동쪽으로 이동하려던 계획은 진작 없던 일이 되었다.

사띄 마을 사람들은 춘자라는 도시로 가는 길이라고 했다. (춘자라, 촌에서 상경한 왈가닥 아줌마를 연상시키는 이름인데) 교차로 대로변에 떨구어진 나는 알마티 방면으로 질주하는 차들을 향해 두 팔을 허공에 휘저었다.

ㄴ 탄, 탄, 탄, 스탄

카자흐스탄, 키르기즈스탄, 타지키스탄, 우즈베키스탄, 투르크메니스탄, 아프가니스탄, 파키스탄, 카라칼팍스탄, 투르키스탄, 라자스탄, 쿠르디스탄…. 하나같이 '스탄'으로 끝나는 지명을 듣노라면, '스탄'이 도대체 무슨 뜻일까 하는 궁금증이 생길 듯도 하다. 스탄stan은 페르시아어로 '~의 땅, 지방(land, place)'이라는 의미로 영어 stand와 어원이 같다. 즉, 카자흐스탄은 카자흐인의 땅, 타지키스탄은 타지크인의 땅, 쿠르디스탄은 쿠르드인의 땅이라는 뜻을 지닌다.(예외로, 파키스탄은 '순수의 땅'이라는 뜻) 그렇다고 해서 일족이 절대 다수를 차지하는 나라려니 속단하지는 말자. 중앙아시아 여러 나라에는 백여 민족이 어울려 살고 있으니 말이다.

중앙아시아 이슬람 지역에 유독 스탄 국가들이 많은 점도 흥미롭다. 연방 해체 직후 별다른 준비 없이 갑작스레 독립을 맞이하면서, 소련 중앙정부에 의해 임의로 정해졌던 소비엣 공화국명을 너도나도 국가명으로 그대로 물려받다 보니 그렇게 되었다. 카자흐스탄 대통령은 주변 나라들과 차별화하자며 국명을 '카작엘르'로 바꿀 것을 주장하기도 했다. 카작엘르 역시 카자흐어로 '카자흐 사람'을 뜻한다. 키르기즈스탄의 공식 국명은 1993년 변경된 키르기즈Kyrgyz 공화국이다.

#5. 어쩌면 우리는 유목민
키르기즈스탄

송쿨

발단은 돈 몇 푼

알마티에 다다른 나는 내처 키르기즈스탄으로 건너뛰기로 마음먹었다. 택시를 타고 알마티 메인 버스터미널인 사이란 압토바그잘에 이르렀을 때이다. 요금을 지불하고 트렁크에서 배낭을 꺼내려는 순간 차가 냅다 내빼는 게 아닌가. 화들짝 놀라 쫓아가자 택시기사는 차를 멈추며 장난인 양 실없이 웃어 보이긴 했지만, 그건 택시비를 깎은 데 대한 앙갚음이 분명했다.

사약핫 버스터미널에 비한다면 사이란 버스터미널은 자못 번듯했고, 거기서 키르기즈스탄 국경으로 가는 미니버스는 사뭇 빈번했다. 키르기즈스탄은 한국인에게 비자 없이 60일 동안 여행이 허락된 나라인 까닭에 국경을 넘는 발걸음이 가벼웠다. 까탈 없이 단걸음에 양측 출입국 관리소를 통과했다. 젊은치 둘이 이끄는 대로 나는 차량이 모인 데로 따라갔다. 알마티에서 미니버스 출발 직전 뒤편 내 옆자리를 차지했던 십대들이다. 미니버스를 찾아볼 겨를도 없이 엉겁결에 차에 오르고 보니 그건 내부가 멀끔한 밴van이었다. 차비도 내지 않고 도중에 녀석들이 내리기 전까지만 해도 나는 국경을 넘자마자 키르기즈스탄의 친절을 경험하나 싶었다.

오는 내내 입 다물고 있던 운전사가 숙소 앞에 차를 세우며 지껄인 한마디는 다름 아닌 돈을 더 내놓으라는 억지 주문이었다. 국경에서 미처 환전을 하지 못해 내 수중에는 솜(키르기즈스탄 화폐) 대신

텡게(카자흐스탄 화폐)밖에 없었는데, 그걸 빌미로 삼은 것이다. 내가 두 화폐 간 환율을 알고 있었는데도 버젓이. 처음에 가자고 한 게스트하우스는 침대가 벌레들 보금자리로 적합해 보일 정도로 너저분해서 이삼백 미터 떨어진 근처 다른 숙소로 데려다달라고 했더니 그것마저 꼬투리로 잡았다. 나는 본래 금액만큼만 키르기즈 솜으로 주겠다고 고집부리며 환전을 하러 뛰어갔다. 2년 전 키르기즈스탄을 여행했던 내게 비쉬켁은 익숙한 도시였다. 그런데 오후 4시에 임박해 은행은 문을 닫았고 환전소는 멀었다. 가까스로 찾아낸 ATM마저 공교롭게도 내가 가진 국제현금카드는 사용할 수가 없었다.

되돌아온 나는 좌석을 뒤로 젖히고 드러누워 졸고 있던 운전사에게 애초 금액대로 텡게 지폐 뭉치를 던져주고는 그가 내뱉는 투덜거림 따위는 아랑곳하지 않고 숙소로 들어가 버렸다. 그가 괘씸하기도 했거니와 어차피 여행 막바지에 알마티로 돌아가야 하는 나로서는 국경선을 넘었다고 해서 카자흐 돈을 낭비할 이유는 없었다.

산란한 정신을 가다듬고, 돈을 바꾸고 배도 채울 겸 오쉬 바자르로 향했다. 시장 초입 사설 환전소에서 200달러를 환전하고 돈을 세어보니 500솜짜리 한 장이 비는 게 아닌가. 그제야 실수했다며 남자는 지폐 하나를 내밀었다.

이런 사건은 액땜이라 치고 웃어넘기면 그만인, 여행지에서 흔하디흔하게 겪는 사소한 다툼에 지나지 않긴 하다. 문제라면 언제나 돈 몇 푼이 발단이라는 점이다.

└ 카자흐스탄-키르기즈스탄 국경 넘기

카자흐스탄과 키르기즈스탄 두 나라 모두 한국인에게는 무비자라서 국경 넘기가 수월하다. 카자흐스탄 입국신고서는 잘 보관했다가 출국 시 제출토록 하자. 카자흐 알마티 사이란 터미널에서 미니버스(1,300텡게)를 타면 코르다이 국경 검문소를 통과해 키르기즈 비쉬켁의 서부 터미널로 실어준다.(비쉬켁 시내 특정 목적지로 곧장 데려다줄 택시를 원하지 않는 한, 국경에서 다른 차로 갈아탈 이유는 없다.) 물론 그 반대 방향도 가능하다. 미니버스는 빈번하게 다니는 편이다. 합승택시/밴은 2,500~3,000텡게는 줘야 한다. 국경 통과 시간을 포함하여 알마티에서 비쉬켁까지 대략 4시간이 걸린다. 국경 전후로 환전소가 있다. 카자흐스탄 타라즈나 쉼켄트 방면에서 오는 차량은 찰디바르 검문소를 지나 비쉬켁으로 간다.

풀밭 위의 식사

카라콜은 주민 수 8만에 불과하지만 이 나라에서 인구로 서너 번째를 다투는 도시이자 이슥쿨 지방 주도主都이다. 그럼에도 도시 자체가 가진 매력은 그리 없다. 을씨년스러운 공원, 웅덩이가 움푹 파인 가로, 격자판으로 멋없이 구획된 시가지에 듬성듬성 들어선 변변찮은 집들이 황량함을 더한다.* 겉은 중국식 절로 보여도 실은 이슬람 사원인 둥간 모스크,** 그리고 전체가 나무로 지어진 러시아정교회 성당에 들른 후라면, 이 고장의 진면목을 확인하러 벌판으로 나서야 한다. 길 따라 키 높은 포플러가 호위하고 멀리로부터 설산이 마중을 나올 터이다.

카라콜 바자르에서 제티 오구즈 마을로 가는 마르슈르트카는 있지만 제티 오구즈 사나토리(온천 요양원이 있어 '사나토리'가 붙음)까지 가는 마르슈르트카는 아예 없거나 있더라도 오후에나 있는 모양이다. 한 사람당 150솜에 합의를 보고 유럽 처자들과 택시에 합승해서 '황소 일곱 마리'를 보러 떠났다.

'꽃들의 계곡'으로 가는 아가씨 둘을 보내고 나는 일곱 황소가 건

---

* 카라콜의 명물이라면 가축시장인 '말 바자르Mal Bazaar'를 들 수 있다. 일주일에 한 번 일요일 아침에 장이 서므로, 방문하려면 때를 잘 맞추어야 한다.

** 중국에서 중앙아시아로 피신해온 무슬림인 둥간東干 사람들이 세운 모스크라고 해서 둥간 모스크라는 이름을 얻었다. 중국 내에서 후이족回族이라고 불리는 이들이 그들이다.

너다보이는 언덕 '용들의 계곡'에 올랐다. 빗금 그어진 바위들이 멍울지는 햇살 아래 이글거렸다. 계곡을 가르는 도로에 마침 소 떼가 가맣게 가물거렸다. 울퉁불퉁 튀어나와 독특한 형태를 띤 붉은 사암 절벽, 제티 오구즈. 바위 등성이를 하나하나 세어보면 일곱이 아니라 여덟이나 아홉으로 가늠되기도 한다. 결을 이루며 그늘을 드리운 무늬에서 기묘한 형상을 헤아려본다.

그 옛날, 늙은 왕이 죽으면서 일곱 아들들에게 재산을 일곱 등분해서 공평하게 나눠주었다. 그렇지만 많은 재산을 독차지하려는 욕심에 눈이 먼 그들은 싸움을 벌였고 그러다 서로 죽고 죽이는 지경에 이르렀다. 이 골육상쟁의 비극을 지켜본 마법사가 피로 얼룩진 일곱 형제들의 주검으로 붉은 바위를 나란히 세웠는데, 그 형상이 마치 일곱 마리 황소처럼 보였다고 한다. 제티(일곱) 오구즈(황소) 유래를 전하는 전설이다.

견원지간이던 두 나라 왕이 있었는데, 한 나라의 왕이 아름다운 아내를 가진 이웃 나라 왕을 시기하여 왕비를 납치했다. 이웃 나라 왕은 아내를 되찾기 위해 전쟁을 일으켰고, 욕심 많은 다른 나라 왕은 그에게 고통을 주면서 전쟁을 끝내고자 납치한 왕비를 협곡 제단에서 칼로 찔러 죽였다. 이때 죽은 왕비의 피가 바위를 갈라 붉은 절벽으로 변했다고 한다. 제티 오구즈의 갈라진 바위(브로큰 하트)에 얽힌 얘기다.

일곱 황소, 용들의 계곡, 찢어진 가슴 혹은 부서진 심장, 꽃들의 계곡… 계곡을 온통 신비로운 이름들로 장식했다.

스스로 일으킨 물거품에 부딪혀 계곡물은 아우성치며 쏟아진다. 통나무 다리 놓인 강줄기를 건넌 것만도 네댓 번이다. 꽃들의 계곡, 봄날 꽃동산을 떠올리고 호접몽에 취한 선객을 꿈꾼다. '콕 자익'까지는 비포장 길을 거슬러, 걸어서 두 시간이면 충분했다. 계절은 이미 가을 어귀. 양귀비꽃, 온갖 들꽃이 피었다가 스러졌을 자리에서 나를 반긴 건 초원에 소풍 나온 키르기즈 사람들이었다.

한 젊은이가 커다란 철제 원통 윗부분에 나뭇가지를 넣고 불을 붙이더니 그 위에 연통 달린 뚜껑을 덮었다. 그 모습이 내 관심을 끌었다.

"쉬또 에따(이거 뭐예요)?"

키르기즈 말로는 '사모르', 러시아어로는 '사모바르'라고 했다. 그건 장작을 태운 열기로 차 마실 물을 끓이는 도구였다. 주전자 아래쪽에 달린 꼭지를 틀자 더운 김을 뿜으며 물이 쏟아졌다.(나는 이후 민박집이나 유르트에 머물게 되면 이 사모바르로 끓인 차를 대접받곤 했다.) 형제 부부들이 어머니를 모시고 젖먹이 아기까지 아이들을 모두 데리고 놀러 나왔다. 그들은 제티 오구즈 전설 속 일곱 형제처럼 서로 헐뜯고 싸울 일은 전혀 없어 보였다.

풀밭에 카펫을 펼치고 음식을 늘어놓기 시작했다. 사람 머리통 두 배는 됨 직한 수박을 가르더니 큰 조각 하나를 내게 건네었다. 달고 시원한 맛에 갈증이 일순 달아났다. 버터로 버무린 샐러드, 토마토, 수박, 차와 빵만으로도 따로 점심을 먹을 필요가 없을 정도였다.

"꾸솨이찌, 꾸솨이찌(어서 먹어요)."

"스빠씨바. 프꾸스나, 오췬 프꾸스나(고마워요. 정말 맛있네요)."

마치 미리 초대받은 손님인 양 자연스레 한 자리를 차지했던 나는 고마움과 미안함에 그만 사양을 하고 일어섰다.

계곡 깊이 들어가면 혹시 숨겨진 화원이 나타나지나 않을까 하는 희망을 품었다. 관광객 숙소로 쓰이는 유르트들을 지났다. 여울은 더욱 거세졌고 숲은 밀도를 더해갔다. 길고 짙은 산 그림자가 드리워진 계곡 목초지, 그 끝에 설산 봉우리가 솟아났다. 유르트에 머물다 가라는 목동 가족의 유혹을 멀리하고, 오뉴월이면 만발할 꽃들을 그려보며, 길을 되짚어 내려왔다.

폭우 속 트레킹

지프 로드다 보니 길을 걷는 맛이 덜하다. 비죽비죽 솟은 침엽수로 계곡은 겹겹 무성한데, 길가에는 그늘막 쉼터가 되어줄 나무조차 드문 형편이다. 현지인들 사이에 세계 최악의 도로로 일컬어진다고 하더니 그것을 증명이라도 하려는 듯, 푹 꺼진 구덩이 툭하면 튀어 나오는 바위덩이를 피하며 지프차 한 대가 산길을 올라왔다. 모롱 이를 돌아 시야 밖으로 사라지기까지 한참을 거북이 속도로 뒤뚱거 렸다.

소를 몰고 내려오는 형제에게 사진을 청하기도 하고 괜스레 양치 기 할아버지에게 방향을 물어보곤 한다. 소년이 휘두르는 막댓가지 에 움찔하며 내빼는 덩치 큰 네발짐승. 하나같이 풀섶 땅바닥에 고 개를 처박고 일렬횡대 대오를 지어 꼬물대는 둥근 털북숭이들. 가 죽이 벗겨지는 순간에도 자신들이 인간의 식량이나 의복, 가구로 사용될 운명이라는 사실을 깨닫기나 할까.

몇 굽이를 돌아 언덕마루에 섰다. 여태와는 다른 한결 놀라운 풍 경이 눈앞에 드러났다. 꿈틀거리는 물줄기에 호응이라도 보내듯 길 은 점점 가늘어지며 기슭으로 스며들었다. 네 시간여를 걸어 롯지 (산장)와 온천이 자리한 '황금 온천' 알튼 아라샨에 당도한 것이다.

산속에 묻혀 지내다 보니 외모와 입성이 변한 걸까, 러시아계인 롯지 주인장은 얼핏 여느 키르기즈 유목민처럼 보였다. 그가 양고기 감자 수프 다음에 내놓은 음식은 김밥이었다. 말 그대로 김에다 밥을 만 것에 불과했지만 톈산 산맥 키르기즈 산중에서 김밥을 맛볼 수 있으리라고는 상상도 못했다. 여기 머물렀던 한국인 여행자에게서 배운 거라고 했다. 소를 넣지 않은 김밥을 양고기 국물에 찍어 먹거나 치즈에 곁들여 먹으니 키르기즈식 김밥이라고나 할까.

세계 지도가 벽면에 붙은 식당에 세계 각지에서 온 여행자들이 모였다. 저녁 밥때에 맞추어 못 보던 이들이 하나둘씩 얼굴을 내밀었고, 주인장 동료인지 오래 묵은 손님인지 분간이 가지 않는 러시아 아저씨가 얼근히 취한 낯으로 보드카를 대작할 새 친구를 구하러 다녔다.

나는 프랑스 남, 호주 여, 스위스 남과 어울려 저녁을 먹었다. 프랑스 남자는 호주에 교환학생으로 갔다가 여자와 사귀었고, 또 둘은 타지키스탄 여행 중에 스위스 남자를 만나 동행하게 되었노라고 했다. 알라콜로 트레킹을 가자며 제안한 건 스위스 친구였다. 프랑스 호주 커플은 내키지 않아 했고 나 역시 망설이기는 매한가지였다.

"호수까지 왕복 열 시간은 걸린다는데. 알프스가 고향인 너야 별것 아니겠지만 난 너처럼 강하지 않아."

3,860미터 고개를 넘어야 닿을 수 있는 호수, 알라콜. 가이드 없이 트레킹에 나섰다가는 길 잃기 십상인데다 하루 만에 고도차 천 미터를 이겨내며 고개를 넘기란 무리라고 여겼다. 동조하는 이가 없자 그는 트레킹 계획을 일단 접은 듯했다.

나는 일찌감치 눈을 붙이려고 위층으로 올라갔다. 침상 네 개만

덜렁 놓인, 전깃불조차 들어오지 않는 방이었다. 침낭에 몸에 집어넣고 담요로 감싸니 그런대로 체온으로 온기를 유지할 만했다. 문득문득 시위잠에 깨어 뒤척이고 있으려니 누군가 들어와 침대에 눕는 기척이 느껴졌다.

이튿날 아침, 아래층으로 내려갔을 때 스위스 남자는 다른 여행자 둘을 따라 호수로 떠날 채비를 서두르고 있었다. 그는 나에게 함께 가자며 설레발치며 권유하길 잊지 않았다.

"나는 그냥 천천히 주변 계곡을 둘러볼래요."

추위를 막아줄 옷가지를 배낭에 넣었는지 모르겠으나 설산에 오르는 트레커치고 그의 복장은 허술하기 짝이 없었다. 이제야 출발해서 어두워지기 전에 돌아올 수 있으려나 염려스러웠다.

그들이 떠난 후 나는 롯지를 나왔다. 연초록 초원에 새겨진 양치기 길을 따라 걸었다. 물빛은 부드러운 우윳빛, 물살은 거센 살여울이었다. 계곡이 차츰 폭을 좁히더니 비를 품은 구름이 하늘을 가리기 시작했다. 여울 건너편에서 외치는 소리가 들려왔다. 급류를 건널 다리가 어디쯤인지 묻는 것 같았다. 그들 중년 부부는 고개 저편 카라콜 계곡에서 캠핑을 하고 넘어온 듯했다. 이곳 지리를 모르는 나로서는 계곡 아래를 향해 손가락질을 하는 수밖에 달리 도리가 없었다. 나는 서덜길을 좀 더 걸어가서야 다리를 발견했다. 나무 하나가 다리 하나, 여러 갈래로 갈라진 강줄기 위로 통나무 다리들이 놓여 있었다. 나는 줄타기 광대인 양 아슬아슬 균형을 잡으며 세 차례나 넘실대는 물길을 건너야 했다.

오솔길을 버리고 언덕에 올랐다. 거기서도 계곡의 깊이를 가늠할 수는 없었다. 안개구름이 몰려들어 산등성이를 감싸더니 빗방울을 흩뿌리기 시작했기 때문이다. 발걸음 돌린 내 뒤를 비바람이 추격해왔다. 후드득 우박이 정수리를 두드리고 한기가 온몸을 엄습했다. 마치 물속에 뛰어들어 허우적거리다 나온 것처럼 바지는 허벅지에 척 달라붙었고 방수 재킷은 물기로 번들거렸다. 비 맞은 망아지는 제 어미 가랑이 사이로 파고들었다. 대기는 비가 뿜어내는 냄새와 촉감으로 채워졌다. 이른 오후임에도 어둑발이 내렸다.

멀리서 빨간 형체가 잰걸음으로 다가왔다. 그건 울긋불긋 유별난 복장을 한 남자였다. 금세 우리는 서로를 폭우 속 동무로 삼았다. 그는 자신을 소개하길 카라콜에 거주하는 러시아계 키르기즈인이라 했다. 트레커들은 먼저 보내거나 뒤에 남겨두었을까, 트레킹 가이드라면서 그는 혼자였다. 조각하늘 사이로 설핏 여우볕이 비치는가 싶더니 먹구름이 물러가는 건 순식간이었다. 짓궂게 변덕 부리는 산간 날씨였다. 내가 진창으로 변한 습지를 앞두고 머뭇거리는 동안 그는 나를 저만치 앞질러 나아갔다.

롯지 창문 너머로 바깥을 내다보던 여자는 문을 박차고 뛰쳐나왔다. 그런 호주 아가씨에게 나는 반갑게 인사를 던졌고. 이때 나는 그녀가 다른 누군가를 마중하러 뛰어간 줄은 짐작 못했다.

산 아래로 내려갈 채비를 하고 있으려니 털모자를 눌러쓰고 수염을 기른 남자가 방으로 들어왔다. 그는 가방을 챙기더니 카라콜로 돌아가 즐거운 시간을 보내라는 말만 남긴 채 내려갔다. 스위스 친구와 참 닮았다 싶었다. 언뜻 보아서는 생김새를 구별하기 힘든 유럽인이라 헷갈렸나 보다고 생각했다. 그는 지금쯤 알라콜 고개를 힘겹게 오르고 있을 테니.

계곡을 나오는 내리막길. 소련제 군용 트럭 주변으로 여행객들이 모여 있었다. 어저께 산길을 오를 때 양 떼를 만났던 장소였다. 근처 바위 터에 쉬고 있는 이들이 낯이 익었다. 거기에 스위스 친구가 앉아 있는 게 아닌가.

"너, 고개 너머 호수에 간다고 하지 않았어?"

내 말에 그는 낯을 붉혔다. 폭우가 쏟아지는 바람에 되돌아왔다며 변명처럼 얼버무렸다. 나도 비를 흠뻑 맞고 발길을 돌렸다며 맞장구를 쳤더니 그의 얼굴은 더욱 붉어졌다. 궂은 날씨에 기력마저 바닥나면 산행 도중 돌아오는 경우야 대수롭지 않은 일 그야말로 병가상사인데 말이다.

어느새 그들은 앞서갔다. 그들 걸음이 빠르기도 했거니와 내가 일부러 속도를 늦춘 감도 있었다. 겸연쩍어 하는 내색을 그가 감추지 못했기 때문이다. 돌이켜 보니, 나와 같은 방을 쓴 남자, 호주 여자가 뛰쳐나가 반긴 사람, 짐을 챙겨간 털모자 친구, 모두 한사람 그였음이 틀림없었다.

세상 마지막 호수, 송쿨

걸어서 송쿨

키자르트 고개를 경계로 이슥쿨은 이면으로 물러가고 길은 내리막, 이내 송쿨 영역이다.

코치코르에서 차이엑 방면으로 가는 합승택시에 오른 나는 중간에 줌갈이라는 곳에 내렸다. 줌갈은 송쿨로 떠나는 길목에 놓인 마을이다. 홈스테이를 알리는 화살표를 발견하고 대문을 밀고 들어섰다. 귀여운 계집아이가 늘 보던 동네 아저씨를 대하듯 나에게 새끼 고양이를 안겼다.

말들이 목동에게 쫓겨 내달린다. 짝을 이룬 아낙네, 자전거 탄 꼬마들이 도로 한복판으로 지나다닌다. 초원을 거닐 듯 거리낌이 없다. 바람에게 사람에게 공간을 내주고 길은 비어 있다. 호기심 가득한 눈들이 나를 향한다.

"꾸다(어디 가)?"

"스마뜨류(그냥 구경 중)."

"앗꾸다(어디서 왔어)?"

"이스 까레이(한국에서요)."

그리고 나는 유즈나야 까레야(남한)라고 덧붙인다. 소비엣 연방 시절을 보낸 그들에게는 세베르나야 까레야(북한)가 더 친숙하기 때문이다. 마을 방문을 환영하는 간판 앞에 카우보이 청년을 세워두고 셔터를 누른다. 깔팍을 쓴 아저씨에게 사진을 청하자 눈가에 주름을 잡으며 너털웃음을 터뜨린다.

찻물을 끓이는 사모바르에서 연기가 피어오른다. 동편으로 난 낮은 문을 통해 빛살이 스며들어 바닥에 깔린 쉬르닥 무늬를 도드라지게 비춘다. 꼬마 형제가 엄마를 도와 유르트 안으로 먹을거리를 날라왔다. 잼과 꿀, 아이란(요거트), 토마토와 오이, 계란, 차와 빵,

차려진 음식들은 죄다 천연 유기농이다. 맛보기 전에 눈으로 바라보기만 해도 원기가 채워지는 듯하다. 찻잔이 비워졌다 싶으면 그때마다 아주머니가 "차이?"라고 물으며 뜨거운 차를 따랐다. 손님 접대가 극진하게 느껴졌다.

나는 유르트 천장 가운데에 뚫린 둥근 구멍을 가리켰다. 유르트 환기구와 채광창 역할을 하는 투인두익, 그것은 태양을 상징하기도 한다. 이 나라 국기에 들어갈 만큼 투인두익 문양은 키르기즈 사람들의 정체성을 대표한다. 많은 이들이 이동을 멈추고 정착을 택했음에도 여전히 거주공간에 유르트를 두어 유목민으로의 근본을 잊지 않은 것처럼.(중앙아시아 공용어인 러시아어 '유르따'에서 유래한 유르트. 키르기즈 말로는 '보즈위'라고 불린다.)

주인장 스탈벡 씨를 붙들고 송쿨 가는 길을 캐물었다. 말을 타고 가라는 제안은 정중히 거절했다. 설명을 듣는 것만으로는 부족해 수첩에 그림을 그리고 이동 거리를 표시해달라고 부탁했다. 비록 손바닥만 한 약도지만 무척이나 긴요하게 쓰일 터. 나는 사륜구동차나 말의 힘을 빌리지 않고 송쿨까지 이틀을 걸어서 갈 작정이다.

아들 셋 딸 둘을 둔 스탈벡 씨 부부. 위로 둘은 비쉬켁으로 유학 보내고 집에는 어린 아들 둘과 막내딸만 남았다. 셋째 아들 벡술탐이 앞장서며 나를 송쿨로 향하는 첫머리로 바래다주었다. 말 잔등에 올라탄 녀석은 지난밤 내 방에 들어와 스마트폰에 눈길을 빼앗겼던 열두 살 난 천진한 아이가 아니었다.

밀짚단이 쌓인 들판이 멀어지고, 퇴색한 풀로 가득한 푸서리 구릉이 다가왔다. 길을 가르쳐준 남자마저 자전거 바퀴를 저어 갈래길 저편으로 유유히 사라지자 나는 완전히 혼자가 되었다. 구부러진 비탈 아래로 녹음 진 계곡이 느닷없이 드러났을 때는 마을을 떠나 한 시간 반쯤 걸었을 무렵이다. 스탈벡 씨가 일러준 대로라면 그곳은 바자르 투르크였다. 이름처럼 시장이 선 것도 아니고 그렇다고 집들이 모여 어엿한 마을을 이루지도 않았다. 정착한 유목민 네댓 가구가 가느다란 강줄기에 의지해 가축을 치며 살아가는 곳이다. 키자르트에서 뻗어온 비포장도로가 송쿨에 다다르기 전 마지막 주거지를 지나고 있었다.

아는 길도 물어서 갈 요량으로 나는 건초 작업을 하던 사내들에게 말을 걸었다. 으레 이어지는 물음에 한국에서 온 여행자이고 도보로 송쿨까지 가는 길임을 밝혔다. 비스킷과 사과를 베어 물며 잠시 숨을 돌렸다. 앞길을 가늠해보았다. 여울에 놓인 작은 다리를 건넜으니, 너머로는 오르막 산등성이가 기다리고 있을 터이다. 이제 본격적인 트레킹이 시작된다. 유르트스테이yurtstay가 가능한 클렘체 계곡까지.

누군가 말을 몰아 왔다. 조금 전 내가 길을 물었던 소년이다. 그는 클렘체 가는 방향이 이 길이 아니라며 다급하게 손짓했다. 그 말에 나는 올라왔던 길을 되돌아 내려갔다. 내가 가진 약도를 살펴보나 다른 이들이 알려준 바에 따르나 제대로 가고 있던 참인데 말이다. 반 시간을 헛되이 흘려보내고 힘겹게 오르막을 걸어 도돌이표마냥 제자리로 돌아왔을 때에는 나도 모르게 볼멘소리가 혼잣말로 튀어나왔다. 양치기 소년이 동화 속 양치기 소년처럼 장난삼아 거짓말을 하지는 않았을 테고, 엉겁결에 착각을 했거나 아니면 그가 가르쳐준 대로 큰길로 줄곧 걷다보면 정말로 내가 가려던 데가 나타날지도 모를 일이려니 생각했다.

산길에 쌓인 정적을 깨뜨리며 맞은편으로 외국인으로 보이는 남녀가 터벅거리며 걸어왔다. 나는 반가움을 감추지 못하고 손을 내밀었다. 여자는 체코, 남자는 독일에서 온 여행자였다. 햇볕에 타서 붉게 익은 얼굴을 보고 있자니 고단했을 두 사람의 여정이 느껴졌다. 송쿨이 선사한 세상에 없을 경이로움, 클렘체 유르트에서 먹은 잼의 달콤한 맛을 전하며 엄지를 세웠다. 길 안내 역시 빼놓지 않았다.

두 사람과 헤어져 두 시간은 더 걸었을 것이다. 뚜렷하던 길이 문득 옅어지더니 몇 갈래로 잘게 갈라졌다. 유목민들이 사는 자일로(고원 목초지) 계곡에 들어선 게 분명했다. 하지만 유르트 여러 채가 가까이 모여 있으리라는 내 예상은 빗나갔다. 내가 가려던 그리고 길에서 만난 여행자가 추천해준 유르트는 두 번째 골짜기에 자리한 유르트였다. 다 왔다고 여겼는데 언덕마루를 또 넘어야 한다고 생각하니 맥이 풀리고 목이 타더니 머리마저 지끈거렸다. 순간, 5,400미터 히말라야 고개에서도 끄덕하지 않았던 내가 3,000미터를 갓 넘긴 이곳에서 고산병에 걸리나 싶기도 했다. 말을 타고 한 사내가 쫓아왔다. 그는 내가 묻는 말에는 제대로 대답하지 않고 자신의 유르트로 가자며 다그쳤다. 나는 그를 피해 지름길을 택한답시고 길 없는 능선을 넘었다. 목마름과 어지럼증을 견디며 언덕에 올라서니 발치로 하얗게 빛나는 유르트가 나타났다. 안도감이 밀려왔다. 등 뒤로 기우는 해를 받아 내 긴 그림자가 골짜기로 드리워졌다.

금니를 드러내며 서글서글한 웃음으로 아주머니가 나를 반겼다. 이웃 유목민과 함께 수박과 주스를 먹던 참이었다. 얼마 남지 않은 수박을 잘라 내게 서슴없이 건네었다. 유목민들에게 고기나 유제품이야 흔하겠지만 과일이나 채소는 구하기 힘든 먹을거리일 텐데 말이다.

유르트 세 동에 천막 하나. 각각 유목민 가족 거주용, 주방, 손님용 유르트이고 천막은 조리실 겸 다용도실에 해당했다. 제일 크고 멀끔한 유르트가 여행객을 위한 숙소였다. 유르트로부터 백 미터쯤 멀찍이 떨어진 나무 칸막이는 간이 변소였다. 구덩이를 얼마나 땅 깊이 팠는지 유르트를 철수할 때까지 쓰고도 남을 듯했다.

계곡 한쪽에서 먼지를 일으키며 말들이 다가왔다. 말에서 내린 남자 셋은 유목민이 아니라 여행객이었다. 인사를 나누기도 전에 그들이 주고받는 대화에서 프랑스인임은 알 수 있었다. 반가움이 앞서면서도 한편으로는 나만의 고요한 시간을 방해받은 느낌이 들기도 했다. 종일토록 걸어서 예까지 도착한 나로서는 어쩌면 호스

트레킹이라는 이름으로 가이드를 앞장세우고 신나게 말을 달려 등장한 이들에 대한 반발심이 일었는지도 모르겠다.

프랑스 친구들 중 둘은 금융회사에서 다니다가 일을 그만두고 아시아로 여행을 떠나왔다고 했다. 그들은 저녁 식사 자리에서 음식이 엎힐 정도로 나에게 쉴 틈 없이 질문을 쏟아냈다. 마치 궁금증으로 몸이 달은 현지인이 외국인에게 흔히 그렇게 하듯이. 신상명세에서 시작해 K-pop, 한국 기업과 남북한 문제에 이르기까지.

언덕에 올라 달을 보며 술을 마시겠다며 어둠 속으로 사라졌던 프랑스 친구들이 돌아왔는지 유르트 바깥이 한동안 수런거렸다. 춥다는 말을 내뱉으며 안으로 들어온 그들에게서 코끝을 자극하는 향이 났다. 그건 담배가 아니라 마리화나 냄새였다.

낮게 숨을 토하거나 뒤척이는 소리만 들리는 밤. 나는 선잠에서 깨어 유르트 밖으로 나왔다. 바닥없는 우물처럼 깊은 밤하늘. 초저녁 일찍 떠올랐던 달이 이제 산마루에서 세상을 훤히 내려다보고 있다. 잔별은 보름달 뒤로 숨었다. 오늘은 추석날. 달빛이 차갑다. 키르기즈 유르트에서 밤을 보내며 맞이하는 두 번째 추석이다.

путы!
ме

유목하는 삶

덧문을 열어젖히고 눈부신 아침을 맞는다. 햇살을 품으며 한기를 덜어낸다. 주름진 고랑이 산자락마다 드리웠다.

일찌거니 일어난 아주머니가 먼저 하는 일은 한 양동이 가득 소젖을 짜는 것이다. 우선 송아지에게 어미젖을 물려 젖이 잘 나오도록 한 후 젖을 짜기 시작한다. 젖무덤을 손으로 주무르면 소는 익숙하게 젖을 뿜어낸다. 당연하게도 착유기는 사용하지 않는다. 우유 생산량을 최대치로 끌어올리려는 인간의 욕심을 충족시키느라 끊임없이 강제 임신을 당하고 공장제 목장에서 사육되다가 짧은 생을 도살장에서 마감하는 선진국형 소들과는 다르다. 송쿨의 소들은 적어도 살아 있는 동안에는 드넓은 초원을 뛰어다니며 풀을 뜯고 제 품에서 새끼를 낳고 기르는 시간을 가질 수 있을 테니. 소금부대처럼 생긴 자루에서 보얀 물방울이 떨어지고 있어 궁금했는데, 그건 소젖으로 아이란을 만들기 위해 물기를 제거하고 발효시키는 과정 중 하나였다. 아주머니는 손재봉틀로 옷을 손수 지어 입었다. 유목민들은 의식주에 필요한 웬만한 물건은 자급자족하는 까닭에 포장재에 싸인 공산품을 쓸 일은 별로 없어 보였다.

신선한 우유를 차에 섞어 마시고 블랙베리 잼을 빵에 발라 먹는 것으로 헛헛한 속을 달래고 서둘러 배낭을 꾸렸다. 짐을 줌갈 민박집에 맡기고 떠나왔기에 배낭은 가볍다. 걸음을 옮길수록 치받이 길은 기울기를 더한다. 뺨을 스치는 바람의 숨결이 달큼하다. 힘겹

기보다는 흥겹다. 고갯길이 끝나면 청량한 호수 물빛을 아득히 바라보는 기쁨을 누릴 테니까.

산을 오를 때면 순간에 충실하게 된다. 숨이 가쁘고 몸이 지칠수록 머릿속은 맑아지고 단순해진다. 길의 사색가는 어느덧 무념무상에 이른다. 길 위에서는 걷는 일만 생각하듯, 먹고 마실 때는 마냥 먹고 마시고 춤출 때는 흠뻑 춤에 취하고, 또 사랑할 때는 오직 사랑에 몰입할 수 있으면 좋으련만. 아무런 후회나 걱정, 잡념 따위 없이.

고갯마루를 얼마 남겨두지 않고 바위턱에 걸터앉았다. 프랑스 친구들을 태운 말이 지그재그를 그리며 올라왔다. 송쿨에서 보자며 뜻 없이 서로 행운을 빌었다.

잘기스 카라가이 패스 꼭대기에 당도하는 순간 통제를 벗어난 다리는 이리저리 뛰놀았고 손은 반자동으로 카메라 셔터를 눌러댔다. 고갯마루 경계에 서서 나는 한쪽 눈으로 그지없이 겹겹 물결치는 산협을 담고, 다른 눈으로는 청회색 물비늘을 발산하는 호수 끝자락을 더듬었다. 비를 머금은 먹장구름이 얼룩을 드리우며 다가오고 있음을 알아차린 뒤에야 나는 비로소 황홀경에서 빠져나와 호수를 향해 내려가는 길을 찾았다. 그러다가 만난 유목민 남자와 그의 말. 거친 자연 속에 오래 식구로 지내다 보니 그렇게 되었을까, 사람과 말이 묘하게 닮아 보였다.

모락모락 피어나는 연기에 이끌려 나는 유르트를 기웃거리고 만

다. 여행객을 받아들이는 유르트가 아님을 진작 눈치채었음에도.(일 반적으로 유르트가 세 채 이상 한군데 모여 있으면 여행객이 머물 수 있는 유르 트스테이, 하나만 덩그러니 놓여 있다면 순수하게 유목민이 거주하는 유르트로 보면 된다.) 침침한 유르트 안에는 가족이 모여 한창 점심을 먹고 있 었다. 얼떨결에 나는 식사 자리에 끼였다. 생때같은 새끼들을 거느 린 두 형제가 유르트 주인이었다. 나에게 화덕 오른편 유르트 출입

문이 마주 보이는 데를 내주었다. 거긴 유르트 내에서 최상석으로 쳐서 가장이나 중요한 손님이 앉는 자리였다. 배터리로 돌아가는 작은 화면에서 코믹 홍콩 영화 효과음이 시끄럽게 흘러나왔다.

안주인이 밀반죽을 툭툭 떼어내 설설 끓는 벌건 국에 던져 넣었는데, 내 눈에 그것은 영락없는 수제비였다. 차이점이 있다면 감자 말고도 양고기가 듬뿍 들어간다는 것 정도였다. 나는 내 앞에 놓인 접시를 체면 차리지 않고 고기 몇 점만 남기고 비웠다. 한국에도 이와 비슷한 수제비라는 음식이 있다고 전하며. 뜨끈한 육수에 빵을 찍어 먹었다. 바삐 걸어오느라 팽팽히 긴장했던 근육이 풀어졌다.

이렇듯 온 식구가 한데 모여 온기 나는 집밥을 먹어본 지가 언제였던가. 진수성찬은 아니더라도 자연이 내어준 양식으로 배곯지 않으면 그걸로 족하다고 여기고, 가축을 기르고 아이를 돌보는 일에 전념하며 단순한 삶을 살아가는 유목민들. 역할 가면을 쓰고 시시각각 얼굴 바꾸기 게임에 몰두하고 몸은 배불러 비만하지만 마음은 한없이 허기진 우리는 이네들에 비해 얼마나 행복할까.

1인당 GDP가 열 배 스무 배 높다고 한들 그만큼 더 행복한 건 아닐 터. 되레 그 반대인 경우도 드물지 않을 것이다. 낭비하고 사치할수록 상승하는 GDP 수치, 그건 부풀려진 욕망의 크기는 아닐는지. 우리나라만 해도 그렇지 않은가. 세계적인 생존경쟁지수에 행복지수는 꼴찌 수준. 번듯한 아파트 한 칸 마련하는 게 일생일대 목표인 도시민이 최소한의 살림살이를 지니고 유르트와 초원을 거처로 삼아 옮겨 다니는 유목민보다 만족스러운 삶을 살고 있다고 장담할 수 있을까. 아닌 말로, 무덤에 들어갈 때 집을 짊어지고 갈 수야 없지 않은가.

괴테가 이런 말을 했다지. "화창한 날이 계속되는 것만큼 견디기 어려운 일은 없다." 톨스토이 소설《안나 카레니나》는 이런 문장으로 시작한다. "행복한 가정은 모두 모습이 비슷하고, 불행한 가정은 모두 제각각의 불행을 안고 있다." 사람들은 저마다 자기 몫의 아픔과 불행을 지니고 살아간다.

나는 한국이라는 나라가 얼마나 행복한 곳인지 여행을 다녀와서 알게 되었노라고 주변 사람들에게 털어놓은 적이 있었다. 이때 눈을 동그랗게 뜨며 도저히 동의할 수 없다는 반응을 보이는 이도 적지 않았다. 바삐 쫓기며 살아온 탓에 행복이라는 단어를 떠올릴 여유조차 없었노라며. 어쩌면 우리는 우리가 얼마나 행복한지를 모르기 때문에 불행한 것인지도 모른다. 생활에 필요한 물자 대부분을 자급자족하며 살던 파미르 유목민이 혹시라도 서울에 온다면, 엄청난 물질적 풍요와 과소비에 젖은 사람들을 보고 깜짝 놀라 혀를 내두르지 않겠는가. 우리는 그 무엇으로도 채우지 못할 만큼 너무나 크게 욕망의 그릇을 빚어놓은 건 아닐까. 끊임없이 헛된 행복을 추구하느라 불행에 처한 건 아닐까. 나는 작은 즐거움에도 감사하는 마음을 여행하며 배웠다.

마땅한 오락거리 하나 없고 TV 방송조차 나오지 않는 고원에서 아이들은 동물을 친구로 의지하고 폐타이어를 굴리며 놀았다. 아이들은 카메라가 낯선지 수줍음을 감추지 못했다. 고마움을 전하고 싶었지만 선물할 만한 물건이 없어, 유르트를 나서며 나는 사과 몇 알과 비스킷을 배낭에서 꺼내 아이들 손에 쥐어주었다.

한 삼십여 분을 더 걸었을까. 유르트를 발견하고 하룻밤 묵을 수 있는지 여쭈었다. 아주머니 두 분이 일손을 놓고 말없이 내가 쉴 유르트로 데려갔다.

세상 마지막 호수 송쿨에 손 담그는 순간을 대지는 쉽게 허락하지 않았다. 파란 일렁임을 시야에 담고서도 한참을 또 걸어가야 했다. 호수로 향하다 멈춘 바퀴 자국, 외떨어진 유르트 하나, 기이한 돌탑 무덤, 불타고 남은 흔적, 짐승의 뼈, 산구릉을 핥는 뭉게구름, 출렁이는 물결, 죽은 양, 떼 지어 질주하는 말들, 해거름의 쓸쓸함.

하늘 가까이 하늘을 머금은 고원 호수, 밤하늘 별을 가장 잘 볼 수 있는 별천지, 송쿨. 와이파이는 고사하고 휴대폰조차 터지지 않고 태양광 배터리가 없으면 전깃불을 켤 수 없어 달 뜨면 잠자리에 들 채비를 해야 하는 곳. 여기에서라면 관계의 그물망에 상처 입지 않고 어지러운 변화의 속도에서 탈주해서 편히 쉴 수 있을 터. 시간 여행을 떠나 고독을 누릴 자유를 맛볼 수 있을 터. 고립된 장소, 고독한 시간에 우리는 비로소 자신을 돌아보고 자신을 재발견하게 된다. 이곳에 끌리는 것은 어쩌면 내 혈류에 유목민의 유전자가 흐르고 있기 때문일지도 모른다.

소 울음에 잠을 깼다. 간밤에 얼마나 추웠는지 간이 세면대 물통에 고인 물이 꽁꽁 얼어 나오지를 않는다. 세숫물 한 바가지를 부어주는 아주머니. 물의 소중함을 다시금 깨닫는 나. 유목민들은 찬바람을 막아주는 오목하고 아늑한 계곡, 물을 구하기 쉬운 냇가나 호숫가 같은 데에다 유르트를 세우길 선호한다. 물 있는 곳이면 가축을 먹일 풀이 풍성히 자라고 생명 유지에 꼭 필요한 식수를 얻을 수 있기 때문이다.

바람의 말을 받아 적으며 구름의 길을 읽으며 걷는다. 내 몸은 구름 그림자에 파묻혔다가 빠져나오길 되풀이한다. 처음에는 조그만 점이던 것이 나중에는 말과 사람으로 바뀌었다. 모자 끝에 구름 하나 걸렸다. 호수로 구불구불 흘러드는 개천 언저리는 여태 풀빛이다.

호숫가에서 키르기즈 국기가 펄럭이며 손짓했다. 유르트가 여섯 동이나 모여 있는 곳이다. 어지간히 알려진 유르트스테이인가 보다. 주인 아낙이 영어를 쓰고, 방문객이 기념사진을 찍을 수 있도록 키르기즈 전통 의상을 여러 벌 준비해놓았으니 말이다.

원래는 이곳에서 이른 점심만 먹고 투즈 아슈 고개를 넘을 작정이었지만 송쿨에서 잡았다는 물고기를 해치우고는 마음이 흔들렸다. 송쿨에 왔다면 송어를 먹어볼 일이다. 더군다나 이동 거리를 따져보니 부지런히 움직이더라도 줌갈에는 일러야 저물녘에나 도착할 것 같았다. 하루 더 송쿨에 머물기로 하고 호수 나들이에 나섰다.

유르트를 해체하는 광경이 눈에 들어왔다. 이미 이사를 마쳐 거무한 흔적만 둥글게 남은 자리도 군데군데. 유르트를 덮은 펠트 천을 떼어내니 격자로 엮인 나무살이 뼈대를 드러냈다. 뜯어낸 자재들은 트럭에다 옮겨 실었다. 예전에는 말 몇 필에 나누어 실었을 테지만. 날 추워지는 9월로 접어들면 송쿨 주변에 흩어져 살던 유목민들은 이주를 시작한다. 3,000미터 고원을 떠나 낮은 지대로. 유목민의 이미지는 흔히 가축을 먹일 풀과 물을 찾아 광야를 정처 없이 유랑하는 모습으로 그려지곤 하는데, 중앙아시아 유목민은 이런 형태의 수평 이동보다는 계절에 따라 고원 초지와 평지 마을을 오르내리는 수직 이동을 주로 한다.

초원의 배, 유목민과 어부, 양치기가 노 젓는 고기잡이배, 어울리지 않은 조합이다. 그렇지만 송쿨에서라면 가능하다. 배를 뒤집은 배들이 풀밭에 드러누웠고 곁에는 그물이 던져져 있다. 하물며 갈매기로 보이는 새들이 끼룩끼룩 떼로 날아다닌다.

너무 멀리 왔다 싶어 발길을 돌리려는 찰나, 뜻밖의 풍경이 내 발목을 잡아끈다. 호수가 새끼라도 쳤나, 호수 둘레에 작은 호수가 혹처럼 붙어 있는 게 아닌가. 얕은 수면 위로 물풀이 고개 내밀어 바람결에 흔들리고 한편에서는 낙원 속 한 장면처럼 말들이 한가로이 풀을 뜯는다. 다시 보니, 호수라기보다는 습지에 가깝다. 송쿨로 스며들어야 할 물줄기가 출구를 잃어 그리된 것이다. 호를 그리며 파고든 물굽이를 자르고 둑길을 놓았기 때문이다. 의도하지 않게 독특한 생태가 태어났다. 지난번 사진빨이라는 말로 투덜대기도 했던 나는 이번에는 상상 이상의 풍경을 제대로 담아내지 못하는 카메라를 탓하고 만다.

그사이 유르트에 머무는 손님이 늘었다. 단체로 온 관광객들이 유르트 셋을 차지했다. 햇볕을 쬐며 책을 읽고 있는 두 사람은 클렘체 계곡에서 함께 밤을 보낸 프랑스 친구들이다. 그들은 말을 타고서 유르트 캠프가 있는 바타이 아랄이라는 데를 다녀왔다고 한다. 그런데 한 사람이 보이지 않아 행방을 물으니, 몸이 좋지 않아 차에 실려 비쉬켁으로 돌아갔다고 한다. 이틀 전에도 끼니를 거르고 화장실을 들락거려 다른 친구가 "싯다운 중"이라고 놀려댔었는데 종내 탈이 난 모양이다. 둘은 한국에 가면 어떤 일자리를 얻을 수 있느냐며 궁금해하더니만, 이번 여행을 마치면 직장을 구하러 미국 샌프란시스코로 떠날 계획이라고 털어놓았다. 그들 또한 초원 유목민과 비슷하지만 다른 방식으로, 밥벌이를 좇아 세계를 떠도는 유목민인 셈이다.

구름 입술 사이로 곱게 번지는 노을을 바라보며 송쿨의 밤을 맞이한다.

매일의 환대

길 물어보길 잘했다. 아저씨 뒤를 지키던 양치기 개가 금방이라도 달려들 듯 노려보았지만 말이다. 그렇지 않았더라면 다른 계곡으로 넘어갈 뻔했다.

지프길이 투즈 아슈 고갯길에 놓여 있다. 경사가 하도 급해 웬만한 운전 실력이 아니고서는 자칫 고꾸라져 골짜기로 곤두박질칠 우려가 다분하다. 그런 만큼 까마득한 협곡으로 빨려들며 아찔한 스릴감을 만끽할 수도 있으리라. 차나 말이 없는 나는 오늘도 한발 한발 걸어서 간다, 송쿨에 작별 인사를 보내고서. 지금은 내리막길이라 다행이다. 만일 이 고갯길을 통해 줌갈에서 송쿨로 하루 만에 이동하려 시도했다면 고생길이 되었을 게 틀림없다.

족히 네 시간은 걸었을 것이다. 그동안 홀로 놓인 유르트만이 한둘 눈에 띄었을 따름, 이 계곡에서 처음으로 발견한 담장 두른 집이다. 마치 길손이 오는 줄 알고 기다리고 있었다는 듯이, 꼬마 아이 하나가 접시를 들고 길에 나와 있다. 그릇 가득 하얗게 담긴 건 아이란이다. 아이 아버지가 뛰어나와 나를 맞이했다. 한두 차례 사양을 표시하는 것으로는 초대를 거부하기 어려웠다. 역시나 차이나 마시고 가라는 권유로 시작해 융숭한 음식 대접으로 이어졌다. 차와 빵은 물론이거니와, 감자와 가지를 넣고 삶은 양고기, 거기서 우려낸 얼큰한 국물, 천연 벌꿀…. 내가 고기를 제대로 뜯어 먹지 못하자 칼로 잘라 주기도 했다. 아무리 손님 환대가 무슬림 전통이라고 하더라도 어떻게 모르는 이를 스스럼없이 집으로 불러들일 수 있을까. 척박한 사막이나 초원에서는 누구나 길을 잃고 목숨이 위태로워지는 곤경에 처할 수 있는 까닭에, 위험에 빠지는 경우를 대비해 언제나 외부인 방문을 허락하고 서로 돕는 관습이 생겨났다고는 하지만 말이다. 이 사람들은 나그네로 변신한 선지자 무함마드가 예고 없이 나타나 자신들을 시험하는 때가 있다고 정말 믿는 걸까. 나는 배낭을 뒤져도 감사를 표할 만한 물건이 나오지 않아 염치 불고하고 한국 동전을 선물이라며 건네었다. 아주머니는 극구 사양하는 나에게 아이란을 병에 담아 주었다.

나는 이번 여행의 첫 숙제이자 으뜸 목표인 송쿨 도보 트레킹을 무사히 끝맺었다. 고비마다 길을 일러주고 조건 없는 환대를 베풀고 하룻밤 쉴 자리를 내준 이들의 진심 어린 친절이 없었다면, 자연의 경이로움 앞에 잠시 환호성을 지른 데에 만족하고 그저 그런 사나흘을 보내고 돌아갔을지도 모른다. 송쿨에서 보낸 최고의 나날을 나는 오래도록 그리워할 것이다.

└ 현대판 유목민

유목민의 삶을 들여다보며, 요즘 회자되는 '디지털 노마드'에 대해 생각해본다. 디지털 노마드Digital Nomad란 스마트폰, 태블릿, 노트북 등 인터넷과 접속된 디지털 모바일 기기를 항상 휴대하고 다니면서 시간과 장소의 제약을 받지 않고 자유롭게 유랑하는 현대인을 지칭하는 말이다. 예전 유목민이 생계를 위해 떠돌아다녔다면 21세기 신유목민은 삶의 질을 극대화시키기 위해 떠돌이 생활을 한다는 것이다. 하지만 첨단 장비 덕에 우리네 삶이 과거보다 더 여유로워졌는지는 의문이다. 일터에서 디지털 기기가 짐 지운 과부하에 허덕이고, 차 안에서도 가정에서도 여행 중에도 거기서 벗어나질 못하지 않은가.

현대 도시인은 모두가 노마드족인 셈이다. 자동차, 커피숍, 길거리를 사무실 삼아 불안하게 유동하는 사람들. 자본과 노동이 한 몸으로 결합한 나 홀로 사업자, 결코 프리하지 않은 프리랜서, 대도시 골목을 바이크로 종횡하는 배달맨도. 노마드족이라고 하면 공항에서 비행기를 기다리는 동안 전화 통화를 하면서 노트북을 두드리는 비즈니스맨을 흔히 떠올릴 테지만 말이다.

몽골, 중앙아시아, 사하라의 진짜 유목민은 점차 사라지겠지만 일거리 돈벌이를 찾아 객지를 떠도는 이주노동자들이 현대판 유목민의 주된 자리를 차지하게 되지 않을까.

ㄴ 송쿨 가는 길

키르기스스탄에는 호수가 이천 개 가까이 분포한다. 그중에서 송쿨은 이슥쿨 다음으로 큰 호수이자 단언컨대 가장 아름다운 호수다.

코치코르나 나른에서 여행사를 통해 지프차를 대절해서 이동하는 것이 송쿨을 여행하는 일반적인 방법이다. (차량비 3,000~5,000솜, 1솜 약 20원) 여행사에서는 차량뿐만 아니라 유르트스테이, 말 타기, 가이드 등을 연결해준다. 코치코르나 나른에서 출발하면 대체로 호수 동쪽(바타이 아랄)이나 남쪽 편으로 접근하게 된다.

개별 여행자를 송쿨로 데려다줄 대중교통편은 없다. 가장 저렴한 방법은 호수 북쪽 줌갈, 키자르트 마을에서 시작해 도보로 접근하는 것이다. 마을까지는 코치코르에서 떠나는 차이엑 방면 합승택시나 미니버스를 타고 가다가 중간에 내리면 된다. 홈스테이에서 말 트레킹을 주선하기도 한다. 무리를 해서라도 하루 만에 걸어서 송쿨을 만나고 싶다면 지프 로드를 따라 가파른 투즈 아슈 고갯길을 넘는 시도를 할 수도 있다. 나는 줌갈에서 출발해 클렘체 계곡에서 하룻밤 유르트에 머물렀고 다음 날 잘기스 카라가이 고개를 넘어 송쿨에 닿았다. 호수변 유르트스테이 비용은 아침 저녁 식사 포함해서 700솜이다. 여행객을 위한 유르트스테이는 6월에서 9월까지만 운영한다. 송쿨 호수는 여름철에도 밤이면 물웅덩이에 살얼음이 얼 정도로 날씨가 춥다.

파미르 퍼밋 도전기 Ⅰ

"아는 것이 힘이다." 경험론 철학자 프랜시스 베이컨이 남긴 명언이다. 허나, 알려면 제대로 알아야겠지요. 어설프게 어중간히 아는 건 자칫하면 독이 될 수도 있지요. 차라리 아예 모른다면 찬찬히 알아보려고 노력이라도 하겠지요.

키르기즈스탄 수도 비쉬켁에 사흘 머무는 동안 이 도시에서 내가 실제로 한 일이라고는 오직 한 가지, 타지키스탄 대사관을 찾아가 비자를 취득한 것이었다.

침상을 배정받자마자 나는 파미르 퍼밋을 받는 데 문제가 없는지 호스텔 데스크에 문의했다. 여행 떠나올 무렵, 퍼밋 발급이 일시 중단되었다는 소식을 접했기 때문이다. 지금은 타지키스탄 대사관에서 퍼밋을 내주고 있다고 했다. 그렇다면 타지키스탄 비자나 파미르 퍼밋과 관련해서 조바심 낼 이유는 없었다. 나는 2년 전 중앙아시아 여행 때 비쉬켁 소재 타지키스탄 대사관을 방문해서 그날 현장에서 비자를 발급받은 경험이 있는데다 2014년판 가이드북 정보에도 당시와 달라진 내용은 없었으므로.

이튿날 아침, 업무 시작 시간에 맞추어 트롤리부스를 타고 타지키스탄 대사관에 도착했다. 대사관 담당자는 친절과는 담 쌓은 듯한 남자로 바뀌어 있었다. 전에는 요구하지 않던 여권 복사본을 포함하여 비자 신청에 필요한 서류를 작성해서 제출했다. 마침 여권 첫 장을 복사한 종이를 지니고 있어서 다행이라 여기며. 약칭 GBAO*로 불리는 고르노 바다흐샨 자치주 여행 허가증 즉 파미르 퍼밋을 함께 요청하는 일도 잊지 않고서.

그제야 비자 찾으러 다시 오라는 말이 직원 입에서 흘러나왔다. 2년 전에는 그 자리에서 비자를 받았건만. 내일은 대사관이 문을 열지 않는 토요일, 그렇다면 사흘 뒤인 월요일에나 비자를 손에 넣을 수 있다는 의미였다. 그건 빙산의 일각, 정작 다른 치명적인 두통거리가 날 괴롭히리라고는 미처 깨닫지 못했다. 이날 대사관 직원이 내게 안내하지 않은 중요한 사항이 있었던 것이다. 따로 묻지 않았다고 해서 알리지 않은 그를 원망해야 할지, 아니면 옛 기억과 구정보에만 의지해 상세히 살펴볼 생각을 하지 않은 나 자신을 탓해야 할까.

나는 하릴없이 비쉬켁에 머물며 기다릴 순 없었던 까닭에 마나스와 고선지의 전설 혹은 역사가 전해지는 탈라스에서 주말 이틀을 보내고 돌아왔고, 월요일 아침 서둘러 타지키스탄 대사관으로 향했다. 비자를 받은 대로 키르기즈스탄 남부 도시 오쉬로 이내 떠날 수 있게 짐 정리를 마쳐놓고서.

"비자는 오후에 나옵니다."

첫 방문객을 맞이한 대사관 직원이 태연하게 내뱉은 말이다.

* Gorno-Badakhshan Autonomous Oblast

"그럼 몇 시에…?"

"점심 식사 시간 지나, 2시."

나는 숙소로 돌아가지도 못하고 이미 익숙해질 대로 익숙해진 알라 투 광장을 서성거리다가 시간에 맞춰 대사관에 다시 들렀다. 수기로 작성한 타지키스탄 비자를 여권에서 조심스레 확인했다. 그 오른편 페이지에 찍힌 파미르 퍼밋 스탬프도. 그런데 어찌 된 상황인가. 퍼밋 기간이 단 6일이 아닌가, 그것도 내일자로 시작하는. 내일 당장 오쉬로 이동해서 국경을 넘는다고 하더라도 최소 이틀은 소요될 테고 파미르 지역을 벗어나는 날까지 고려한다면 실제 유효 기간은 기껏 사나흘이라는 의미였다. 나는 당연히 비자 종료일과 똑같은 날짜로 30일짜리 퍼밋이 나오리라 믿었는데 말이다.

"타지키스탄 방문 목적이 파미르 여행인데, 도대체 고작 나흘 동안 뭘 하라는 겁니까?"

이런 중대한 사실을 비자 신청 시에 진작 알려주지 않은 직원에게 항의를 하고 한편으로 읍소에 가까운 통사정을 해보았지만 들은 체도 하지 않았다. 그는 마지못해 중요한 정보를 가르쳐준다는 듯이 아마도 호로그의 오비르OVIR를 방문하면 퍼밋 연장이 가능할 거라고 지껄였다.

"파미르 고원을 지나 호로그에 도착하는 데만도 나흘로는 역부족입니다!"

나는 비쉬켁에 도착한 지 닷새 만에야 오쉬로 떠날 수 있었다. 타

지키스탄 국경을 넘기 위해, 불완전한 파미르 퍼밋을 지니고. 그곳
에 어떤 불운이 잠복하고 있는지도 모른 채.*

* 2015년 들어, 30일짜리 온전한 파미르 퍼밋을 비쉬켁 소재 타지키스탄 대사관에서 내주고 있다.

옆자리 아가씨

8세기 중엽, 실크로드를 따라 서진하는 당唐과 동진하는 이슬람 세력(압바스 왕조)이 충돌한 전투가 오늘날의 카자흐스탄과 키르기즈스탄 사이를 흐르는 탈라스 강 유역에서 벌어졌다. 당시 당나라군을 이끈 장수가 고구려 유민 출신인 고선지였다. 토번(티베트)와 석국(타슈켄트)을 토벌하고 파미르 고원을 넘는 원정에 성공했던 고선지의 군대였지만 탈라스 전투에서는 크게 패했다. 협력하기로 했던 현지 부족이 반란을 일으켜 아랍군을 편든 것이 패전의 주요 원인이었다. 이 전투 결과로 이슬람교가 중앙아시아에 지배 종교로 자리 잡았다. 이때 사마르칸트로 잡혀간 포로들 중 종이 만드는 기술자가 있어 제지술이 이슬람을 거쳐 서양으로 전해졌고, 이것은 훗날 유럽 문예부흥에 한몫을 하게 되었다. 역사에서 가정은 무의미하겠지만, 만약 이 전투에서 고선지가 이끄는 군대가 승리를 거두었다면 지금 중앙아시아 사람들은 이슬람교가 아니라 불교를 믿고 있을지도 모른다.

현재 저마다 믿고 떠받드는 종교와 신을 하늘에서 내려온 숙명으로 받아들이다가도 그것조차 역사 속 사건에 기댄 한낱 우연의 소산물임을 인식하는 순간, 모든 일들이 우스워진다. 내가 나중에 여행한 아르메니아에서도 마찬가지로 느꼈듯이. 팔레스타인과 이스라엘, 코소보와 세르비아, 그리고 아르메니아와 터키·아제르바이

잔 간의 분쟁. 어느 민족에 속하는지 외양으로는 얼핏 구분되지 않는 이웃들끼리 종교를 놓고 벌이는 잔혹극, 희비극.

탈라스, 나를 태운 미니버스가 퇴르 아슈 고개와 오트멕 고개를 넘어 향하는 곳이다. 고선지라는 고구려 역사의 후일담, 마나스라는 영웅 전설의 후예를 찾아.

하나둘 외투를 꺼내 입기 시작했다. 나도 부르르 몸을 떨며 움츠린다. 9월 중순, 더위로 땀을 흘리던 비쉬켁을 떠나온 지 불과 두 시간 만에 한겨울로 시간 이동을 한 느낌이다. 나는 물기 맺혀 희뿌옇게 흐려진 유리를 자꾸만 닦아낸다. 바깥 풍경은 차창에 악착같이 달라붙으며 속절없이 속도에 뭉개진다. 카자흐스탄 측 타라즈에서 국경을 건너온 바이크족일까, 반대편 내리받이를 거침없이 질주한다.

아까부터 내 왼편에 앉은 아가씨가 눈을 붙이지 못하고 간혹 내 어깨에 기대며 몸을 뒤척였다. 차가 흔들릴 때마다 등받이가 꿀렁거리며 울렸다. 버스 뒤쪽 네 자리에 세 명이 앉아서 가는 중이다. 오른편 끝자리가 비었길래 아주머니에 한 칸씩 옮기자고 했더니, 의자를 두드려보곤 거기도 등받이가 이상하다며 거절했다. 괴로워하는 아가씨 모습에, 보다 못한 나는 달리는 차 안에서 용쓰며 오른편 끝으로 옮겼고 내가 앉았던 데를 그녀에게 내주었다.

추위 속에 점심을 먹은 후 다시 출발했다. 오트멕 고개를 앞두고

도로가 탈라스와 톡토굴 방면으로 나뉘는 갈림목에서 외국인 하나가 버스에 올랐다. 차 내에 남은 공간이라고는 얼마 전 아가씨가 앉았던 구석 자리밖에 없었다. 그렇다고 새 승객을 거기에 앉히기도 곤란한 처지였다. 설사 앞 좌석에 바짝 붙은 무릎들을 일제히 일으켜 세우더라도 사람 하나가 지나갈 만한 틈이 생길 성싶지 않았다. 어쩔 수 없이 우리는 옴짝대며 한 칸씩 왼쪽으로 옮겨 자리를 마련했다. 결과적으로 아가씨는 꿀렁거리는 소리가 나는 원래 의자로 돌아갔다.

홀로 떠돌던 오지에서 동지와 해후라도 한 듯, 그런 상황에서도 나는 프랑스에서 왔다는 남자가 무척이나 반가웠다. "너 정말 운이 좋구나!" 내가 그에게 던진 첫마디였다. 오쉬에서 오는 차량에서 내린 그는 기다린 지 불과 1,2분 만에 이 버스에 올라탔다고 한다. 게다가 마치 그를 위해 미리 준비해둔 것인 양, 딱 하나 남은 좌석을 차지했으니. 그는 터키, 이란, 카프카즈, 중앙아시아, 중국, 일본, 서에서 동으로 '아시아 그랜드 투어'에 나선 길이었다. 대개 히치하이킹과 카우치서핑couch surfing에 의지해. 그는 탈라스를 경유해 카자흐스탄으로 넘어가 알마티에서 여자친구와 재회한 후 그녀와 함께 여행을 계속할 예정이라고 했다.

미니버스가 멈췄을 때 누군가 그곳이 마나스 오르도로 들어가는 입구이고 공원 내에도 가스찌니짜(호텔)가 있다고 알려줬고, 그 말에 나는 허겁지겁 차에서 내렸다. 탈라스 시내에 숙소를 잡고 마나스 오르도에는 내일이나 방문하려던 계획을 접고. 내가 자리를 양보했던 아가씨도 거기서 내렸는데 그녀 또한 가는 곳이 마나스 오르도라고 했다. 목적지가 같은 우리 둘은 자연스럽게 택시에 합승했다. 내가 낸 택시비 50솜 중 거스름돈 10솜을 택시기사로부터 건네받은 그녀가 그것을 내게 돌려주지 않았지만 몇 푼 안 되는 돈이었기에 그러려니 하며 넘어갔다.

그녀는 이름이 울잣이라고 했다. 마나스 오르도 경내를 통과해 울잣을 따라 들어선 곳은 '궁전(오르도) 호텔'이었다. 그제야 그곳이 그녀가 일하는 데임을 알아차렸다. 마나스 오르도 단지Manas Ordo complex를 둘러보는 데야 한두 시간이면 충분할 테지만 하루 이상 지내며 영웅 마나스의 정기를 받아 소원을 성취하고픈 키르기즈 사람들이 주로 머무는 숙소로 여겨졌다. 침대가 서너 개 놓인 방에는 신발을 벗고 들어가야 했다. 내가 지낼 방이라 여겼는데 그녀도 가방을 거기에 내려놓는 게 아닌가. 나는 당황스러움을 감추고 밖으로 나왔다. 중앙에 하늘 높이 솟은 마나스를 40인의 전사 동상들이 호위하며 에워싼 원형 광장을 지나 박물관 뒤편 언덕 전망대로 올랐다.

마나스 오르도는 키르기즈스탄의 전설적 영웅 혹은 전설 속 영웅인 마나스를 모신 일종의 성지이자, 소비엣 연방으로부터 독립한 직후 국가 이념을 세우고 일체감을 조성하려는 정치적 목적으로 건립한 기념 공원이라고 하겠다. 비쉬켁의 알라투 광장에도 말을 탄

마나스 동상이 서 있다.

박물관 앞뜰에 제주 돌하르방을 연상시키는 석인상 '발발'이 여럿 서 있고, 커다란 유르트에서는 끝나지 않을 노래처럼 마치 판소리 가락인 양 읊조리는 소리가 울려 퍼진다. 마나스 삼대의 일대기를 다룬 서사시 '마나스'이다. 세계에서 가장 긴 영웅 서사시라고 일컬어지는 마나스는 60여 가지 판본이 존재하며 어떤 것은 무려 50만 행에 이른다. 고대 그리스 장편 서사시 《일리아스》의 16배, 인도 대서사시 《마하바라타》의 2배가 넘는 길이라고 한다. 마나스를 음송하는 사람을 '마나스치'*라고 칭한다. 스피커를 통해 흘러나오는 마나스는 녹음된 목소리가 아니라 마나스치 서너 명이 번갈아 가며 현장에서 쉼 없이 암송하는 것이라고 한다.

"키타이 놈들이 약탈해간 그 말들을!" / 그는 은으로 만든 갑옷을 입었노라 / 당신들, 그런 마나스를 보았는가 / 그는 하얀 호랑이처럼 기어간다 / 그는 은으로 만든 갑옷을 입었다 / 그리고 토루차르에 올라탔다 / 그의 두 눈은 불꽃처럼 타오르고 / 피를 갈망하고 있었다 / 그의 앞니는 문짝처럼 컸다 / 어떤 사람의 이와도 달랐으니**

---

* 마나스치, 베르쿠치(독수리사냥꾼), 발륵치(어부)의 '치'는 우리말 갖바치(가죽신 만드는 사람), 양아치(넝마주이), 장사치처럼 '～ 일을 하는 사람'을 뜻한다.

** 네이버 《아시아 스토리백과》

마나스의 일부 내용으로, 여기서 '키타이'는 중국을 의미한다. 중국으로부터의 독립을 노래한 대표적인 키르기즈 문화유산인 마나스가, 신장위구르 지역 내에 소수민족으로 키르기스인이 거주한다는 이유로 중국에 의해 유네스코 세계무형문화유산으로 등재되었다는 점은 아이러니라고밖에 할 수 없다. 이것은 독수리사냥 풍습이 오늘날까지 카자흐스탄이나 키르기즈스탄 지역에 전승되고 있음에도 불구하고 이들 나라의 문화유산으로는 등록되지 않은 채, 박제된 형태로 명맥만 유지해온 유럽 몇몇 국가나 한국의 문화유산으로 등록된 사실과 유사한 사례에 해당한다. 세계문화유산 등재에도 정치력과 경제력을 앞세운 국력이 우선 작용함을 말해준다.

호텔로 돌아오니 주인장 아저씨가 나를 맞이했다. 그는 나를 이층 방으로 안내했다. 비교적 깨끗하게 관리되는 숙소임에도 하루 숙박비는 단돈 200솜(4,000원)이라고 했다. 아마도 외국인 여행자에게는 알려지지 않은 숙소다 보니 현지인 가격으로 그렇게 책정된 듯했다. 그런데 이 '궁전 호텔'의 문제라면 끼니를 때우거나 몸을 씻을 만한 시설이 없다는 점이다. 호리병 모양으로 생긴 플라스틱 통을 한 손에 들고 물을 흘리며 화장실 다녀온 손을 씻고 고양이 세수를 해야만 했다. 저물녘에 속이 출출해진 나는 공원 밖으로 나가 보았지만 기념품 파는 가게에서 기껏 과자 부스러기밖에 건질 수 없었다. 여기 머무는 키르기즈 사람들은 먹을거리를 집에서 챙겨 오거나 아예 직접 조리를 해서 먹었다. 화덕에서 구워낸 난 한 덩이를 주인아주머니가 주지 않았더라면 나는 콜라와 비스킷으로 저녁을 대신하고 배에서 나는 꼬르륵 소리를 자장가로 들으며 밤을 보낼 뻔했다.

아침 햇볕을 쬐며 숙소 마당에 놓인 기다란 나무 의자에 무료하게 걸터앉아 있으려니, 울잣이 나를 불러 데려갔다. 방 안 가득 사람들이 모여 음식을 먹고 있었다. 호텔 투숙객들 모두 그곳에 모인 듯했다. 주인 부부도 보였다. 공원에서 일하던 남자들이 작업복 차림으로 들어왔다. 손님 중 한 가족이 양을 잡아 여러 사람에게 대접하는 모양이었다. 울잣과 함께 나도 양고기를 뜯었다. 그 전에 주인네 아침 '차이' 자리에 끼여 빵을 조금 얻어먹은 상태이긴 했지만.

어제 개관 시간이 지나 방문하지 못했던 박물관에 다녀온 후 나는 배낭을 챙겨 방을 나왔다. 울잣에게 숙박비로 500솜을 건네었다. 물론 300솜을 거스름돈으로 돌려받을 생각으로. "프쇼!" 두 손을 엇갈렸다 벌리며 그녀가 외친 말이다. 계산이 끝났다는 표시였다. 그녀는 내가 숙박비가 얼마인지 주인아저씨에게 물어보지 않았으리라 짐작한 걸까. 방값은 200솜이지 않느냐고 물으며 의아해하는 나에게 그녀는 태연하게 300솜은 조금 전 방에서 먹은 식사비를 계산한 금액이라고 속삭였다.

"그건 손님 가족이 초대해서 먹은 거잖아. 울잣, 너 제발 그러지 마…."

러시아어에 영어를 섞어가며 혼잣말처럼 중얼거리던 나는 갑자기 슬퍼졌다. 선의로 여겼던 일이 선의를 가장한 악의로 드러나고, 고백컨대 어제 그녀를 만난 후로 공연스레 달떴던 마음이 참담한 분노로 바뀌는 순간이었다.

주인아주머니를 찾아내어 방값으로 500솜을 지불하는 게 맞는지 물으니 영문을 몰라 했다. 주인 부부가 내어준 차와 빵에 대해서 밥값을 치르는 셈 치기로 하고 나는 200솜만 돌려받았다. 그것마저 두 사람이 내게 그냥 호의로 베푼 음식이었겠지만. 나는 한국 돈 몇천 원에 불과한 지폐 두 장을 주머니에 구겨 넣었다. 잘 가라는 인사도 받지 못하고 그곳을 빠져나오는 발걸음이 한없이 무거웠다.

마나스 오르도를 나와 삼거리에 접어들었을 때였다. 저편에서 다가오는 소녀에게 나는 내처 다가갔다. 어느 길이 탈라스 시내로 나가는 도로로 연결되는가 물어볼 요량으로. 어제는 택시를 타고 이동한 탓에 방향이 헷갈렸기 때문이다. 10대 소녀인 줄 알았더니 바투 대면한 그녀는 20대 초반은 됐음 직한 아가씨였다. 같은 몽골 계통으로 한국인과 외모가 닮은 키르기즈 사람들. 그렇지만 그것만으로는 설명이 안 될, 알 수 없는 친밀감 기시감이 그녀의 미소 띤 눈매, 검은 물결을 이루며 한쪽으로 늘어뜨린 생머리, 화장기 없이 주근깨 드러난 얼굴에서 전해졌다. 어른이 되어 만난 여인의 훌쩍 커버린 모습 속에서 어렴풋 어릴 적 간직한 꽃다운 인상을 발견할 때처럼. 불과 수십 분 전 일어났던 입씨름은 내 머리에서 증발했다.

그녀는 비쉬켁에서 대학교를 다닌다고 했다. 우리는 이야기를 나누며 나란히 걸었다. 책가방을 둘러멘 그녀 여동생을 길에서 마주쳐 소개받기도 하면서. 그러다가 택시를 불러 세워 같이 시내로 이동했다.

"우리 집에 머물러요."

숙소를 찾는다는 말에 이렇게 제안했다. 그렇지만 그녀 없는 집에서 하루를 보낼 수는 없었다. 그녀는 주말에 집을 들렀다가 비쉬켁으로 돌아가는 길이라고 했다. 악수를 나누며 나도 모르게 두 손을 그녀 손에 가만히 포개었다. '키쉼잔'이라는 그녀 이름을 내 수첩에 남겼다.

강도 사건, 배배 꼬여버린

지금도 그때를 돌이키면 등 뒤가 불안해진다. 왜 내가 그 시간 그 장소에 있어야만 했을까? '갈팡질팡하다가 내 이럴 줄 알았지'라는 식으로, 애초에 첫 단추를 잘못 끼워 실마리를 풀지 못한 채 우왕좌왕하다가 종내 엉망진창이 된 꼴. 나비 효과, 제 꼬리를 입에 문 뱀 따위를 떠올린다.

만약에, 비쉬켁에서 타지키스탄 비자를 받을 때 파미르 퍼밋 기간이 넉넉하게 찍혀 나왔더라면, 아니 적어도 퍼밋 시작일이 하루 이틀 뒤였다면, 오쉬에 한두 시간만이라도 일찍 도착했더라면. 분명한 사실은 어제의 선택이 오늘의 나를 여기 있게 만들었다는 점이다.

정오가 임박해서야 나는 비쉬켁을 떠날 수 있었다. 승객 머릿수가 채워지기까지 승합차 주위에서 겉놀며, 기름 묻어나는 감자빵 튀김과 길다방 커피로 목을 축이고 무려 세 시간을 별수 없이 얼쩡거리고 나서. 요금은 1,000솜 부르는 것을 900솜으로 깎았다. 비쉬켁−오쉬 구간은 저가 항공편과 경쟁이 붙은 까닭에 거리에 비해 합승택시 요금이 싼 편이다.

탈라스를 다녀오느라 오갔던 퇴르 아슈 고갯길을 지나, 톡토굴 호수를 옆에 끼고, 차는 오쉬를 향해 방향을 잡았다. 종종 그렇듯 일본에서 들여온 중고 승합차는 운전석이 오른쪽에 붙어 있었고 그럼에도 운전사는 아무렇지도 않게 앞차를 추월해가며 내달렸다. 장장 열세 시간 동안 이어진 700킬로 대장정이었다. 밤 1시, 오쉬 시내에 당도한 시각이다. 열 남짓이던 승객은 그즈음 나를 포함해 셋으로 줄어 있었다. 오쉬에 가까워지는 동안 하나둘 차에서 내렸기 때문인데, 그들을 문전까지 데려다주느라 시간이 더 지체되었다.

아주머니와 운전사 사이에 고성이 오갔다. 오쉬 시내를 지나 다른 곳으로 데려다주기로 합의했는데 막상 도착해서는 그걸 지키지 않은 모양이었다. 내가 이 야심한 밤에 가야 할 곳은 호텔이 아니라 알라이 바자라는 정체불명의 장소였다. 차를 타고 오는 동안 점심을 함께하며 친해진 청년에게 물어보아도 그런 데가 오쉬에 있는지조차 알지 못했다. 그는 밤이 깊었으니 택시를 이용하라는 말을 남기고 택시 타고 사라졌다. 승합차 주위로 진을 치고 있던 사내들이 내게 접근했다. 개중에는 원한다면 타지키스탄 무르갑까지 실어다주겠다는 이도 있었다. 그런데 부르는 금액이 너무나 터무니없었다. 그 시각 손님이라고 달랑 나 혼자였으니 더 했을 것이다. 설사 낮 되도록 기다린다고 해도 어찌 될지 모르는 상황. 정작 나는 생각이 없는데 손님 하나를 두고 저네들끼리 다툼질까지 벌였다.

나는 그곳을 빠져나와 터벅터벅 걸음을 옮겼다. 밤은 깊어만 가는데, 호텔로 향하는 편이 좋을지 아니면 택시 타고 총알라이 바자를 찾아가야 할지 고민하며. 평소 같았으면야 재고 말고 할 것도 없이 당연히 밤을 보낼 숙소부터 잡고, 다음 날 느긋하게 시내 구경을 겸해 차편을 알아보았겠지만. 문제는 여권에 찍힌 파미르 퍼밋이 오늘부로 하루씩 줄어들기 시작하는 연유로 한시라도 속히 타지키스탄 국경을 넘어야 한다는 현실이었다.

불 켜진 식당을 발견했다. 그 앞으로 택시 두세 대가 정차해 있었다. 많이 쳐도 스무 살을 채우지 못했을 젊은치들이 택시기사였다. 나는 어둠침침한 불빛 아래 가이드북을 뒤적이며 위치와 가는 방법을 전달했고 설명을 들은 뒤에야 그들은 총알라이 바자 또는 무르갑 바자라고 불리는 데가 어디쯤인지 대강 알아챈 듯했다. 그쯤 나는 그곳 이름이 자꾸 혼동되었다. 알라이 바자, 총알라이 바자 혹은 바자르, 무르갑 바자. 가이드북 지도에는 '알라이 바자'로 교통편을 안내한 본문에서는 '무르갑 바자'로 소개되었지만, 중앙아시아 여행 정보를 남긴 몇 안 되는(그것도 어떤 건 4,5년 전 기록) 블로그에서는 '총알라이 바자' 또는 '총알라이 바자르'로 나왔던 탓이기도 했다. 나는 택시비를 깎았고, 조금만 더 낮추면 그 차를 탈 작정이었다. 식당에서 차나 마시며 쉬었다가 적당한 시간이 되면 택시 타고 이동하면 될 듯싶었다. 새벽 3시경에 타지키스탄 무르갑으로 가는 지프차가 그곳에 모여 떠난다고 알고 있었기 때문이다.

음악이 흘러나왔고 젊은 여자들이 음식을 날랐다. 이 지역도 엄연한 이슬람 사회인데, 밤 깊도록 문을 연 식당이 있다는 게 신기했다. 나는 차이와 난을 시켰다. 술이라도 한잔 기울이고 싶은 심정이었지만.

"한국서 왔어요?"

뒷자리에서 들려온 목소리였다. 한국에서 돌아온 지 5년이 지났다고 했지만 그는 한국말을 제법 능숙하게 했다. 유난히 동그란 얼굴은 여느 키르기즈 사람보다 조금 검은 빛이었고 머리에는 무슬림임을 표시하는 흰 모자가 올려져 있었다. 그는 천안 근처 직산이라는 곳, 오리털 파카 만드는 공장에서 3년간 일했다고 했다. 이름을 적어달라고 하자, 종이에 한글과 키릴문자를 꾹꾹 눌러 썼다. 그의 이름은 '디마'였다.

"여기 사람들 대부분 착하지만 나쁜 사람도 많아요. 이렇게 밤에 돌아다니지 말고 빨리 들어가도록 해요."

지금은 호텔에 투숙하기에도 애매한 시간이라 여기서 시간을 죽이다가 총알라이 바자라는 곳에 갈 작정이라고 털어놓자, 디마가 내게 던진 충고의 말이었다. 내가 돈푼 없는 떠돌이로 보였던지 아니면 한국에서 보낸 시절을 떠올리게 한 내가 반가워서 그랬는지 그는 내 찻값을 대신 치르고는 그 자리를 떴고, 곧 식당은 문 닫을 때가 되었다. 시계가 2시 너머를 가리키고 있었다.

그사이 식당 앞에 서 있던 택시들은 사라지고 없었다. 그때라도 생각을 고쳐먹고 부근 아무 호텔로 향했어야 옳았을 것이다. 차 한 대가 미끄러져 왔다. 이번에도 십대 후반으로 보이는 젊은이들이 2인 1조로 운행하는 택시였다. 나는 둘에게 타지키스탄 무르갑으로 가는 차들이 모인다는 총알라이 바자라는 데를 아느냐고 물었다. 택시비로 80솜만 받고 10분도 안 되어 나를 어딘가로 데려갔다. 그렇지만 그곳은 내가 추측했던 장소가 아니었다. 미니버스 정류장이기는 했다. 백열등 몇 개가 컨테이너들이 쌓인 공터를 음울하게 밝히고 있었다. 벽체 없는 기둥 처마를 따라 행선지를 알리는 표지판이 공중에 매달려 있었다. 그중에 무르갑과 엇비슷한 지명은 눈에 띄지 않았다. 공터 위쪽에서, 술에 절었는지 약에 취했는지 모를 남녀가 미친 듯이 자지러지며 웃는 소리가 어둠 속으로 끈질기게 메아리쳐 울려 퍼졌다. 마치 절해고도에 불시착한 신세인 나그네를 조롱이라도 하듯이.

버스 스탠드 입구, 사방이 트였고 지붕 삼아 차양만 씌워져 움막이나 막사라고 불러야 마땅할 곳에 사내 하나가 드러누워 있었다. 자다가 일어난 그에게 타지키스탄 무르갑으로 가는 차를 이곳에서 탈 수 있느냐고 물었고 그가 웅얼거린 말을 나는 긍정하는 답으로 이해했다.

낮에는 미니버스를 기다리는 용도로 쓰였을 의자에 웅크려 앉아 있으려니, 잠시 후 고등학생 또래로 보이는 두 녀석이 나타났다. 먼저 말을 붙인 건 내 쪽이었다. 무르갑행 차편에 대해 얘기를 꺼내자 둘은 행선지 표지판을 훑어보았다. (이때까지만 해도 나는 한편으로 불안감을 품으면서도 이곳이 내가 가고자 한 그곳이 맞을 거라는 미련을 버리지 못한 상태였다.) 녀석들을 친구 삼아 시간을 보내도 나쁘지 않겠다는 생각이 들었다. 하나는 무슬림 모자를 쓴 소년이었는데 손에 든 쇼핑백에서 기도 시에 사용하는 카펫을 꺼내어 내게 보여주기도 했다.

침묵이 흘렀다. 어둠 속에서 미친 듯이 웃어 젖히던 소리도 이제는 들리지 않았다. 맞은편에는 무슬림 모자 소년이 바닥에 쪼그려 앉았고 내 오른편에는 다른 녀석이 서 있었다. 반짝, 소년의 눈동자에서 섬광이 빛나는 것을 나는 보았다. 순간 거기서 섬뜩한 살기 같은 것을 읽었다.

나는 일어나며 둘에게 집에 잘 들어가라는 인사를 보냈다. 버스 스탠드 공터를 벗어나면 암흑. 막상 어디로 어떻게 가야 할지 망설여졌다. 되돌아오니 둘은 사라지고 없었다. 담장처럼 세워진 컨테이너 박스를 돌아 안쪽으로 들어갔다. 거기에도 불이 켜져 있었고 탁자가 여럿 놓여 있었다. 야외 식당으로 짐작되었다. 어떻게든 동틀 무렵까지 그곳에서 버텨볼 생각으로 나는 배낭을 내려놓고 멍하니 비스듬히 벤치에 기대앉았다.

숫제 장난이라도 친 줄 알았다. 벽돌이 날아와 내 얼굴을 쳤던 것이다. 충격으로 안경이 내팽개쳐졌다. 나는 시야가 흐려진 줄도 모른 채 악을 쓰며 반사적으로 벌떡 일어섰다. 머리 속 항아리가 출렁였다. 후다닥 부리나케 달아나는 발소리가 밤공기를 울렸다. 탁자 밑에서 안경을 주워 벽돌을 집어 들고 쫓아갔지만 녀석들은 자취를 감춘 뒤였다. 움막에서 자고 있던 아저씨가 놀라서 뛰쳐나왔다.

말 그대로 넋 놓고 있다가 난데없이 뒤통수를 맞은 격이었다. 벽돌에 머리를 정통으로 맞았다면 나는 어떻게 되었을까. 제풀에 놀라 도망치지 않고 두 녀석이 한꺼번에 달려들어 멱살 잡고 주먹이라도 날렸다면 안경이 벗겨진 상황에서 나는 제대로 대처나 할 수 있었을까. 가진 물건을 몽땅 도둑맞고 피 흘리며 고꾸라진 채로 아침에 발견되었을지도 모른다. 오른쪽 손목과 얼굴 관자놀이 부분에 살짝 멍이 들었을 뿐 크게 다친 데가 없어 그나마 다행이었다. 흠집이야 났겠지만 안경도 무사했다. 뒤로 두 손을 깍지 끼고 뒤통수를 감싼 채 앉아 있었으니 망정이지. 녀석들이 초짜였고, 벽돌이 흙벽돌이었기에 망정이지.

낮에는 평범한 학생에 성실한 무슬림이었을 아이들이 순식간에 강도로 돌변한 사건. 어쩌다 이런 사달이 났을까. 으슥한 밤 인적 끊긴 장소에 혼자 나다닌 내 스스로가 그들에게 충동적으로 범행을 저지르도록 그런 계제를 제공한 셈인지도 모르겠다. 이날 새벽 내가 잠시 신세를 진 곳은 '벽돌 강도 미수 사건'에 놀라 뛰어나온 아저씨의 움막이었다. 그런데 아저씨가 이따금 불쑥 일어나 불을 비추며 주위를 두리번거리는 통에 나도 덩달아 놀라 침낭을 벗기고 불안스레 둘러보곤 했다. 그가 그곳에서 어떤 일을 하고 무엇을 지키고 있는지는 알 길이 없었다.

날이 밝아왔다. 아저씨에게 거듭 고맙다는 말을 전하며 버스 스탠드에 발을 들여놓는 순간, 내 눈앞에서 누군가 잽싸게 도망치는 게 아닌가. 쇼핑백을 들고 있는 점이나 품새로 볼 때 벽돌을 던진 녀석이 틀림없었다. 여태껏 떠나지 않고 주위를 맴돌고 있었던 것이다. 아마도 집에 돌아가려면 녀석도 마르슈르트카를 타야 했던 모양이다. 설마하니 2차 범행을 노리며 숨어 있었을 리는 없을 테고.

아침부터 미니버스를 타려는 사람들이 모여들었다. 인근 마을로 떠나는 마르슈르트카는 있지만 국경 너머 무르갑 가는 그 어떤 차량도 이곳에는 없음을, 내가 엉뚱한 장소에 잘못 찾아들었음을 마침내 판가름 내렸다.

오쉬 지리를 잘 알 만한 나이든 아저씨가 운전하는 택시를 타고 시내를 벗어나 알라이 바자로 이동했다. 그곳은 책에 나온 것과는 달리 시내에서 4킬로가 아니라 그 배는 됨 직한 거리에 외떨어져 있었다. 도로에서 안길로 들어가야 했던 까닭에 택시기사도 부근에서 머뭇거리며 사방을 살펴야 했다.

높다란 철문은 굳게 잠겨 있었다. 짐 보따리를 든 가족 무리가 대문 앞을 서성였다. 간밤에 곡절을 겪지 않고 이곳으로 왔다고 하더라도 용케 집 안으로 들어갈 수 있었을는지 의문이었다. 너른 마당 한구석에 나무토막들이 아무렇게 쌓였고 컨테이너 트럭과 '무르갑'이라고 적힌 지프차가 서 있었다. 돈이 궁한 뜨내기꾼들이 거쳐 갈 법한 저가 숙박시설을 겸하는 가정집이었다. 나는 침대 세 개에 고물 텔레비전이 액세서리로 놓인 방으로 안내 받았다. 스프링 위에서 매트리스가 꿀렁꿀렁 멋대로 춤을 추는 침상이 200솜이라고 했다. 한숨도 못 잤지만 잠은 오지 않았다.

차 시동 거는 소리에 나는 마당으로 나왔다. 아이들을 거느린 대여섯 명이 지프차에 오르고 있었다. 아침에 만난 현지인 가족들이었다. 주인아주머니는 남은 자리가 없다고 선언했다. 평상시에는 차를 타면 아이를 무릎에 앉히든지 해서 잘도 앉을 공간을 만들어내더니만. 아주머니는 하룻밤 지내고 내일 새벽 5시에 출발하는 차를 타라고 했다.

마르슈르트카를 타고 오쉬 시내로 나가 시장 골목에서 밥을 먹고 돌아왔다. 자이마 바자르나 슐레이만 뚜는 구경하지 않았다. 2년 전에 이미 방문한 곳이기도 했거니와 슐레이만 뚜 언덕에 올라 오쉬 시가지를 조망할 만한 마음의 여유가 없기도 했다.

저녁에는 이런 시시한 사건도 있었다. 누추한 실내를 희뿌염 밝히던 백열전구가 머리 위에서 포탄처럼 터진 사건. 때마침 내가 옆으로 한 발짝 움직이지 않았다면 잔해가 쏟아져 머리를 덮쳤을 것이다.

잠결에 밖에서 웅성거리는 소음이 들리고 누군가 내 방문을 열고 기웃거리는 기척이 느껴졌다. 손목시계를 확인하니 새벽 3시 무렵이었다. 나는 까무룩 잠에 빠져들었고 한 시간 후쯤에 깨어났다. 새벽 5시에 출발한다는 차를 타기 위해서였다. 그런데 분위기가 심상치 않았다. 어둠은 침묵에 싸여 있었다. 떠날 준비를 하느라 떠들썩거려도 모자랄 판인데. 마당을 서성이다가 참지 못하고 주인댁이 자고 있을 건너편 집 문을 두드렸다. 무르갑 가는 손님이 더는 없어 오전에 오쉬 시내를 돌며 사람들을 태우고 와야 할 것이라는 대답을 한참만에야 들었다.

나는 타지키스탄에서 건너와 새벽에 도착했다는 여행자 둘과 마주 앉아 숙소에서 내준 빈약한 음식으로 아침거리를 때웠다. 독일과 일본에서 온 남자들이었다. 타지키스탄 국경에서 파미르 퍼밋 기간 연장이 가능한지 물어보았지만 두 사람은 아는 바나 들은 바가 없다고 했다. 그들은 타지키스탄 수도 두샨베에서 퍼밋을 얻었다고 했다. 일본인 여행자가 방값과 밥값을 타지키스탄 돈인 소모니로 치르려 하면서 주인아주머니와 시빗거리가 생겼다. 소모니에 대한 환율을 너무 낮게 쳐서 돈을 받으려 했기 때문이다. 일본인 청년은 러시아어를 한마디도 못했던 까닭에 내가 중재에 나섰다. 나는 그에게 차라리 소모니를 키르기즈 솜으로 환전한 뒤 그 돈으로 지불하는 게 유리할 거라고 알려줬다.

대문을 나서 걸어가는 중이었다. 골목으로 지프 한 대가 덜컹거리며 달려왔다. 나는 무르갑까지 가는 차비 2,000솜을 부담하려면 수중에 남은 돈으로는 부족했기에 환전을 하러 시내로 나가려던 참이었다. 운전하던 남자는 오전 11시에 무르갑으로 출발할 예정이라고 했다. 나는 그 차를 타기로 약속했고 가던 발길을 돌려 주인아주머니에게도 이 사실을 알렸다.

환전을 마치고 돌아오는 버스를 기다렸지만 버스가 좀체 나타나지 않았다. 나는 11시에 맞추느라 택시를 타고 허겁지겁 숙소로 돌아왔다. 하지만 숙소 마당에는 출발을 알리는 어떤 기미도 보이지 않았다. 운전사는 나를 피했고 아주머니는 어깨를 으쓱해 보이며 11시에 떠나는 차는 없다고 중얼거렸다.

일마다 꼬여도 이렇게 배배 꼬일 수가 있을까. 심지어 주인아주머니가 하루치 숙박비와 음식비를 더 벌기 위해 일부러 나를 따돌린 건 아닐까 하는 의심마저 들었다.(돌이켜 보면, 이건 강도 사건 후유증에 더해 의사소통 불충분으로 생긴 오해로 여겨진다.) 어떤 이는 여기서 차량을 확보해 무사히 국경을 넘고 파미르 고원을 여행했을 테고 그렇다면 그들에게는 이곳이 친절한 사람들과 지낸 썩 괜찮은 숙소로 기억되겠지만.

이날 어떻게든 파미르 고원으로 향하는 차에 몸을 실었다면, 며칠 후 나는 지난 일들을 복기하며 충격적인 강도 사건마저 한낱 해프닝으로 회상했을지도 모른다. 6일짜리 퍼밋에서 벌써 이틀을 날려 보냈다. 퍼밋 종료일이 일요일이어서 제때 기간 연장을 하려면 호로그에는 금요일 낮에 도착해야만 했다. 오늘은 수요일, 그러려면 남은 이틀 동안 주야장천 차를 타고 이동해야 한다는 소리였다.

나에게는 파미르 고원으로 가야 하는 중요한 이유가 있었다. 내 배낭 깊숙이 담긴 인화한 사진들. 지난 여행길 파미르의 무르갑과 알리추르에서 인연을 맺은 사람들과 재회해서 당시 찍은 사진을 전

달하고픈 소망을 품고 있었던 것이다.

　모든 일에, 나 자신에 대해, 알 수 없는 대상들을 향해, 진저리가 났다. 몸보다 마음이 만신창이 꼴로 무너졌다. 나는 곧장 짐을 챙겨 그곳을 나왔다. 크즐아트 고개를 통해 타지키스탄 파미르 고원으로 넘어가는 길은 포기했다. 오쉬에서 바트켄을 거쳐 크즐벨 국경을 지나 타지키스탄 후잔드 방면으로 다다르는 방법을 택하기로 했다.

#6. 끝없는 환대, 한 번은 홀대
타지키스탄

베샵

국경의 날강도

오쉬에서 바트켄을 거쳐 타지키스탄 국경을 넘는 길, 갑작스레 결정한 이 경로에는 한 가지 난관이 놓여 있다. 비지飛地라고도 불리는 역외영토 문제다. 마치 바다 가운데 외딴섬처럼, 키르기즈스탄 국경 내 페르가나 밸리 일부를 우즈베키스탄과 타지키스탄이 점유하고 있다. 바트켄으로 이동하려면 우즈베키스탄 영토에 속하는 소흐 지역을 지나가야 하는데, 엄밀히 따지면 나 같은 외국인 여행자는 우즈베키스탄 비자를 소지해야 한다.

이 구역을 피해 둘러 가는 도로가 최근 건설되었다는 소식을 접했고 합승택시 기사도 외국인인 나를 별말 없이 태웠던 까닭에 나는 별 말썽은 생기지 않으리라 여겼다. 불운이 설마 연타석으로 닥치겠느냐며 체념한 구석도 있었다.

소흐 입구에서 경찰 검문을 받을 적에 긴장한 것도 잠시, 나를 태운 차는 우회 도로로 진입해서 탈 없이 통과했다. 아직 미개통 상태로 포장 공사가 진행 중이었음에도 승객 중 외국인이 있다는 구실을 들어 그 도로를 이용할 수 있었다. 정작 언짢은 사건은 그다음, 국경을 통과할 때 일어났다.

우선, 키르기즈스탄을 출국하면서. 다른 차량을 타고 온 중국인과 나는 검문소를 지키는 군인 중 상급자에 의해 따로 불려갔다. 중국인 청년은 노트북에 든 파일들을 샅샅이 검색당했다. 내 카메라에 저장된 사진들은 시시콜콜 들춰졌다.

"놀놀씸"이라고 지껄였다. 007, 러시아어로 놀놀씸. 우리가 007 제임스 본드 같은 스파이로 의심된다는 소리였다. 크게 놀랄 일도 아니었다.

타지키스탄 측으로 입국하면서. 타지키스탄 비자를 제시하고 입국 스탬프를 받으려는 순간, 장교로 보이는 남자가 나를 안으로 불러들여 의자에 앉혔다. 그는 입출국 카드 용지를 가로채더니 흘려 쓴 글씨로 '친히' 빈칸을 채웠다. 그것도 영어가 아닌 러시아어로, 부탁하지도 않았는데 말이다. 그리곤 내뱉은 소리, "온 돌라르!"('온'은 키르기즈 말로 10. 난 키르기즈 사람도 아닌데⋯) 입국 카드를 대신 작성해준 대가를 내놓으라는 맹랑한 요구였다. 내가 어이없어 하자, 이번에는 "텐 돌라르!"

10달러는 왜 달라고 하냐며 항의를 표하며 도움을 구하는 눈으로 주위 젊은 군인들을 둘러보았건만 그들은 재미있는 구경거리에 구미가 당긴다는 표정으로 실실 웃음을 흘리기만 했다.

공교롭게도 내 바지 주머니에는 10달러 한 장과 5달러 한 장이 들어 있었다. 타지키스탄 국경을 넘으면 곧바로 환전할 생각으로 하루치 숙박비 금액만큼 지니고 있던 차였다. 나는 10달러를 꺼내 장교 녀석에게 던져주고 말았다. 먼저 국경을 통과한 다른 승객들을 마냥 기다리게 할 수 없었고, 왈가왈부해 봤자 국경선 위에서 절대적 약자인 내가 이길 도리가 없어 보였기 때문이다.

자기네 나라를 여행하는 사람들의 첫인상이 이곳에서 자신들 행동 하나로 결정 난다는 사실을 모르는 걸까. 알면서도 한갓 국가 이미지보다는 본인들 잇속 채우기가 더 중하다고 여기는 걸까. 경비가 본분을 잊고 도둑으로 돌변한 꼴. 이들은 한 나라 관문을 지키는 수문장이 아니라 자국 방문객을 등치는 날강도 상습범이었다.

대통령 사진이 내걸린 시장

목이 말라 음료수를 마시려고 들른 가게에서 나는 아저씨 한 분과 안면을 트게 되었다. 살구 주스 한 병을 사서 자전거를 끌고 가던 그와 숙소로 돌아가는 길에 동행했다. 건너편으로 복원된 성곽과 거기 딸린 박물관이 이어졌다. 오래전 알렉산드로스 원정대의 주둔지였고 지난 1997년에는 우즈벡 반군과 정부군 간에 전투가 치러져 300명이나 죽은 곳이라고 한다.

아저씨 자전거에 주렁주렁 뭔가 매달렸다. 비료 포대쯤으로 보이는 장바구니에는 중국 한자가, 노란색 가방에는 한글이 적혔다.

"에따 기타이스키, 에따 소비엣스키…."

자전거 본체와 전등은 중국제, 바퀴는 소련제, 안장은 타지키스탄제라는 얘기였다. 가난한 나라의 국제적인 자전거였다.

친절하게도 그는 어떤 건물을 가리키며 사진을 찍으라고 안내했다. 연방 해체 직전, 후잔드를 방문한 소련 공산당 서기장 고르바초프가 머물렀던 곳이라나. 그 증거인 양, 벽면에는 '낫과 망치'가 여럿 새겨져 있었다.

알렉산드리아 에스카테, 2300여 년 전 알렉산드로스 왕이 세운 70여 개 알렉산드리아(점령지 거점 도시) 중 하나로 '가장 먼 알렉산드리아'라는 뜻이다. 오늘날의 후잔드가 그곳에 해당한다. 타지키스탄에서 두 번째로 큰 도시이자 한 시절 레닌아바드로 불리던 후잔드. 지금은 철거되어 외곽으로 옮겨졌고 이스모일 소모니 상이 그 자리를 대체했지만, 옛 명칭에 걸맞게 한때 22미터 대형 레닌 동상으로 상징되던 도시이다. 도심을 관통하는 대로는 '레닌', 내가 머문 호텔 이름도 '호텔 레닌아바드'. 이는 곧 레닌의 그늘이 여전함을, 러시아의 영향력이 유효함을 나타내는 단면은 아닐까.

마스지드 미흐랍을 연상시키는 바자르 출입문 현관, 신전 열주처럼 종대로 줄을 선 높다란 기둥들, 그 사이로 고유의 색채를 발하며 도열한 산물들. 활달한 상인들이 선보이는 진기한 물건만큼이나 바자르 건물이 흥미를 끈다. 다채로운 무늬로 아치를 장식한 판즈샨베 바자르 정문에는 통치자의 대형 사진이 자랑스레 걸려 있다. 20년 이상 장기 집권해온 현 대통령 에모말리 라흐몬, 그는 지난 선거에서 압도적인 득표로 재집권에 성공해 7년 임기를 보장받고 2020년까지 집권 기한을 늘려놓았다. "대통령부터 교통경찰과 말단 공무원까지 말 그대로 철저히 부패한 나라" 타지키스탄을 설명하는 위키리크스WikiLeaks의 한 구절이다. 거리를 거닐기라도 할라치면 웬만해선 통치자의 위대한 포즈를 시선에서 피하기 어렵다.

이런 상황은 중앙아시아 다른 국가들도 더하면 더하지 덜하지는 않다. 카자흐스탄의 누르술탄 나자르바예프, 우즈베키스탄의 이슬람 카리모프는 3선 연임이 가능하도록 헌법을 고쳐 사실상 죽을 때까지 종신 대통령 자리를 확보한 상태이고, 투르크메니스탄은 '중앙아시아의 북한'으로 불릴 정도로 지독한 우상화와 폐쇄 정책을 고수해왔다. 옛 소비엣 공화국의 당 서기장 출신이라는 사실도 이들 독재자의 공통점이다. 독재 정권에 대항할 만한 민주적인 시민 세력은 부재한 상태다. 튤립혁명을 2005년, 2010년 두 차례 거친 키르기즈스탄만이 예외라고 하겠다. 14년 동안 장기 집권한 독재 정권을 무너뜨리고 튤립혁명으로 들어선 바키예프 대통령은 이전 정권과 마찬가지로 부정부패를 일삼다가 제2의 튤립혁명으로 쫓겨났다. 키르기즈 산악 지대에 자생하는 야생 튤립을 혁명의 상징으로 내걸어 '튤립혁명'이라고 이름 붙여졌고, 변화를 나타내는 레몬을 시위 군중이 들고 다녔다고 해서 '레몬혁명'으로 불리기도 한다.

카스피해 인근에서 생산되는 풍부한 에너지 자원은 강대국 간 이해관계가 얽힌 지리적 요충지라는 점과 더불어 중앙아시아 여러 나라의 독재 권력 유지에 큰 역할을 해왔다. 대한민국 대통령들은 취임 직후 자원 외교라는 명목을 내세워 이들 나라를 단골로 방문했다. 그마저 자원이 빈약한 키르기즈스탄이나 타지키스탄은 '중앙아시아 순방길'에서 종종 제외되곤 했다.

장기 독재 체제가 기여한 면이 아예 없는 건 아니다. 역설적이게도, 이 지역 뭇사람들이 여태 고유한 삶의 방식을 유지하고 순수한 심성을 지니고 있는 데에는 이러한 정치적 낙후성과 폐쇄성 탓에 자본에 의한 오염이 더뎠고 관광업이 활개를 치며 파고들지 못한 점이 작용했으니 말이다.

오늘은 이슬람 합동예배 보는 날인 금요일. "알라후 아크바르(신은 위대하다)~" 기도 시간을 알리는 아잔이 하오의 광장에 울려 퍼지자 때를 기다렸다는 듯이 마스지드 안팎은 일시에 무슬림들로 들어찼다. 쉐이흐 마살 앗딘 마스지드와 판즈샨베 바자르. 황금색 분수대를 중심에 두고 광장 좌우로 성과 속이 균형을 이루었다.

어린 집시들은 마스지드 주위에서 손 벌려 구걸을 하고, 집시 여인은 시장을 돌며 잡귀를 쫓아준다는 향(으스륵)을 피운다. 저 연기에 나쁜 균과 더불어 내 액운도 달아날까.

베샵 마을의 비밀

베샵에 처음 발을 들여놓은 사람이라면 한결같이 놀라움을 금치 못할 것이다. 깊은 산 으슥한 골짜기 한 자락에 수백 채 집들이 층층 계단을 이루며 모여 있으리라고 누군들 상상이나 할까. 이란을 여행한 적이 있다면, 앞집 지붕이 뒷집 마당을 이룬 모습을 보고 마술레나 아비야네를 떠올릴지도 모르겠다. 협곡 아래로 강이 흐를 뿐 농사지을 땅은커녕 목초지조차 찾아보기 힘든 이곳에 어떻게 이렇듯 자못 큰 마을이 생겨났을까 하는 의문이 피어날 터이다.

마을 이정표를 지나 비탈을 깎아낸 비포장 먼짓길 모퉁이를 돌면 협곡이 돌연 폭을 넓히며 녹음 짙은 수풀과 농토를 드러낼 텐데, 그 지점에서라면 비로소 베샵 마을이 간직한 비밀을 깨우치게 되지는 않을까. 그때가 긴 그림자를 늘어뜨리며 주민들이 귀가하는 해거름 무렵이라면 더욱이.

송아지 고삐를 당기며 아낙네가 앞장선다. 그날 수확한 작물과 땔감을 얹은 나귀들, 그런 짐승에게 회초리를 휘두르는 사내아이들이 나란히 뒤따른다. 아기는 할아버지 품에 기댄 채 나귀 잔등 위에 잠들었다. 여인네의 형형색색 치맛단과 머리쓰개를 비추던 햇살이 산자락과 나무 우듬지로 올라가며 하늘을 물들인다. 할머니와 함께 걸어오는 아이 손에는 우유 담은 둥근 주전자가 들렸다. 소녀는 말갛기 그지없는 눈빛으로 나그네를 바라본다.

임시 숙소라는 말이 어울릴 차이하네(찻집)에서 밤을 보낸다. 이 곳은 제라프샨 밸리 깊숙이 은거한 마을로 트럭이나 지프를 몰다가 밤이 늦어 멈춘 운전자들을 위한 일종의 기사 식당이다. 장식 접시에 담아 모양 좋게 올려놓은 손님맞이용 과자에는 몇 달은 넘겼을 뽀얀 먼지가 덮여 있다. 그보다 더 딱했던 건 저녁거리라고 주인 남자가 몸소 날라온 소시지와 빵이다. 돌처럼 단단해서 그걸로 못질

을 해도 될 법한 빵 덩이. 심지어 달랑 세 개 나온 소시지는 개당 얼마로 계산했다.

잭키 찬 닮은 외국인을 위한답시고 차이하네 아이들은 '기타이' 쿵푸 영화를 틀었다. 구식 텔레비전이 놓인 구석방은 평소에는 아이들이 자는 방으로 여겨졌다. 나는 행인들의 말소리를 골목에 면한 창가에서 들으며 잠들고 잠깨었다.

음악 장단에 이끌려 들어간 곳은 나무 그늘 아래 마련된 결혼식장. 초대 가수가 부르는 축하 노래가 스피커를 울렸다. 신이 난 하객들이 어깨춤을 추었다. 그 광경을 더 잘 보려고 꼬마들은 나무줄기에 올라탔다. 골목에 인적이 끊긴 이유가 여기 있었다. 손님들이 다가와 축하 인사를 건넬 때마다 신랑 신부는 일어나 다소곳 답례를 했다. 온 동네 사람들이 잔치를 즐기는 동안 주인공인 신랑 신부는 생애 최고의 날을 고역스럽게 보내는 듯했다. 신부 나이는 10대 후반이나 많이 잡아도 20대 초반으로 보였다. 얼결에 나도 신발을 벗고 한 상 가득 음식이 차려진 평상 위로 올라갔다. 남자들은 제 앞에 놓인 진수성찬은 놔두고 보드카나 차이만 홀짝였다. 촬영 중인 비디오에 나는 특별 손님으로 출연했다.

잔치 마당을 나와 층층 고부랑길을 오르던 나는 또다시 집으로 초대받았다. 그 댁의 과일과 빵을 축내고 문을 나설 즈음, 음악 소리가 산울림으로 멀어졌다 가까워졌다 했다. 취주악단이 마을을 돌며 행진을 벌였다.

커다란 개를 데린 두 청년과 대면한 건 내가 숙소로 삼은 차이하네 앞에서였다. 민박집 마당에서 캠핑을 했다는 끌리멍과 그 민박집을 운영하는 영어 쓰는 마을 청년 마흐무드였다. 마흐무드를 가이드 삼아 우리는 마을에 자리한 영묘를 찾아 산책에 나섰다. '샴스 타브리즈'라는 페르시아 영적 지도자를 모셨다는 그곳은 묘라기보다는 사원에 가까워 보였다. 원목을 깎아 세운 집이 엄숙한 분위기를 풍겼다. 샴스 타브리즈는 13세기 페르시아의 유명한 수피 시인 루미의 스승으로 알려진 인물이다. 샴스 타브리즈는 '타브리즈의 태양'이라는 뜻이라나. 이란 타브리즈에 모셔져야 합당할 성인의 묘를 중앙아시아 산골 마을에서 발견하게 될 줄이야.

영묘 입구에는 EU 재정 지원으로 2011년 소형 수력 발전소를 건설했음을 알리는 푯말이 세워져 있었다. 그나마 근래 들어 이 마을의 전기 사정이 나아진 것이다. 마흐무드에 따르면, 언저리에 흩어진 가구를 포함하여 베샵에는 천 명 넘는 주민들이 거주한다고. 베샵은 짐작보다 크고 유서 깊은 마을이었다.

두더지 땅굴 터널

두 해 전에도 이 터널을 지났더랬다. 광산 갱도보다 못하게 굴을 파 놓았느냐며 투덜댄 기억이 난다. 마치 두더지가 장애물을 피해가 며 구불구불 좁은 땅굴을 뚫어놓은 형세. 조명조차 없다시피 한 축 축하고 컴컴한 굴로 진입한 운전자는 전조등 불빛에만 의지해 바닥 곳곳에 지뢰처럼 파인 웅덩이와 별안간 시야를 가로막는 강철봉 따 위를 재주껏 피하며 5킬로미터를 달려야 한다. 괴물 목구멍 속으로 빨려든다는 비유가 어울릴 만하다. 미처 완공하지 못한 터널을 차 가 다닐 수 있도록 서둘러 개통해놓고서는 땜질 보수공사라도 벌이 는 줄 알았는데, 그동안 2년 세월에도 나아진 게 없었다.

그때 이스타라브샨 가는 먼지투성이 산악도로에서 멀미와 구토로 고생한 옆자리 여대생, 그리고 두샨베로 돌아가는 길에 같은 차를 탄 인연으로 알게 된 사샤 진 아저씨. 후잔드 자기 집에 놀러 오라 며 주소를 적어주던 그분 모습이 어제 일처럼 떠올랐다.

지금은 이스칸더 쿨을 나와 두샨베로 가는 길이다. 안좁 터널에 차량 통행을 허용한 해는 2006년인데 아직도 이 지경이라고, 이란 에서 공사를 맡았는데 중국 기업이 건설한 다른 터널보다 못하게 날 림으로 했다며 운전사는 불평을 터뜨렸다. 여행자들 사이에는 이 '죽음의 터널'을 자전거로 통과한 모험담이 전설처럼 전해진다.

파미르 퍼밋 도전기 Ⅱ

내가 두샨베에서 숙소를 루다키 거리 아이니 공원에 인접한 호텔로 잡은 것은 그곳이 시내 중심가라거나 공원 내 오페라 극장에 관심이 있어서가 아니었다. 오로지 오비르OVIR(출입국 관리국)와 가깝다는 이유로 그렇게 한 것이다. 파미르 퍼밋 새로 받기, 열 일 제쳐두고 해결해야 할 급선무였다. 지난 여행 때에는 적지 않은 대행 수수료를 부담하며 여행사를 통해 퍼밋을 얻었지만 이번에는 몸소 부딪쳐 손에 넣으리라 다짐했다.

나는 호텔 1층 접수대에서 숙박계를 작성하고 직원 사인이 들어간 종이쪽을 받았다. 겉보기에는 호화로운 로비 계단을 밟고 위층으로 올라갔고, 기숙사 사감처럼 복도에 버티고 앉은 '층 지킴이 아줌마(floor lady)'의 매서운 눈초리를 피하며 서류를 제시하고 방문 열쇠를 넘겨받았다. 소비엣 스타일 호텔에 묵으려면 으레 거쳐야 하는 절차였다.

짐을 방에 던져놓자마자 오비르 건물로 향했다. 창구에는 네다섯 명이 줄 서 있었다. 마침 앞사람이 외국인이었다. 긴 머리에 덥수룩한 수염, 장기 여행자 풍모를 지닌 친구였다.

"파미르 퍼밋 요금 내는 데가 아그로인베스트 은행 맞죠?"

나는 가이드북 한 페이지를 펼치며 이렇게 물었다. 퍼밋을 신청하려면 20소모니를 입금해야 하는데, 그의 손에 은행 영수증이 들려져 있었기 때문이다. 그렇다는 대답을 들은 나는 시내 지도를 보이며 은행 위치를 캐물었다. 그는 정확하게 짚어주지 못하고 근방 어디라며 얼버무렸다.

"그제 아그로인베스트 반크(아그로인베스트 은행이 어딘가요)?"

길을 오르내리며 행인들에게 이렇게 묻기를 수차례. 당연히 이 근처에 은행이 있어 누구나 알 법한데, 고개를 갸웃거리며 모른다고 하거나 마르슈르트카를 타라며 버스 번호를 알려주었다. 아그로인베스트 은행 ATM을 찾아내긴 했지만 은행 건물은 당최 보이지 않았다. 내 발음이 잘못되었나 싶어 ATM 안내판에 표시된 러시아어를 적어 사람들에게 내밀기도 하고, 책에는 은행 위치가 굴리스탄 투르 호텔 옆이라고 나왔던 까닭에 그 호텔이 어디인지 묻고 다니기도 했다.

내가 딱해 보였던지 친절한 청년 둘이 정차 중인 마르슈르트카로 데려가서는 운전사에게 나를 그 은행에 내려주라고 당부하기까지 했다. 나를 태운 미니버스는 도심을 한 바퀴 돌아 강에 놓인 다리를 건넜고, 서커스장이 나타났다. 내 마음은 불안해졌다. 아무리 관료주의에 찌든 공무원들이라고 하더라도 몇 푼 안 되는 돈을 입금할 은행을 이토록 멀리 떨어진 데다 둘 리는 없을 거라는 생각이 들었기 때문이다. 내가 조바심 내며 호텔과 은행 이름을 대자 앞자리 여자분이 내릴 곳을 안내해주었다. 나는 은행 창구에 20솜을 내밀며 "파미르 퍼밋, 지바오 퍼밋 피!"를 외쳤다. 그들은 내가 단순히 송금이나 입금을 원하는 줄로만 여겼고 파미르 퍼밋 따위는 금시초문이라는 반응이었다.

가까스로 업무 시간이 끝나기 전에 오비르 사무실로 되돌아왔을 때 나는 완전히 진이 빠진 상태였다. 수수료를 입금할 은행은 아그로인베스트가 아니라 '아모나트 반크'라고 대꾸하는 말을 들은 순간 내 얼굴을 거울에 비춰 보거나 사진으로 찍었다면 어떤 표정이 담겼을까. 허탈함으로 일그러진 꼴이 꽤나 볼만했을 터이다. 세계적인 가이드북 최신판에 나온 정보였고 다른 여행자가 이를 보증했으니, 한 치 의심도 없이 믿었을 수밖에. 나는 은행명을 적어달라고 부탁했다. 바보짓을 되풀이하긴 싫었기 때문이다. 곧 사무실이 문 닫을 시간이라 퍼밋 신청은 다음 날로 미루어야 했다.

허탈감에 겹친 허기를 달래기 위해 바자르에서 과일과 빵을 봉지 가득 사서 숙소로 돌아왔다. 한 낯익은 여행객이 층 지킴이 아줌마에게 열쇠를 건네받고 있었다. 오류 정보에 신뢰도를 보탠 장본인이었다.

"퍼밋은 잘 받았나요?"

"가이드북에 나온 은행명이 틀려서 뺑뺑이 좀 돌았죠, 흐흐."

"정보가 약간 잘못되긴 했더라구요. 아마 내일 아침에 신청하면 오후에는 나오지 않을까요."

그의 희망 섞인 추측을 위로로 삼고 싶었다. 잠시 착각한 그에게 무슨 잘못이 있겠는가.

아침 일찍 숙소를 소흐 만수르 바자르 부근 홈스테이로 옮기고 나서, 오비르 사무실로 발길을 바삐 놀렸다. 지름길 골목을 빠져나오는 순간 대로변에 아모나트 은행 간판이 떡하니 나타났다. 건물로 들어가 담당자에게 20솜을 내고 영수증을 받기까지 5분이나 걸렸으려나. 그 은행은 오비르에서 불과 사오백 미터도 떨어지지 않은 곳이었다.

창구 앞에 대기 중인 사람은 없었다. 유리창에 뚫린 반원 구멍 안으로 여권과 더불어 수첩을 들이밀었다. 거기에 나는 원하는 퍼밋 시작일과 종료일을 숫자로 쓰고 언제 퍼밋이 나오는지 알려달라는 글을 러시아어로 적어놓았다. 이번만은 모든 걸 확실히 해두고자 하는 간절함을 담아.

"익스텐션(연장)?"

영어 못하는 남자 직원에게서 유일하게 들은 영어 단어였다. 타지키스탄 비자 옆 칸에 찍힌, 유효 기간이 끝난 파미르 퍼밋 스탬프를 보더니 내뱉은 소리였다. 연장이든 신규든 무슨 상관이랴. 비자 만료일에 맞추어 퍼밋 기간이 넉넉히 나오기만 한다면, 그래서 골머리 앓은 퍼밋 도전기에 종지부를 찍을 수만 있다면. 나는 직원이 써준 서류를 들고 가서 다른 창구에 제출했다. 작성하는 데와 접수하는 데가 달랐다, 쓸데없이.

퍼밋은 그날 오후가 아니라 이튿날 아침에 내 수중으로 들어왔다. 어쨌거나 파미르 고원에서 충분한 시간을 누릴 수 있게 되었음을 감사히 여겼다. 제복 입은 남자가 읽던 신문을 거두며 손바닥만한 종이를 내주었다. "야쁘네츠(일본인)?"라고 물으며. 나는 고개를 저으며 "까레예츠(한국인)"라고 답했고.

손으로 휘갈겨 쓴 키릴문자에서 석연치 않은 점이 눈에 띈 건 며칠이 지나서였다. 용지에 적힌 이름이나 여권번호는 내 것이 맞았지만 국적은 아무리 봐도 '까레야(한국)'가 아닌 듯했으니.

"귀하는 적색경보 지역 포함 국가 여행 중, 제한 지역 체류 시 가급적 벗어나기 바람."

한국 외교부에서 보내온 메시지였다. 위험 지역으로 분류된 아프가니스탄 접경지대로의 여행은 자제하라는 안내문일 테지만 조금은 뜬금없게 느껴졌다. 고르노 바다흐샨 자치주에서 내전이나 소요 사태가 발생한 적이 있고 불과 몇 달 전만 해도 호로그에서 마약 밀매범 검거 중에 총격전과 방화가 일어났다고는 하지만 그건 어디까지나 과거 한 시기, 일부 지점에 국한된 일인데 말이다. 이러나저러나, 파미르로 향하는 내 심정은 절박했다.

몰래 숨겨두고픈 곳

여행을 하다보면 그런 곳을 발견할 때가 있다. 나만 몰래 알고 있고 오래 숨겨두고픈 비밀의 장소 말이다. 지제브(지제우) 마을이 그랬다. 간략하게나마 여행 안내서에 소개된 곳이다 보니 점차 외부인의 손때를 타기 시작하겠지만 그 시기가 영원히 늦춰지길 바라는 마음이다. 이렇게 여행기로 남기는 것조차 망설여지는 게 솔직한 심정이다.

중국 진나라 무릉이라는 지역에 한 어부가 살고 있었다. 어느 날 그는 강을 따라 배를 저어 계곡 깊숙이 올라가던 중, 문득 양쪽 언

덕이 온통 복숭아나무로 숲을 이룬 곳에 닿았다. 계곡 전체를 가득 채우며 복숭아 꽃잎이 바람에 흩날리고 있었다. 수원지까지 오자 숲이 끝나고 앞은 산으로 가로막혔는데, 그 밑으로 사람 하나가 간신히 지나갈 만한 좁은 바위굴이 드러났다. 그 굴을 지나자 갑자기 환해지더니 눈앞에 너른 대지가 펼쳐지는 게 아닌가. 풍요로운 논밭에 농사를 지으며 사람들은 평화로운 나날을 보내고 있었다. 백발이 성성한 노인이나 머리를 땋은 아이 할 것 없이 한가롭고 즐거운 모습이었다. 전란을 피해 가족과 친지를 이끌고 이 산속으로 들어온 사람들이 500년 동안이나 외부와 단절된 채 살고 있었던 것이다. 며칠 그곳에서 꿈같은 시간을 보내다가 집으로 돌아온 어부는 복숭아꽃이 만발한 낙원 같은 마을을 다시 찾아가려 했지만 끝내 찾을 수가 없었다. 도연명의 《도화원기桃花源記》에 나오는 무릉도원에 관한 이야기이다.

나는 지제브 마을에서 무릉도원을 보았다. 복숭아꽃 대신에 봄이면 살구꽃 사과꽃이 피어나고, 더없이 찬란한 자연에도 불구하고 생활은 차라리 척박하다고 하는 편이 옳겠지만. 어차피 무릉도원이야 현실에는 없을 별세계를 말할 테니.

호로그에서 루샨 초입 삼거리까지 미니버스를 탔다가 거기에서 발탕 밸리로 들어가는 다른 미니밴을 잡아탔다. 길바닥에서 튕겨 오른 돌덩이에 맞기라도 했는지 앞 유리가 파상문으로 쫙 금이 간

차였다. 잔치판이 벌어진 동네에 내린 아이가 나를 제외한 마지막 승객이었고 거길 끝으로 마을이라고 할 만한 데는 더는 나오지 않았다. 돈을 더 낼 테니 지제브 계곡으로 들어가는 '케이블카'까지 데려달라는 청을 운전사 할아버지는 흔쾌히 받아들였다. 벤진(석유)을 파는 가정집, 말하자면 간이 주유소에 들러 드럼통과 깔때기로 기름을 채우고서, 택시로 변신한 미니버스는 쿵쾅거리며 내달렸다.

맑은 물이 흙탕물에 뒤섞이며 넘실대는 강 위로 출렁다리(서스펜션 브리지)가 출렁인다. 웬만한 담력 소지자나 스릴 중독자가 아니고서는 달랑 쇠줄 하나로 지탱하는 완전 수동 케이블카에 매달린 채로 도하渡河에 도전할 용기를 내기는 어려울 법하다. 그러니 사진이라도 찍을 양으로 다리 중간에 멈춰 강물을 내려다볼라치면 물결에 휩쓸릴 듯이 어지럼증이 엄습하더라도 그건 아무것도 아닌 셈이다. 발 디딜 때마다 전해지는 요동이 어쩐지 경쾌하다. 강물에 떠내려간 다리를 복구해 놓았으니 얼마나 다행스러운가.

다리 건너, 모래톱이 삼각주로 떠 있는 두물머리가 지제브로 통하는 들머리다. 불현듯 물길은 사라지고 곁에 산길만 남았다. 돌투성이 좁다란 외통길이 이어진다. 돌을 옮기고 길을 다졌을 누군가가 고맙다. 마른 나뭇가지에서 뾰족한 가시가 튀어나와 옷을 찌른다. 허청허청 걷는 동안 과연 이 적막한 협곡 끝자락에 사람 사는 마을이 나타날까 싶은 의구심이 일기도 한다. 사라졌던 시냇물이 상류에서 새로이 흐른다. 땅 밑으로 스며들기 전 물길이다. 바위에 표시해놓은 고도 2,500미터를 알리는 글씨가 반갑다. 비밀을 간직한 공간으로 입장을 허락하는 경계석인 것만 같다.

닫힌 카메라 셔터막이 열리듯 일순 골짜기가 넓어지며 시야가 트였다. 나그네를 먼저 맞이한 건 수풀의 푸르름과 소 울음. 조그마한 밭뙈기에 추수 끝난 짚단 뭉치들이 서로 몸을 기대고 드러누웠다. 층계를 이룬 돌들이 진흙으로 틈을 메운 담벼락에서 멋대로 튀어나와 있다. 한켠으로는 땔나무가 가득하고 산국화 종류 꽃들이 올망졸망 피었다. 야트막한 지붕 너머, 눈을 인 봉우리 아래로는 호수다.

줄에 매여 한데 엮인 소들이 밀짚을 짓밟으며 자꾸만 동심원을 그린다. 억센 소 발굽이 수동 탈곡기 노릇을 한다. 나락에 붙어 있던 낟알들을 마저 떨어뜨리고, 농부는 쇠스랑 갈퀴에 지푸라기를 날려 바람에 까부른다. 북데기에서 덤으로 거둬들이는 곡식이 쏠쏠하다. 마당질을 마치고 높다랗게 쌓인 짚단들은 겨우내 소들이 먹고 되새김질할 여물로 쓰일 터. 그렇게 나는 한참을 지켜보았던가 보다. 9월 말이지만 겨울나기 준비를 서둘러야 하리라. 고원 산골에는 혹독한 추위와 폭설을 동반한 고립이 일찍 찾아올 테니.

마을이라고 했지만 계곡에 흩어진 집들이라고 해 봐야 도합 여남은 채도 안 될 성싶다. 일부는 가축 외양간이나 창고 용도일 테니 살림집은 더 적을 듯하다. 나는 그 마을에서도 1킬로쯤 더 걸어 올라가 외따로 떨어진 집에 이르렀다. 아까 보았던 것과 마찬가지로 소들을 부려 밀짚 밟기 일을 시키던 할아버지와 젊은이에게 인사를 건네고 그네들 집에 머무르며 며칠 신세질 수 있을지를 물었다.

전통적인 파미리Pamiri 가옥 구조를 띠는 방을 내게 내주었다. 현관 구실을 하는 문간방을 거쳐 들어가니 가운데 난로를 두고 침상마루가 ㄷ자 형태로 깔려 있다. 먼저 눈에 들어온 건 기둥에 걸린 아가 칸Aga Khan의 사진이다. 나무로 지은 지붕에 네모난 구멍이 반듯하게 뚫린 것이 또한 인상적이다. 키르기즈 보즈위(유르트) 천장에 환기구와 채광창 역할을 하는 '투인두익'이 있다면, 파미리 집에는 '초르크호나'라고 불리는 나무 지붕이 있다. 정방형 모양 안에 45도 각도로 맞물리며 포개진 또 다른 작은 정방형들, 네모꼴 넷은 흙, 불, 공기, 물 4원소를 의미한다.

파미리는 이스마일리Ismaili이기도 하다. 파미르 사람들은 서부 타지키스탄 사람들과는 언어와 민족, 종파에서 차이가 난다. 타지키스탄 국민 대다수가 순니파 무슬림인 반면 파미르 사람들은 이스마일파에 속한다. 이스마일리는 49대 이맘Imam인 아가 칸 4세를 영적 지도자로 따른다. 스위스에서 출생한 그는 세계적인 부호이자 자선 사업가로 알려져 있다. 1992년부터 1997년까지 계속된 타지키스탄 내전 당시, 정부에서 식량 공급을 끊어 파미르 사람들이 굶어 죽을 위기에 처했을 때 헬기로 식량을 제공해 큰 신임을 얻었다. 이스마일리는 다른 무슬림에 비해 이슬람 규율을 엄격히 따르지 않고 개방적이며 여성 교육을 중요시한다. 배낭여행자들 사이에 은둔 여행지 '바람 계곡'으로 알려진 파키스탄 훈자 지역 사람들 역시 이스마

일리이다. 파미리는 타지키스탄 고르노 바다흐샨 자치주에 주로 살
지만 타지키스탄 땅 외에도 아프가니스탄 와한 밸리, 중국 신장위
구르 남부 고원에도 분포한다.

화사한 연둣빛 원피스를 입은 할머니가 야외에 마련된 아궁이에 솥을 걸고 불을 피운다. 빵과 딱딱하게 굳은 버터, 우유죽, 특식으로 나온 달걀 프라이가 할머니가 차려준 아침상이다. 양손에 달걀을 들고 와 이걸 삶을지 튀길지 선택하라던 할머니 몸짓이 떠올라 노른자를 입에 넣다 말고 나는 빙그레 웃고 만다.

홈스테이를 열었던 젊은 주인장 다샤 씨는 러시아 모스크바로 돈을 벌러 떠났고 그의 어머니는 루샨에 거주한다고 한다. 세계화의 영향력이 이 외진 산골까지 침투한 형국이다.

마당이 곧 들판이자 꽃밭이다. 양봉장이고 일터다. 그러고 보면 나는 고향 떠나 도시로 이주한 후 얼마나 오랫동안 마당 없는 집에 살았던가. 열쇠구멍에 열쇠를 맞추고 들어가면 닫히는 문이자 뚜껑인.

집 앞을 흐르는 시냇물은 식수원이고 세면장이다. 나는 냇가 댓돌에 쪼그려 앉아 맑고 차가운 물을 거푸 얼굴에 끼얹는다. 이를 닦고 입을 헹군다. 시린 눈을 들어 먼 산을 바라본다.

세 번째 호수까지는 느린 걸음으로 한 시간이면 족했다. 골짜기가 깊어질수록, 계곡 상류로 오를수록 물은 풍족하게 흘렀다. 적요 속에 둥글게 웅숭그린 호수. 꾸물한 날씨 탓일까, 수면에 반영된 산 그림자가 그리 산뜻하지는 않다. 그럼에도 기분만은 호젓하다. 길게 팔을 뻗기만 하면 호수에 잠긴 설산이 손안으로 들어올 것만 같다.

세 번째 호수에서 내려오는 참에 나는 마을이 자리한 두 번째 호수로 발길을 잇는다. 첫날 계곡으로 올라오는 길에 보았던 호수는 물웅덩이 수준으로 형편없이 수량이 줄어 있었으니 여기를 첫 번째 호수라고 해야 맞을지도. 깎아지른 암벽이 양편에 우뚝 솟았고 사이로 하늘 구름이 흐르는데, 신비로운 그 모습이 물 위로 그대로 내려와 상하좌우 대칭을 이룬 꼴이니, 데칼코마니가 따로 없다. 맑은 대기 속으로 옅은 햇빛이 쏟아진다. 파문 하나 일지 않는 고요. 청명한 거울 호수. 바닥에 잠긴 바위와 물풀이, 헤엄치는 물고기 떼가 다 보일 정도로 투명하기 이를 데 없다.

사내들 셋이 사래질에 여념이 없다. 그 광경을 지켜보노라니 공중에서 춤을 추던 까끄라기가 바람결에 내 얼굴을 덮치곤 한다. 그들 중에 굴샤 씨와는 안면이 있다. 어저께 이 마을에서 처음 인사를 나눈 사람이 그다.

굴샤 씨는 일손을 놓더니 화단이 있는 마당으로 나를 이끌었다. 안주인은 빨래하다 말고 먹을거리를 내왔다. 우리는 나무 아래 평상에 앉아 차를 마셨다. 둥근 천막이 그늘을 드리우고 흙을 돋운 넓은 평상이 놓인 그곳을 '탑찬'이라고 부르며, 손님과 더불어 차 마시는 공간이라고 했다.

그의 말에 따르면, 지금 지제브 마을에는 다 합쳐 열다섯 가구가 거주한다고. 원래는 200명 가까이 살았으나 돈벌이를 좇아 러시아로 떠난 이들이 생기면서 주민이 많이 줄었다고 한다. 바깥세상과 연결하는 유일한 통로인 출렁다리가 홍수로 유실되어 불편한 수동

케이블카로 강을 건너다니다가 작년 가을에야 다리를 새로 놓았다고 한다.

민박집으로 돌아오는 길. 나뭇가지를 대충 엮어 얹은 지붕 아래에서, 강관에 연결한 소형 터빈을 발견했다. 산에서 내려오는 물의 낙차를 이용해 터빈을 돌려 전력을 생산하는 간이 발전소였다. 여기서 만들어진 미약한 전기는 잠시나마 밤을 밝히는 데 쓰일 터이다. 어젯밤, 몇 겹 담요를 깔고 저녁거리를 내가며, 잠들기 전에 꼭 전등을 끄라고 당부하던 할머니 모습이 생각났다.

어린 시절, 엄마를 기다리는 시간은 무척이나 느리게 흘렀다. 하늘 가까운 이곳 계곡에서도 하루는 천천히 지나간다. 사물이 말을 걸어오는 순간, 너무 멀리 와버린 건 아닐까 궁리하는 순간, 시간은 잠시 제 속도를 줄인다.

저녁밥 짓는 연기가 하늘로 피어오른다. 일렁이는 빛, 내 이마로부터 나온 헤드랜턴 불빛이 어둠을 잘라내며 타원을 그린다. 어두운 속에서 물소리가 커진다. 시냇물에 손을 적신다. 랜턴을 끄고 밤하늘에 박힌 수억 별들 수억 년 오래된 빛을 망연히 올려다본다. 꺼진 등불에 눈이 밝아진다. 깊은 밤, 서정시 한 편 읽고 싶어진다. 분분한 꿈속으로라도 침잠하고 싶다. 침낭을 담요를 눈썹까지 끌어당긴다. 내 안에 검은 물이 차오른다.

뜻밖에 히치하이킹

벌거숭이 바위산이 앞길을 가로막는다. 언제 낙원 닮은 계곡에 머물렀나 싶다. 낙원의 출구인 두물머리에 다시 섰다. 오늘 아침 내 손끝을 적신 호수 물도 합수되어 강으로 흘렀으려나.

강물 건너편으로 지프가 한 대 서 있고 여행객으로 짐작되는 이들도 보인다. 반가움에 짐짓 출렁다리를 공중에 흔들어대며 날쌔게 강을 가로지른다.

인사말을 던져도 귀먹은 것인 양 여자 둘은 바위에 걸터앉은 채로 반응이 없다. 재차 어느 나라에서 왔느냐는 물음에, 마지못해 입을 연다는 듯이 "스위츨란드"라고 대꾸했다. 그들은 가이드와 운전사를 동반하고 렌트한 차량으로 비쉬켁을 시작으로 키르기즈스탄과 타지키스탄 일대를 20일 동안 여행 중이라고 했다.

지제브 계곡에 먼저 다녀온 나를 상대로 질문 공세를 펴도 이상하지 않을 판에 행선지가 그곳이라면서도 여자들이 맥 놓고 움츠린 이유가 있었다. 둘 중에 키가 껑충하게 큰 여자가 보기와는 달리 어지간한 겁쟁이였던 것. 좀체 출렁다리 위로 발을 들여놓을 엄두를 내지 못한다. 몇 걸음 떼 놓지도 못하고 되돌아오길 되풀이. 친구가 그녀를 바라보며 뒤돌아선 자세로 앞장서고 가이드가 옆에서 손을 잡아 보호해줘도 겁에 질려 안절부절. 어찌어찌해서 서너 번 만에 다리를 건넜다.

　가이드가 내게 귀띔하길, 자신과 스위스 여자들은 지제브로 떠나고 지프 운전사는 마을 민박집에 머물 터이므로 내가 호로그나 루샨으로 돌아갈 예정이라면 차편이 다니는 데까지 그 차를 이용하라고 했다. 그 얘기를 들었을 때는 나는 크게 관심을 표시하지는 않았더랬다. 발탕 밸리를 빠져나가는 것이 아니라 계곡 안쪽 바시드라는 곳으로 들어갈 바람을 품은 까닭에.

　먹을거리가 든 상자를 들고 가서 건너편 강둑에 앉아 네 사람이 점심을 먹은 지 사오십 분은 지났을 것이다. 그동안 드나든 차라고는 몇 킬로 떨어진 히제즈 마을까지 간다는 화물 트럭 한 대가 유일했다. 가이드와 여행객을 보내고 혼자 돌아온 운전사. 그는 숙박비를 아낀답시고 차에서 밤을 보낼 작정이라고 했다. 민박집이 있는 마을로 태워달라는 부탁에 200소모니를 내놓으라고 했다. 호로그에서 예까지 오는데 합쳐서 40소모니를 썼는데, 고작 10킬로나 될 거리에 무려 200소모니라니. 강렬하게 내리쬐는 햇볕에 입술이 타들었다. 해를 피해 지프차 그늘 아래로 웅크렸다가 운전석 옆자리에 앉았다가 하며 한 시간여를 보냈다. 그러는 사이 내가 히치에 도전할 수 있었던 차라고는 석재를 실은 고물 트럭 하나뿐이었다.

　외로운 여행자에게 탑승을 허락할 만한 차량이 히제즈 마을에는 있지 않을까 하는 기대로 그곳에서 하룻밤 묵었다가 다음 날 바시드로 향하는 방법을 떠올리기도 했다. 하지만 나는 짧은 갈등 끝에 호로그로 돌아가기로 결정했다. 그마저도 쉽지 않았다. 시간은 오후로 점점 멀어지는데 어느 방향에서도 자동차 엔진 소리라고는 들리질 않았다.

머릿속에 맴도는, 걸으면 도로가 길이 된다는 경구. 차가 다니지 않는 강변도로 흙길을 얼마나 걸었을까. 목이 바싹 말라왔다. 멀리 뒤편에서 차 한 대가 먼지를 일으키며 움직였다. 나는 길을 막고 손을 흔들었다. 가물 끝에 단비라도 만난 듯 기쁜 심정으로.

운전하던 남자와 여자 둘이 나를 반겼다. 바시드로 가려고 시도하다 포기하고 호로그로 돌아가는 중이라는 내 말에, 자신들은 어제 바시드에 들어갔다가 지금 나오는 길이라고 했다. 그들은 영어를 할 줄 알았다.

"여러분을 어제 만났더라면 좋았을 뻔했네요. 바시드에는 무슨 일로 간 건가요?"

"마을 주민들에게 교육을 했답니다."

NGO에 소속된 사람들로 보였다. 차 앞 유리에 Focus Humani-tarian Assistance라고 쓰인 스티커가 붙어 있었다.(나중에 안 사실이지만, Focus는 AKDN이라는 아가 칸 재단에서 설립한 단체이다.) 그들은 자연 재해의 위험성을 알리고 무전기를 배포해서 사용법을 가르쳐주는 등 지진이나 산사태 같은 재난이 일어났을 경우 현지 주민들이 신속히 대처할 수 있도록 교육하는 일을 한다고.

타지크인이냐고 물었더니 파미리라는 대답이 돌아왔다. 내가 그렇게 물은 건 외국에서 파견된 NGO 직원인지 또는 이 나라 타지키스탄 사람인지 알고 싶어서였는데, 그들은 스스로를 타지키Tajiki와 구분하여 파미리Pamiri라고 칭했다.

　차가 흔들릴 때면 봉지에 담긴 사과들이 쏟아져 바닥으로 떨어졌다. 주민들이 선물로 준 것이라고 했다. 나는 여자가 건넨 사과를 한 입 깨물었다.

어쩌다 얌춘 포트

바람처럼 떠돌고 물처럼 고이길 거듭하는 여행길, 팔 할은 움직임과 머무름에 들이는 시간이다. 물론 이건 '스물세 해 동안 나를 키운 건 팔 할이 바람이다. 세상은 가도 가도 부끄럽기만 하더라'는 시구(미당의 〈자화상〉)에 빗대어 하는 말이다. 무언가를 보고 듣고 누군가를 만나고 느끼기 전에 여행자는 어딘가로 이동해서 우선 몸 눕히고 쉴 자리를 마련해야 한다. 여행 이야기는 으레 길 위에서 벌어지는 삽화로 시작한다. 대충 생략되었다면야 불상사 없이 일을 치렀다는 증거일 테지만 말이다.

이날도 나는 차편을 알아보러 일찌감치 숙소를 나섰고, 와한 밸리 방면으로 떠나는 차들이 모인다는 다리 건너 공터로 향했다. 서둘러 봤자 바로 떠나는 차편을 잡기는 어렵다는 점을 익히 알면서도.

강 위에 놓인 현수교를 거의 다 건널 즈음이었다. 마주 오던 남자가 말을 걸었다.

"이쉬코심?"

"랑가르!"

지프는 당연하게도 온통 빈자리였다. 점심을 미리 해치울 양으로 나는 강물이 내려다보이는 식당으로 올라갔다. 나를 뒤따라오기라도 했는지 운전사도 그 식당으로 들어왔고, 자연스레 우리는 한 식탁에 마주 앉아 식사를 했다.

정오가 다가오면서 다른 차들은 하나둘 떠나고 또 도착하는데 나를 실은 차는 승객이 좀처럼 채워지지 않았다. 그곳에는 랑가르라고 써 붙인 미니밴도 있었는데 요금은 지프차보다 적은 80소모니였다. 거기로 옮길까 싶기도 했지만 지프차 운전사와의 '의리'를 생각해서 변심은 하지 않기로 했다. 막판에는 청년 하나가 사라졌다가 돌아오지 않아 발차하다 말고 한동안 그를 기다려야 했다.

파미르 강과 와한 강은 판즈 강*으로 합쳐져 깊이 흐르며 파미르 고원 남쪽에 커다란 계곡을 형성했다. 이 강들을 따라 이루어진 타지키스탄 아프가니스탄 국경 지대와 파키스탄 북부 힌두쿠시 산맥을 아우르는 험준한 산악 지역을 와한 밸리라 일컫는다. 19세기 후반 남하하는 러시아와 북상하는 영국 사이에 치러진 '땅따먹기 싸움' 이른바 그레이트 게임The Great Game의 결과로, 임의의 경계선을 그어 두 제국주의 국가 간 완충 지대를 설정한 것이 와한 밸리 내 와한 회랑Wakhan Corridor이다. 오늘날 아프가니스탄 영토 한 귀퉁이가 마치 혀를 길게 내민 꼴인 양 기형적인 형태를 띤 이유가 여기에 있다.

아프가니스탄 측 와한 밸리는 강 건너로 넘겨다보는 걸로 만족해야 한다. 닿을 수 없는 장소라서 그럴까, 스치는 풍경마저 신비롭

---

* '판즈'는 숫자 '5'를 뜻한다. 다섯 개 물길이 합쳐져 흐른다고 해서 판즈 강이라 불린다.

고 평화로워 보인다. 나란히 어깨를 붙이고 걷거나 나귀나 말을 타고 구물거리는 아프간 주민이 보일라치면 고함을 지르고 손이라도 흔들고 싶은 충동이 인다. 강을 따라 행군하는 타지키스탄 군인들, 그런 것에는 아랑곳없이 강 한가운데 풀 무성한 모래섬에 가축을 풀어놓은 어떤 이. 그는 지금 국경 위에 서 있다. 어쩌다 외세에 의해 강줄기 하나를 사이에 두고 둘로 나누어졌을 뿐 모두들 같은 와키Wakhi 사람이다. 양쪽 주민들은 토요일 아침이면 판즈 강 위에 떠 있는 섬으로 모여든다. 그곳에 시장을 열어 물건을 사고팔며 안부를 주고받는다.

지프 운전사는 검은 선글라스로 멋을 부린 백발의 중년 아저씨였다. 그가 강가에 차를 멈추자 다들 기다렸다는 듯이 페트병을 들고 내렸다. 그곳은 탄산수가 솟는 차쉬마(샘), 우리네로 치자면 약수터였다. 위장병 치료에 특효라기에 나도 한 모금 마셔보았지만 톡 쏘는 철분 맛에 입을 떼고 말았다.

이쉬카심을 지나며 차는 방향을 동쪽으로 꺾었다. 노을빛이 쫓아왔다. 갈무리가 한창인 농부들의 들판. 사래질에 반짝이며 흩날리는 검불. 영상미가 최고조에 달한 영화 속 한 장면에 일시정지 버튼을 누른 듯, 일순 시간이 멈추었다. 나를 태운 차는 햇빛 산란한 황금 들녘 속으로 미끄러져 들어갔다.

보닛 틈이 벌어져 덜그럭거리는 통에 이따금 차를 세우고 덮개를 닫아야 했던 것 말고는 운행은 순조로웠다. 다르샤이로 짐작되는 마을을 지나며 다들 내려 차 안이 허전해졌다. 어느 집 앞에 차를 세우더니 청년 하나를 태웠다. 운전사 아들이라고 소개했다. 큼지막한 대문만 봐서도 사는 형편이 괜찮은 집안으로 여겨졌다. 아들이 운전대를 넘겨받아 지프를 몰았다. 차는 도로를 벗어나 굽이진 산길을 오르기 시작했다. 그때까지 남은 승객이라고는 나를 포함해서 단 둘. 이날 오전 사라졌다가 뒤늦게 나타나 출발을 지연시켰던 청년이 나머지 승객이었다.

차가 오르는 곳이 비비 파티마 온천이라고 들었을 때만 해도, 랑가르로 계속 이동하지 않고 왜 도로를 벗어나 다른 데로 가느냐고 내가 묻기 전까지만 해도, 그곳에 더 태울 손님이 있나 보다 여겼다. 운전사 아들이 더듬거리는 영어로 전하기를, 오늘밤은 자기 가족이 운영하는 호텔에 머물렀다가 내일 아침에 랑가르로 떠나자고 했다. 호텔이라며 나를 데려간 곳은 내부 공사를 마무리하지 않아 시멘트벽이 그대로 드러난 건물이었다. 운전사 아저씨, 그의 아들, 차를 같이 타고 온 청년(운전사 아들의 친구라고 했다), 그들 셋과 한자리에 앉아 소시지와 빵으로 간단히 저녁거리를 해결했다. 널따란 저택과 사륜구동차, 거기다 이런 호텔을 소유했으니 굉장한 부자가 아니냐며 부럽다며 나는 그들에게 농을 던지기도 했다.

냉기로 설렁한 방에 누웠다. 나는 단 한 명의 투숙객이었다. 나만 남겨두고 모두들 아랫마을로 내려갔기 때문이다. 아침에 데리러 오마 약속하고서. 어둠을 헤치고 화장실을 찾아 나서야 했고 산에서 내려오는 낙숫물로 씻어야 했다. 그럼에도 달빛에 젖은 습곡을 내려다보고 있자니 고적한 분위기가 싫지만은 않았다.

다음 날 아침, 나는 얌춘 포트에 다녀왔다. 실크로드 길목에서 물자와 사람의 이동을 감시할 목적으로 세워진 이천 년도 더 된 요새. 폐허의 성이 낭떠러지에 위태로이 솟아 있었다. 나는 무너져가는 성의 잔해를 기어올랐다. 장대한 계곡을 관망했다. 갈라지고 모이기를 되풀이하며 강물은 흘렀다. 그 건너 아프간 땅, 역광이 드리운 산줄기는 범접할 수 없을 만큼 거칠고 사나웠다.

오전 11시에 랑가르로 떠나기로 약속을 받아놓은 까닭에, 성을 내려와 숙소로 돌아가는 발길을 서둘러야 했다. 보닛을 젖혀놓고 부자는 차를 수리하는 시늉을 하고 있었다. 차를 출발시키기로 정한 시간 따위는 잊은 듯한 태도였다. 내가 눈치를 주자 어딘가로 전화를 걸었다. 그들은 말끔해진 얼굴로 온천에서 나왔다. 기다리다 못한 나도 온천에 들렀고 부근을 배회하다가 돌아왔다.

내 투덜거림이 먹혔는지 아저씨는 돌연 차에 시동을 걸었다. 차라리 그때, 마을에서 다른 차를 기다렸다가 타라고 나에게 솔직히 털어놓았으면 좋았을 것이다. 도로변으로 내려와서는 엔진오일인가를 샀고 자기 집 앞에 차를 세우더니 오일을 교체하는 작업을 했다. 사내들 몇몇이 뚜껑을 열어놓은 지프차 주위로 모여들었다. 그들은 담배를 피우고 잡담을 나누었다. 반나절이 지나 해는 이미 중천에 떠 있었다. 그는 차가 고장 나서 움직일 수 없게 되었다고 중얼거렸다. 그러면서 다른 차를 세워주겠노라고 했다. 맥이 탁 풀렸다. 이제껏 이런저런 핑계로 미적거린 건 호로그나 이쉬카심을 떠나 랑가르로 가는 차량이 여기를 지날 무렵까지 시간을 때우기 위해 부린 꼼수로밖에 여겨지지 않았다.

랑가르 방면 차는 금세 나타나지 않았다. 마냥 해 저물도록 시간을 허비하게 되는 건 아닌가 불안해진 나는 브랑까지 간다는 미니밴을 세웠고, 마침 자리가 하나 비어 있어 그 차에 올랐다. 그래도 나는 아저씨와 굳은 악수를 나누었다. 어찌 자신이 사는 데까지만 차를 운전할 작정이었으면서도 랑가르 간다는 나를 태웠겠는가, 어떻게든 나를 원하는 목적지로 데려다주려 노력했지만 손님이 더는 없다 보니 결과적으로 이리 된 것이 아니겠는가. 어떤 고약한 의도를 처음부터 품었다기보다는, 약정할 수 없이 흐르는 상황에, 이곳 풍토와 기질에 책임을 돌리는 게 맞지 않을까.

때로는 별 생각 없이 올라탄 차가 여행의 행로를 뒤바꿔놓기도 한다. 마치 한 순간 어떤 선택을 하느냐에 따라 인생길이 달라지듯이.

브랑까지만 간다던 미니밴은 중간에 랑가르 마을 주민이 여럿 타게 되자 돈을 조금씩 더 거두어 랑가르까지 내리 이동하기로 했다가는, 랑가르행 지프차가 뒤에 따라붙으니 거기에 승객들을 옮겨 실었다. 내가 비쉬콧 마을에서 좀 더 기다렸다면 탔을지도 모를 지프차였다.

와한 밸리 끄트머리 마을에 느지막이 내린 사람들은 각자 둥우리

로 흩어졌다. 새들이 어둠을 물어 오는 시간, 나는 계곡 깊숙이 숨
은 숙소를 찾아 땅거미 내리는 논둑길을 허청허청 걸었다.

감자 캐는 사람들

가을날이면 산은 수채화 물감을 풀어놓은 듯 울긋불긋 단풍으로 타오른다. 초록빛이던 나뭇잎이 누렇게 혹은 불그스름하게 물드는 연유는 무엇일까? 기온이 떨어지고 일조량이 줄면 잎자루 끝에 떨켜층이 생겨 엽록소가 파괴되고 그 아래 가려져 있던 다른 색소가 자연스레 드러나 잎이 노랗게 보이거나, 안토시아닌이라는 색소가 생성되어 붉게 보인다는 것이 일반적인 설명이다. 진화생물학에서는 단풍을 나무가 해충에게 보내는 경계 신호로 간주한다. 나무가 밝고 화려한 빛깔을 만드는 데 굳이 수고를 들이는 까닭은 진딧물 같은 곤충에게 경계 태세를 갖춘 건강한 상태임을 알려 이에 반응하여 다른 허약한 나무에 내려앉도록 유도하려는 것이라는 주장이다.

　단풍을 보며 느끼는 소소한 상념, 자연과 나누는 교감마저 감정의 사치쯤으로 취급되는 시절이다. 불타는 노을을 바라보며 파장이나 산란 같은 용어를 들먹이고 붉은색이 짙을수록 미세먼지와 수증기로 대기가 오염되었다는 표시라고 알린다. 자연과학이라는 현미경으로 자연을 낱낱이 분석하고 분해하는 지점에서, 얻는 건 과학적 사실 그것도 극히 일면적인, 빼앗기는 건 시적 상상력은 아닐는지. 만물이 간직한 신비를 몇 꺼풀 벗겨낸 뒤 누리는 대가는 모질다. 한 닢 나뭇잎에 담긴 햇살, 구름, 바람을 읽지 못한다. 해 속에 검은 반점으로 웅크린 까마귀, 달의 바다에 그림자로 일렁이는 옥

토끼를 더 이상 볼 수 없다. 풍경 속을 거닐며 나무의 날숨을 호흡하는 기쁨, 노을 삼킨 바다를 그리워하는 여유를 잃었다.

일찍 들렀다가 겨울에 쫓겨 재빨리 물러갈 고원의 가을. 노란연두로 탈색한 나무 이파리들. 한국의 붉은단풍나무를 닮은 수종은 여기선 자라지 않는 걸까. 거개는 노랑이고 붉은 기는 드물다.

어스름에 내몰려 겨우 들어선 문간. 뜰에서 놀던 아이가 방긋 웃으며 엄마를 부르러 들어갔다. 동서지간일 테지만 내게는 자매로 보일 만큼 닮은 두 여자분이 나를 맞이했다. 이렇듯 깨끗한 이불이 깔린 방에 태양열로 데운 온수가 나오는 너른 욕실과 물 내리는 화장실을 갖춘 민박집은 돌이켜 보니 파미르 고원에서 이곳이 처음이자 마지막이었다. 저무는 벌판에서 마주치는 사람마다 길을 물으며 애써 찾아온 보람이 있었다. 파미르식 가옥에 머물며 하루 15달러에 편안한 잠자리와 먹을거리를 얻고 멋진 전망까지 선물 받았으니, 이만한 복이 따로 없다.

홈스테이 주인장 니기나 아주머니가 내온 손님맞이 음식은 삶은 감자와 홍차였다. 손수 농사지은 감자라고 했다. 그 말을 들어서일까, 유달리 맛이 좋았다. 짐 풀 겨를도 없이 나는 감자가 담긴 접시를 비웠다. 아주머니는 도로에서 벗어난 랑가르 윗마을에서도 외딴집에 속하는 자기네를 어떻게 알고 찾아왔는지 궁금해했다. 가족은 어찌 하고 혼자서 이 먼 산골까지 여행 왔냐며 물었을 때에는 가족들은 한국에 잘 있다는 말로 얼버무리면서도 가슴 한켠이

뜨끔한 건 어쩔 수 없었다. 그러는 동안, 들일을 마친 노부부와 그녀 남편이 귀가했다. 바깥 찬바람을 몰고, 옷에 묻은 먼지와 검불을 털며.

그들 가족과 어울려 모락모락 김이 나는 감자를 베어 먹고 있자니, '감자 먹는 사람들'이 생각났다. 빈센트 반 고흐의 그림, 신경숙의 단편소설, 그리고 영화 〈토리노의 말〉의 흑백 장면들.

헝가리 감독 벨라 타르의 마지막 영화 〈토리노의 말The Turin Horse〉. 1889년 1월, 철학자 니체는 토리노 거리를 거닐다가, 꿈쩍하지 않는 말에게 광분해서 채찍을 휘두르는 마부를 제지하며 뛰어든다. 말의 목을 부여잡고 흐느끼다 발작을 일으킨다. "어머니, 전 바보였어요"라고 웅얼거리고는. 그 후 니체는 말년 10년 동안을 정신이상 상태로 병상에서 보내다가 숨을 거둔다. 영화는 그 말과 마부는 어떻게 되었을까 하는 물음으로 시작하는 듯하다.

흙먼지와 낙엽이 솟구치는 바람을 뚫고 말을 몰아가는 곳은 황폐한 대지 끝에 홀로 선 낡은 집이다. 마부와 그의 딸이 사는 거처. 오른팔이 마비된 마부는 딸의 도움 없이는 옷조차 입을 수 없고, 말은 비루먹고 병들었다. 그들이 매끼 먹는 음식이라고는 삶은 감자 한 덩이. 뜨거운 감자를 껍질 벗겨 한 손으로 으깨어 집어먹는 남자. 잠들었다 깨고 옷 입었다가 벗기를 반복하고, 우물물을 길어와 감자를 삶고, 아침이면 술을 한 모금 마시고, 장작을 패고 마구간을 치운다. 창턱에 앉아 폭풍이 휘몰아치는 밖을 하염없이 바라본다. 58년 동안 밤마다 들리던 나무좀 갉아먹는 소리가 갑자기 들리지 않는다. 말이 먹고 움직이질 거부하는 통에 일을 나갈 수 없게 된다. 집시 무리가 다녀간 뒤로는 우물이 마른다. 기름이 채워진 램프에 불이 붙지 않고, 화로 불씨가 꺼진다. 흙, 바람, 물, 불, 지구 생명을 이루는 원소들이 차례로 소멸하는 것만 같다. 그래도 그들은 그곳을 떠나지 못한다. 시도는 하지만 되돌아오고 만다. 끊임없이 반복되는 일상 속에서 숙명적으로 생존을 이어간다. 6일째 되는 날, 암흑 속에 웅크린 남자는 생감자를 씹어 삼키며 "먹어, 먹어야 해!"라고 외친다. 창세기에 대한 6일 간의 반창세기, 소멸에 관한 어쩌면 영원회귀에 관한 영화.

밭고랑마다 감자 캐는 손길이 분주하다. 감자가 양동이로 쏟아지며 내는 소리가 경쾌하다. 할머니 목에서 옥구슬 목걸이가 반짝인다. 햇볕 때문에 복면을 하듯 낯을 가린 처자, 그녀가 쓴 스카프 꽃무늬와 그 틈으로 드러난 두 눈에 자꾸만 내 눈길이 머문다. 엉덩이에 흙 묻히며 줄기를 잡아당기고 땅속에 알알이 박힌 감자를 캐내던 어린 시절 기억이 내게도 있다.

넓적한 나무 삽으로 마당질에 여념이 없는 할아버지. 고동색 선글라스, 무릎을 둥글게 기운 바지. 구경꾼을 잘 만났다는 듯이 할아버지는 힘차게 삽을 퍼 올린다. 근처에는 아기를 데리고 나온 젊은 부부가 당근을 캐고 있다. 남자가 쇠스랑으로 흙을 파헤치면 여인네들이 주황색 당근을 주워 담는다. 세상에 나온 지 얼마 안 된 아기는 무척이나 하얀 얼굴을 가졌다. 나는 사내들과 밭두렁에 둘러앉아 둥근 빵을 뜯고 감자 넣은 검은 메밀에 숟가락질을 한다. 떠나려는 나를 붙잡더니 남자가 아내를 시켜 새참을 가져오게 했기 때문이다.

탈곡기 아니 소들을 대신하여 열 마리 당나귀들이 열 지어 달린다. 트레일러에는 타작을 마친 짚단이 집채만 하게 쌓였다. 남자는 그 위에서 짚단을 받아 올리며 층계를 높인다. 농부 가족들이 모인 데를 기웃거리던 나는 참 먹는 자리에 또 합석하게 된다.

파미르 여행길에는 점심을 따로 챙겨 먹을 필요가 없다. 골과 들을 누비다보면 하루 두세 차례 손님으로 초대받는 건 일도 아닐 테니. 인사를 나누었을 뿐인데 집으로 불러들이거나 하다못해 차를 마시고 가라고 손짓한다. 신기하지 않은가, 환경은 척박하고 생활이 곤궁함에도 인심은 이토록 풍요로우니. 순한 마음 씀, 대책 없는 환대 앞에서 나는 부러웠고 부끄러웠다.

캠핑카는 아니다. 컨테이너 혹은 트레일러를 재활용한 '마가진'. 없는 것 빼고 다 있는, 그래서 꼭 필요한 물건 빼고 거의 아무것도 없는 동네 구멍가게. 수줍게 그늘 안으로 숨는 꼬마 아가씨가 가게 주인이다. 마가진에 들른 아낙네들에게 사진을 청했다. 트레일러 마루 밑에서 기어 나온 꼬마가 사진 안으로 들어온 줄은 미처 몰랐다.

계집아이 셋이서 추수 끝나 흙이 다져진 밭에서 고무공 놀이를 하다 말고 나를 향해 까르르 웃는다. 아빠가 장만해주었을까, 녀석이 제 손으로 발명했을까. 잡동사니 쇠붙이와 타이어를 끌어모아 조립한 자신만의 자동차를 사내아이는 장난감 삼아 갖고 논다.

엄마 따라 당나귀를 앞세우고 가는 아이들에게 마을 뒤편 강파른 언덕으로 접어드는 방향을 물었더니, 엄마가 녀석들에게 일러 내 길잡이로 나서게끔 했다. 잠잠하던 바람이 언덕에 오를수록 거세어진다. 6,000개가 넘는다는 바윗면에 새겨진 수천 년 된 그림 조각은 도무지 눈에 띄지 않는다. 다 떨어진 신발을 신고 잘도 기어오르던 꼬마 형제는 바윗부리에 걸터앉아 숨을 고르고 있다. 수풀과 강바닥의 경계를 휩쓸며 흙먼지 일으킨 바람이 상승기류를 타고 치솟아 비탈에 선 내 얼굴을 때린다. 해거름 녘, 양 떼 염소 떼를 데리고 사람들은 집으로 돌아가고 있다.

ㄴ 파미르를 여행하는 법

타지키스탄 고르노 바다흐샨 지역은 파미르 고원의 심장이자 파미르 여행의 핵심이다. 그중에서도 여행자 발길이 주로 닿는 곳은 키르기즈 오쉬를 떠나 무르갑을 거쳐 호로그를 잇는 파미르 하이웨이, 호로그에서 랑가르에 이르는 와한 밸리이다. 이 지역에 들어가려면 GBAO Permit이라고 불리는 여행허가증이 있어야 하며, 조르쿨이나 사레즈 호수를 방문하려면 추가로 허가서를 취득해야 한다.

고르노 바다흐샨 자치주는 타지키스탄 영토의 45%를 차지하지만 인구 비중은 3%에 불과하다. 고원에 부는 성긴 바람처럼 사람이 드물다. 한 시간에 차 한두 대 보기 어려울 만큼 통행이 뜸하고 그나마 사람 태운 승용차보다 짐 실은 트럭이 많은 편이다. 오히려 자전거나 오토바이로 이동하는 여행자를 심심찮게 볼 수 있다. 그런 까닭에 히치하이킹은 최후의 대안이다. 현지 여행사를 통해 기사와 차량을 렌트하는 것이 가장 편한 이동 방법이긴 하다. 인원이 여럿이고 자금에 여유가 있다면 말이다. 다른 여행지에서도 경험하는 일이겠지만 특히나 파미르 고원에서 목적지 이상으로 심장을 뛰게 하는 것은 그곳에 다다르는 동안 눈에 담게 되는 압도적인 풍광이다.

호로그와 무르갑 간에는 합승지프가 하루 한두 차례 운행한다. 키르기즈 오쉬 쪽에서 타지크 무르갑으로 국경을 건너려면 인내심이 필요하다. 여행자들이 모이는 숙소에 진을 치고 있다가 지프를 섭외하는 것이 그나마 용이한 방법이다.(차량 한 대에 최소 250달러 선이며 인원수에 따라 비용을 배분한다.) 반면 무르갑에서 오쉬로 가는 차량은 하루 한 편은 있다. 호로그에서 와한 밸리 방면으로 떠나는 차들은 메인 정류장 다리 건너 공터에 모인다. 이쉬카심 가는 미니버스나 합승택시는 쉽게 탈 수 있지만 랑가르가 목적지인 차는 드문 편이다. 랑가르 이후 하르구쉬 고개 너머로 또는 반대 방향인 무르갑이나 알리추르에서 와한 밸리로 정기적으로 오가는 차량은 없다. 사륜구동차를 대절하는 수밖에 없다. 시대 변천에서 비껴나 있는 곳이므로, 이런 사정은 몇 년 세월에도 별 변화가 없을 듯하다.

2014년 10월 기준, 호로그를 기점으로 각 도시와 마을을 잇는 교통편 요금과 소요 시간은 대략 다음과 같다. 물론 약간의 흥정을 거친 금액이다.(1소모니 210원)

- 호로그–무르갑 : 120소모니, 8시간
- 무르갑–오쉬 : 150소모니, 12시간
- 호로그–이쉬카심 : 40~50소모니, 3시간
- 호로그–랑가르 : 80~100소모니, 7시간
- 호로그–루샨 : 15소모니, 1.5시간
- 호로그–두샨베 : 250소모니, 15~17시간

보통 이른 오전에 자리가 차는 대로 출발한다. 승객이 줄어드는 주말에는 차편 구하기도 힘들어지므로 유의해야 한다. 고르노 바다흐샨 자치주는 타지키스탄 서부 지역과 1시간의 시차가 나며, 키르기즈스탄과는 시간대가 같다.

웬만한 마을에는 홈스테이를 운영하는 집이 한둘은 있기 마련이므로 숙식은 염려하지 않아도 된다. 우리 돈 16,000원 정도면 두 끼 식사를 포함하여 하룻밤 소박한 잠자리를 얻을 수 있다. 사람에 따라서는 무르갑이나 알리추르 같은 고원 마을에 머물다보면 경미한 고산증세를 느끼는 경우도 있다.

파미르 고원 여행 적기는 5월에서 10월이다. 여름이 짧고 겨울은 길고 몹시 춥다. 눈이 많이 내리는 겨울철뿐만 아니라 눈 녹은 물이 홍수를 이루는 봄 해빙기에는 길이 막히곤 한다. 파미르에서만큼은 서두르지 않는 느린 여행을 권하고 싶다.

파미르에서 잠자고 쉴 곳

- 호로그 : Pamir Lodge, Gagarin St 46, Khorog
- 지제브 : Dasha's Homestay, Upper Jizev
- 이쉬카심 : Hanis Guesthouse, Miyona St 2, Ishkashim
- 다르샤이 : Gulmammad Matrobov's Homestay, Darshai village
- 종 : Mauluda Barieva's Homestay, Zong village
- 랑가르 : Nigina Homestay, Upper Langar
- 무르갑 : Erali Guesthouse, Osh Road, Murghab

알리추르나 카라쿨 마을에도 홈스테이가 있다.

벌이 날다

중앙아시아로 떠나며 나는 영화 몇 편을 스마트폰에 담아왔다. 그 가운데 민병훈 감독의 〈괜찮아, 울지마〉, 〈벌이 날다〉는 각각 우즈베키스탄과 타지키스탄이 배경이라는 이유로 고른 영화이다. 중앙아시아 여행이 아니었다면 발견하지 못했을 작품들이다.

"오래전 이곳에 높은 탑이 있었는데 오늘날 남은 건 이 돌무덤뿐이다. 나라마다 매장 풍습이 각기 다른데, 고대 이집트는 거대한 피라미드를 지었고 인도인들은 화장을 한 후 재를 강에 뿌렸어. 우리 이슬람인들은 시신을 땅으로 되돌려 보내지. 옛날에는 다른 풍습이 있었단다. 시신을 이 탑 안에 놓았지. 탑에는 깊은 우물이 있었는데 독수리와 들짐승들이 시체를 파먹었지. 알렉산더 시절엔 부모가 늙으면 자식들이 산 채로 구덩이에 넣었어. 늙은이는 빠져나올 힘이 없으니 거기서 죽는 거지. 알렉산더에겐 효심이 지극한 부하 장군이 있었어. 자기 아버지가 늙자 구덩이로 데려와야 했는데, 구덩이에 흩어진 뼈를 보고는 차마 그럴 수가 없었지. 그 아버지 또한 자신이 아직 쓸 데가 있다며 구덩이에 밀어 넣지 말라고 했단다. 그는 아무도 볼 수 없게 궤짝을 하나 만들어 그 안에 늙은 아비를 숨겨서 어딜 가든 들고 다녔단다. 하루는 황무지를 지나다가 많은 부하들이 갈증으로 죽어가게 되었어. 이를 본 노인은 동이 틀 무렵 꿀 한 사발을 잘 보이는 곳에 두라고 했지. 그리고는 벌의 다리에 실을 묶어 따라가라고 했단다. 벌이 꿀을 먹다 갈증이 나면 해 뜰 쯤에 물가에 가 있을 거라며. 그렇게 해서 군인들은 목숨을 건질 수 있었고, 아주 조그마한 벌이 너희를 구할 것이라는 믿음을 가르쳐주었지. 그 후, 알렉산더는 노인들을 더 이상 구덩이에 넣지 못하도록 했어. 그런 전설이 있었단다.”

우리나라에도 전해지는 기로棄老 설화나 조로아스터교 조장鳥葬을 연상시키는 이 이야기는, 영화 〈벌이 날다〉에서 초등학교 선생이 마을의 허물어진 돌탑으로 아이들을 데려가 들려주는 동화이다. 〈벌이 날다〉는 한국의 민병훈 감독과 타지키스탄 잠셋 우스마노프 감독이 공동으로 연출한 작품이다. 영화 배경이 된 곳은 타지키스탄 시골 마을로 우스마노프의 고향이기도 하다. 1998년 촬영 당시 그곳은 타지키스탄이 소비엣 연방에서 독립한 직후부터 8년간이나 이어진 내전으로 인해 몹시 피폐한 상황이었다.

주인공 아노르는 가난하지만 소신 있는 인물로 아무도 알아주지 않는 글을 쓰며 착한 아내와 아들과 함께 살고 있다. 이웃집 부자가 담벼락에 바싹 붙여 악취 나는 화장실을 짓고 담장 너머로 그의 아내를 몰래 훔쳐보면서 일이 벌어진다. 그는 이웃 남자에게 화장실을 옮겨달라고 요구하러 갔다가 면박만 당하고 내쫓긴다. 검사를 찾아가 억울함을 호소하지만 뇌물을 받은 그는 이미 부자와 한통속이다. 레닌 초상화 아래에서 검사가 ‘사유재산권의 자유’를 들먹이

는 상황은 무척이나 역설적이다. 부력과 권력이 밀착한 부조리에
대항해 주인공이 택한 방법은 양을 팔아 마련한 돈으로 검사 옆집
을 사서 거기 창문 밑에 마을 공용화장실로 만들 구덩이를 파는 것
이다.(양을 팔러 간 시장에서 마치 반갑게 악수를 나누듯이 가축을 팔려는 이
와 사려는 이가 맞잡은 손을 세차게 흔들며 흥정하는 모습은, 여행 중 가축시
장을 구경하며 눈에 익은 장면이라 나를 웃음 짓게 했다.) 검사 옆집에 살던
할아버지는 자기 집으로 모셔온다. 양동이에 시냇물을 떠달라는 부
탁을 들어주는 등 평소 그가 친절을 베푼 노인이다. 아노르는 노인
이 친할아버지처럼 아들에게 기도하는 법을 가르치는 모습을 보며
흐뭇해한다.

　검사는 구덩이를 메워버리고 갖은 으름장을 놓지만 아노르는 고
집스럽게 땅을 계속 파내려 간다. 우공이산愚公移山의 집념으로 꿋꿋
하게. 심지어 자기 아들에게 도둑질했다는 누명을 씌워 감옥에 가
두겠다고 협박했을 때조차 마음대로 하라며 경찰서를 뛰쳐나온다.
아들을 경찰서에서 꺼내온 이는 그의 아내이다. 탐욕스럽던 이웃집
남자가 갑자기 개과천선이라도 한 것일까, 빚을 진 주민의 사정을
봐주고 아노르 아내의 청을 들어주었으니 말이다. 땅속에 박힌 바
위를 깨트리려고 불을 피웠다가 연기에 질식한 아노르는 병원에 실
려 간다. 마당을 거닐던 할아버지가 구덩이에 돌을 던져 넣자 잠시
후 물 튕기는 소리가 울린다. 더러움을 묻을 변소 구덩이를 파던 자
리에 '차쉬마' 즉 생명을 구하는 샘물이 솟아난 것이다.

눈 내린 어느 날, 할아버지와 아노르의 아들은 겨울나기용 새끼 줄로 나무 밑동을 감싸고 있다. 할아버지는 전설 속 노인처럼 지혜의 말을 들려준다.

"아빠가 겨울바람을 맞아야 좋다고 했어요."

"감싸라, 아빠를 위해서. 아주 맛있는 단감이 열릴 거야. 그때쯤이면 난 죽고 없겠지만 넌 이 맛을 볼 수 있을 거다."

"할아버지, 왜 우물물보다 마을에 있는 냇가 물이 더 달아요?"

"그건 벌들이 꿀을 따서 떨어뜨리기 때문이다. 너희 우물에도 벌들이 집을 지어 물이 달아질 거다. 네 아버지가 발견한 우물은 이 마을에서 200년 동안 어느 누구도 발견한 적이 없는 우물이란다. 물은 신이 내려주신 생명이자 축복이야."

놀랍게도, 영화를 찍기 위해 땅을 파내려 간 자리에서 실제로 물이 나왔다고. 지금은 '잠셋, 민병훈의 우물'이라고 이름 붙이고 마을 사람들이 잘 이용하고 있다고 한다.

권력에 대한 개인의 외로운 저항, 착한 사람들이 일군 작은 기적을 그린 우화, 〈벌이 날다〉. 갈색 톤의 화면은 산악 지역이 대부분인 타지키스탄 땅처럼 거칠고 질박하다. 영화는 6,200만 원이라는 초저예산으로 제작되었다. 영화에 나오는 사람들은 주인공과 옆집 남자를 제외하면 모두 현지에서 캐스팅한 마을 주민들이다. 내전 중인 상황에서 게릴라전을 벌이듯 악조건 속에서 영화를 촬영했고, 현상소가 폭격을 맞아 네가 필름이 손상을 입기도 했다고 한다. 그냥 묻힐 뻔했던 이 영화는 부산국제영화제 기간 중 이란의 모흐센 마흐말바프 감독 눈에 띄어 토리노 국제영화제에 초대되었고 거기서 대상, 비평가상, 관객상을 한꺼번에 받는 영광을 누렸다. 감독은 영화제에서 받은 상금으로 영화를 찍었던 마을에 공동목욕탕을 만들어주었다.

민병훈 감독은 한 인터뷰에서 이렇게 얘기했다.

"벌로 상징되는 선생이 세상을 향해 날 수 있다는 얘기를 하고 싶었어요. 벌은 작지만 자기 영역을 침해받으면 침으로 상대를 쏠 수 있고, 선생처럼 그렇게 자기 온 힘을 다하면 '물'이라는 소중한 무엇을 얻을 수도 있다는 거지요."

지붕 하늘창으로 햇살이 스며든다. 마시던 찻잔을 내려놓고 두 손으로 뺨을 비비자, 방 안에 모인 이들도 일제히 마른세수를 하듯 얼굴을 감싸 문질렀다. 환대에 대한 쑥스러움에 나는 그저 버릇처럼 그렇게 한 것인데, 사람들은 내 시늉을 식사를 마치거나 기도를 마무리할 때 행하는 의식의 일부로 여긴 모양이다.

이곳은 랑가르 이웃 마을인 '종'이다. 여기까지는 걸어서 왔다. 길가 화살표를 보고 홈스테이를 찾아 들어왔다가 이 집에 들렀고, 사람들 시선에 둘러싸여 음식을 먹었다. 홈스테이는 앞집이라고 했다. 잠긴 울타리 문을 열어줄 민박집 주인이 나타날 때까지 이웃집에 배낭을 맡겨두고 마을을 둘러보기로 했다.

　과수원 한켠, 볕이 잘 드는 자리에 흰 벌통들이 놓여 있다. 벌들이
집을 짓는 꽃 피는 계절이면 이곳 냇물과 우물물에서도 단맛이 나려
나. 제 체구보다 큰 교복에 책가방을 둘러메고 집으로 가는 어깨동
무 녀석들, 그 곁에는 아이 둘이 팔 벌려 뛰는 모습을 아이콘으로 그
린 교통 표지판이 서 있다. 지나다니는 차량이라고는 줄잡아 한 시
간에 서너 대나 될까 말까 한 도로이건만 학교 앞이라고 튀어나오는

아이들을 조심하라는 표시로 세워놓았다. 〈벌이 날다〉 영화 초반, 교실에서 아이들 숙제 검사를 하는 장면이 떠올랐다. 이란 압바스 키아로스타미 감독의 영화 〈내 친구의 집은 어디인가〉와 더불어.

나는 〈내 친구의 집은 어디인가〉에 나온 것과 같은 지그재그 길을 오른다. 아기를 품어 안은 아낙네, 덩달아 고양이를 안아 올린 꼬마가 나그네를 반긴다. 그들은 와한 밸리를 발아래 둔 최고 전망의 집을 가졌다.

봉분 없는 무덤에 꽃이 놓여 있다. 당나귀가 꿈쩍도 않고 풀을 뜯는다. 콸콸 물 쏟아지는 소리가 요란하다. 경사면에 홈이 파여 저절로 수로가 만들어졌다. 이 물길의 연원은 어디에서 시작되었을까.

깎아지른 자연 해자 너머, 실크로드를 방비하기 위해 건설했다는 아브라심 칼라에 오른다. 무너진 성벽에 돌무더기가 탑처럼 남았다. 강을 경계로 와한 밸리 풍경은 극단적이라 할 만큼 뚜렷한 대조를 이룬다. 강 이쪽이 풍요롭게 물든 금빛이라면 저편은 풀 한 포기 집 한 채 보이지 않는 잿빛이다. 해가 높이 떠오르는 대낮이 아니고서는 첩첩 솟은 민둥산 그림자에 가려 모래사장에 생명이 깃들 틈이 없었나 보다.

성에서 내려온 발길은 강으로 향한다. 강변을 거닐다가 수심 얕은 풀등으로 건너뛰려던 찰나, 나는 멈칫하고 만다. 문득 내가 아프간 국경에 서 있다는 사실을 깨닫는다.

위험천만 벼랑길

금속성 물체가 햇빛을 받아 반짝였다. 은백색 솥을 옆구리에 낀 할머니, '당겜' 비닐 봉투를 든 아낙네들이다. 뒤미처 소형차가 한 대 출현했다. 행여 호기를 놓칠세라 나는 여자들을 따라 냉큼 차에 올랐다. 일단 길 나서기 그러다 지나가는 차 불러 세우기. 이곳 사람들이 일상적으로 쓰는 이동 방식이다.

차는 브랑 마을에 멈추었다. 이곳에는 벽돌로 쌓은 계단식 불탑이 전해진다. 탑 주위로는 불교 사원과 동굴 수행처가 있었다고 한다. 실크로드 교역로에 놓인 와한 밸리가 인도에서 동아시아로 불교를 전하는 통로 역할을 했을 거라 추측해봄 직하다. 둔덕 아래에서 스투파를 올려다보고 나오는 길, 나는 밭일 하던 농부 가족의 중참을 축내고 말았다. 그릇이 지저분하다고 해서 친절이 담긴 버터차를 사양할 순 없었다.

이번에는 제대로 히치하이킹이다. 이쉬카심 가는 길이라는 남자와 그의 어머니 덕을 보았다. 지프차는 무임승차 손님을 괘념치 않고 태우고 내렸다. 랑가르와 종 다음으로 다르샤이에 닿았으니 와한 밸리를 되돌아 나오는 모양새. 의도하지 않게 얌춘 포트에 먼저 들른 것을 빼면 원래 계획대로 되었다.

그는 박제된 맹금과 아이벡스 뿔, 갖가지 야생동물 사진을 걸어

놓은 거실로 나를 데려갔다. 농사꾼이자 사냥꾼인 굴만마드 씨네, 내가 다르샤이에서 베이스캠프로 삼은 곳이다.

주인장 딸이 내온 빵과 살구잼, 우유죽, 삶은 계란으로 아침 빈속을 채웠다. 점심으로는 메밀 볶음밥인 가레츠카에 토마토 샐러드, 저녁에는 쁠로프와 갓 구운 빵이 나왔다. 물론 차와 사탕은 기본으로. 그만하면 불편한 잠자리를 상쇄할 만큼 음식은 으뜸이었다. 앞뜰에 만발한 코스모스는 덤이었다.

하이킹에서 히치하이킹으로 합류한 것에 대한 벌충이라도 하려는 심사로 짧게나마 와한 밸리 길을 도보로 밟아보기로 했다. 3,4킬로 걸었을 즈음, 돌무지에 올라 지나온 길을 돌아보았다. 마침 오토바이 한 대가 질주해왔다. 내가 닿지 못한 장소에서 왔을 라이더를 향해 손을 흔들어 격려를 보냈다. 그도 나에게 답례를 보냈다.

길섶 개울녘을 거닐다가 아가씨들에게 말을 걸었고, 어디로 가는 중인지도 모르면서 나는 그네들과 동행했다. 할리마는 점퍼에 바지, 친구는 털실로 짠 웃옷에 치마. 둘은 옷차림에서 차이가 났다. 영어 선생님인 할리마에 따르면, 러시아어와 영어, 타지크어는 학교에서 교육하지만 와키어 같은 지역 파미르어는 가르치지 않는다고 한다. 모어가 있어야 할 자리를 외국어에게 내준 셈이다.

소슬한 바람을 맞으며 가로수들이 수런거린다. 낮 동안 침묵에 싸였던 마을이 부산스러워졌다. 가축들의 귀소가 시작되었다. 할리마와 친구는 방목지에서 돌아오는 이웃들을 도우러 가던 참이었다. 엷은 석양볕을 받으며 분분히 피어오르는 먼지로 등장을 알리는 양과 염소 떼. 나뭇가지를 하나씩 거머쥐고 걸음을 재촉하는 여자들, 아이들. 그 속에 어른 사내들은 없다. 자글자글, 젊은 여자들 눈가에 자리 잡은 잔주름. 화장기 없는 얼굴이 강한 자외선에 노출된 탓에 도리가 없다. 현대판 심미안의 잣대를 들이대지 않는다면 파미르 여자들은 대개가 미인 축에 들 테지만 말이다. 기백 마리

는 될 법한 무리 속에서 제 식구를 가려내는 일은 양치기에겐 예삿
일인가 보다. 길든 짐승들도 알아서 갈림목에서 제 집으로 찾아든
다. 탕아 기질을 가진 몇 마리가 때론 길을 벗어나 말썽을 피우곤
하지만. 울레줄레 늘어선 떼거리를 쫓아 나도 거처할 곳으로 돌아
간다. 스치는 여행자에겐 호기심 어린 의례, 이네들에게는 나 떠난
뒤에도 어김없이 치를 일상사려니.

와한 밸리 여러 마을 중 구태여 다르샤이 마을에 멈춘 이유를 들라면, 다르샤이 협곡 때문이라고 하겠다. 점심을 넉넉히 챙겨 먹고 이곳 주민들이 '굴라이'라고 부르는 협곡으로 향했다.

쉬운 길을 걸어 두어 시간이면 협곡 트레킹의 핵심 명소인 포토제닉한 '오브링ovring'에 다다를 거라고 소개한 안내서 글귀를 전적으로 믿었던 건 아니다. 그럼에도, 저자가 그곳을 직접 다녀와서 글을 썼는지 의심스러워졌다. 아니면 그는 심한 허풍선이거나. 급경사지에 매달린 길이라고는 발자국 너비도 안 될 성싶은 협로뿐이었다. 나는 안나푸르나 트레킹 중에 틸리초 트레일의 랜드 슬라이드land slide 구간을 지나느라 간을 졸였던 경험을 떠올렸다. 틸리초 호수로 가는 랜드 슬라이드 지대는 길이가 한정되어 있었던 까닭에 그 구간만 빠져나오면 안도의 숨을 쉴 수 있었건만, 여기서는 한순간 발을 삐끗해 골짜기로 추락, 뼈도 못 추리고 급류에 수장되는 신세를 면하려면 세 시간 내내 팽팽한 긴장감을 유지하며 걸어야 했다. 돌풍마저 불어와 수시로 몸의 균형을 어지럽혔다.

되돌아갈까 망설이면서도 가늠할 길 없는 아찔한 벼랑길을 계속 걸어갔던 건 오브링이 도대체 무엇일까 하는 궁금함 때문이었다. 수직 낭떠러지 옆구리에 부목을 덧대고 철사 밧줄로 납작한 돌 파편들을 묶고 꿰매어 만든 좁은 길, 오브링을 불투명 스카이 워크로 비유해도 되려나. 나는 부실한 스카이 워크 위를 걸으며 위험의 극단을 체험했다. 누가 어떻게 이것을 남겼을까. 길은 거기서 끝나지 않고 고개 너머로 이어졌다.

　민박집으로 돌아와 저녁을 먹고 있으려니 굴만마드 씨가 방으로 들어왔다. 오늘 찍은 사진을 보여달라고 했다. 사진을 본 그는 위험하기 짝이 없는 데를 어찌 혼자서 다녀왔느냐는 듯 놀란 기색을 드러냈다.

혜초가 걸은 길

아이벡스와 마르코폴로 양의 뿔이 토템처럼 내걸린 곳은 이슬람 영묘 마조르mazor이다. 마디 파인 뿔이 길쭉하게 튀어나와 끝이 살짝 말린 것이 아이벡스이고, 왕관이라도 뒤집어쓴 듯 거대한 뿔이 나선을 그리며 아래로 뒤틀린 것은 마르코폴로 양이다. 파미르 하이웨이를 여행하다 보면 마르코폴로 양 조각상과 종종 마주치곤 한다. 파미르 아르갈리Pamir argali로도 불리는 마르코폴로 양은 마르코폴로의 동방 여행을 기록한 책《세계 경이의 서》(동방견문록)에 최초로 묘사되면서 붙여진 이름이다. 그리고 보면, 고대 실크로드나 마르코 폴로의 여행 경로를 따라 유라시아를 횡단하는 일은 배낭여행자들 사이에 하나의 로망으로 자리 잡은 듯하다.

> 나는 다시 길을 떠났고, 조금 가다가 멈춰서 휴식을 취했다. 눈을 들어보니, 거북이 한 마리가 비탈길 위쪽에서 둥그런 눈으로 나를 빤히 쳐다보고 있었다. 안녕, 친구여. 미리 말해두지만, 난 너와 경주하지는 않을 거야.*

《나는 걷는다Longue Marche》라는 두꺼운 책을 쓴 베르나르 올리비

---

* 베르나르 올리비에 《나는 걷는다》(임수현 옮김, 효형출판, 2003)

에. 그는 은퇴할 나이에 이스탄불을 떠나 이란과 중앙아시아를 거쳐 중국 시안에 이르는 장정을 감행했다. 1999년부터 4년 동안 네 차례에 걸쳐 12,000킬로를 빠짐없이 묵묵히 걷고 걸었다.

> 차디찬 눈은 얼음에 들러붙고 찬바람은 땅을 가르네. 큰 바다는 얼어서 단壇을 흙손질한 듯하고 강물은 벼랑에 덮쳐 갉아먹는다. 용문龍門에는 폭포가 끊기고 우물 테두리는 뱀이 똬리 튼 듯하구나. 불을 벗 삼아 계단을 오르며 노래한다마는 어찌 저 파밀播密을 넘을 수 있으랴.
>
> (혜초 《왕오천축국전往五天竺國傳》)*

인도와 서역으로 목숨 건 구법 여행을 떠난 신라 고승 혜초. 당나라에서 밀교를 공부하던 그는 723년경 광저우를 떠나 해로를 통해 천축국(인도)에 도착했다. 인도와 간다라(파키스탄), 카슈미르, 아프가니스탄, 중앙아시아 일대를 순례하고 쿠처를 거쳐 당나라 장안(시안)으로 돌아왔다. 와한 밸리를 포함한 파미르 고원을 지났음은 물론이다. 위 시에서 혜초는 파미르라는 험로를 앞두고 두려움을 토로하고 있다. 4년간 20,000킬로를 답사하고 남긴 《왕오천축국전》은 문헌으로 남은 세계에서 가장 오래된 여행기라고 할 만하다.

* 서대석 외 《한국의 고전을 읽는다 1》(휴머니스트, 2006)

　아무리 오지라 하더라도 드물게나마 차로 연결되지 않는 곳이 없는 오늘날, 히치하이킹으로만 또는 자전거만으로 실크로드 탐험에 도전할 용감한 여행자는 있을망정, 베르나르 올리비에나 혜초처럼 고행을 자처한 완전한 도보순례자는 더 이상 나올 여지가 없어 보인다. 멸종 위기에 처한 마르코폴로 양처럼.

파미르에서 온 편지

"잘 지내나요. 나 삼시아예요, 기억하죠? 타지키스탄 알리추르 마을,
우리 집에 머물렀잖아요. 보내준 가족사진을 볼 때면 당신이 떠올라요.
그동안 답장 쓰지 못해 미안해요. 이제 아들이 둘이랍니다.
이름이 사미르와 다미르예요."

날짜를 확인해보니 삼시아 남편 이름으로 된 메일이 배달된 때는 내가 키르기스스탄에 머물 무렵이었다. 모르는 발신자에 제목이 영어라 스팸 메일로 여기고 그대로 두었던 모양이다. 타지키스탄으로 넘어와서는 와이파이는커녕 인터넷 접속 자체가 어렵다 보니 메일을 확인할 기회가 없었다. 2년 전 알리추르 마을에 머무는 동안 가족이 쓰는 방을 나에게 내준 사람이 마을 학교의 영어 선생님인 삼시야였다. 한국에 돌아와서 나는 시부모와 함께 찍은 그녀 사진을 이메일로 보내주었다. 당시 부른 배를 보고 임신 중임을 알았는데, 그 사이에 또 둘째가 태어난 것이다.

밝히자면, 알리추르와 무르갑에 못 간 건 내 의지 탓이 크다. 교통편을 장담하기 곤란한 파미르 지역에서 사흘 안에 두 곳을 들렀다가 왔던 길을 되돌아 나와 호로그를 거쳐 두샨베로 돌아갈 자신이 없기도 했다. 트빌리시행 비행기 표를 미리 끊어놓은 거야 그렇다손 치더라도 어째서 일정을 조정하지 못했을까 하는 후회가 들었다. 키르기즈스탄 오쉬에서 상황이 틀어지지만 않았어도 카라쿨과 무르갑부터 들르며 타지키스탄 여행을 시작했을 텐데, 하는 안타까움이 밀려왔다.

결국 2년 전 만났던 파미르 사람들에게 사진 전하기 미션은 달성하지 못했다. 사진 스물한 장은 고스란히 내게 남았다. 그랬으니, 파미르에서 온 편지를 뒤늦게 열어보고 놀란 건 당연했다.

미친 식물학자

두샨베와 가름 방면을 연결하는 도로는 모르긴 몰라도 타지키스탄 내에서 가장 잘 닦인 도로가 아닐까 싶다. 계곡을 지나야 함에도 포장 상태가 양호한 덕에 파미르 고원이었다면 예닐곱 시간은 걸렸을 거리를 단 네 시간 만에 주파했다.

가름, 토지카보드 등의 소도시가 자리한 카라테긴 지역은 에모말리 라흐몬 정부에 반대해 내전을 치른 역사가 있다. 더욱이, 키르기즈스탄으로 오가는 카라믹 국경이 외국인에게는 폐쇄된 탓에 여행객 발길이 끊긴 지역이다. 타지키스탄 출국을 앞두고 마지막 방문지로 정한 데가 바로 이 지역 라슷 밸리이다. 파미르에 며칠 더 머물렀다면 구태여 여기까지 찾아갈 생각은 하지 않았을 터이다.

나는 고향인 토지카보드로 돌아가는 길에 손님들을 태웠다는 운전자에게 '자프르'라는 마을에 내려달라고 부탁했다. 예쁜 촌락에 특이한 식물원이 있다는 얘기를 접했기 때문이다. 나를 내려준 남자는 마을에 숙소는 없을 거라고 했다. 길을 오르며 만난 주민에게서도 같은 대답을 들었다. 나는 사람들에게 '미르조쇼 아코비로프'라는 이름을 대며 그가 사는 집을 수소문했다. 식물원을 운영하는 장본인이자 완공을 앞둔 게스트하우스를 소유한 이가 미르조쇼 씨라고 알고 있었으므로. 어떻게 전해 들었는지 미르조쇼 씨 아들이 내 앞에 나타났다.

미르조쇼 씨는 수집품으로 벽면을 채운 방으로 나를 안내했고,

그 자리에서 나를 위해 탄부르라는 현악기를 뜯으며 심취한 표정으로 목청껏 노래를 불렀다. 그는 나를 차에 태워 마을 근처 식물원으로 데려갔다. 나무들 대부분이 과실수였던 까닭에 식물원이라기보다는 과수원이라고 불러야 마땅할 듯했다. 멀쩡한 나무는 없었다. 하나같이 접붙이기에 성공했거나 실험이 진행 중인 나무들이었다. 사과, 배, 살구, 자두, 포도, 그밖에 이름 모를 나무와 묘목들. 나무 하나에 종류가 다른 과일들이 매달린 기이한 형상. 한 그루에 가지마다 색깔과 품종이 다른 사과들이 주렁주렁. 포도와 사과가 한데 얽혀 있었고, 피스타치오 나무에 피스타치오 열매뿐만 아니라 살구와 자두가 함께 열리기도 했다. 그는 "드루고이, 드루고이!"라고 입버릇처럼 외치며 나무에 열린 열매들을 가리켰다.('드루고이'는 '다르다'라는 뜻의 러시아어) 틈틈이 사과나 자두 따위를 따서 내게 맛보였다. 식물원에서 자라는 나무들은 모두 합쳐 2,500그루가 넘는다며 자랑스러워했다. 그는 유물을 모으고 시를 쓰는 몽상가이자 '미친' 식물학자였다. 올해 쉰세 살이라는 그는 자녀를 아홉이나 두었다고 하니 자식 농사에도 성공한 셈이었다.

식물원 터에 짓고 있는 박물관과 게스트하우스 건물을 둘러보았다. 집에 모아둔 수집품들을 이곳으로 옮겨와 전시할 계획이라고 밝혔다. 안내판에 그려진 박물관 건립 예상도는 신전이나 모스크를 연상시켰다. 이층짜리 게스트하우스는 아직 공사가 끝나지 않은 상태라 나는 그의 집에서 임시 박물관으로 쓰이는 방에 머물기로 했다.

설산을 배경에 두고 푸르른 숲에 파묻혀 아늑하게 깃든 평화로운 시골 마을. 묘목을 심어놓은 언덕에 미르조쇼 씨와 함께 올라 바라본 자프르 마을에 대한 느낌이다. 지금은 나무가 성글게 자라고 있지만 내가 서 있는 자리도 그의 집념으로 십수 년 내에 우거진 숲으로 변하지 않을까.

노랫소리에 이끌려 학교로 들어섰다. 학생들이 선생님 지휘에 맞춰 "토지키스톤"이 반복되는 국가를 연습 중이었다. 노래를 부르면서도 흘깃흘깃 낯선 방문객에게 눈길 던지는 것을 잊지 않았다.

집집마다 짚단이 높다랗게 쌓인 골목길을 걸었다. 관광객이라고는 없을 자기네 마을에 등장한 외국인이 멋쩍게 느껴지는 모양이다. 사진을 청해도 응해주는 이가 별로 없다. 그제야 나는 이곳이 순니 무슬림이 사는 지역임을 깨달았다. 불과 이틀 전까지만 해도 파미르 이스마일리 사람들의 상냥함에 익숙해져 있었는데 말이다.

"꾸다 이죠시!"

트럭을 몰고 내려오던 남자가 차를 멈추고 후진시키더니 쏘아붙인 말이다. 무슨 소린가 싶어 무시하고 가던 길을 가려는데, 그는 목청을 돋우어 "꾸다 이죠시(어디 가)?"를 되풀이했다. 내 눈앞에 경찰 신분증을 흔들었다. 나는 여권을 보여주고 한국에서 온 여행객임을 밝힌 뒤에야 미심쩍어 하는 눈초리에서 벗어날 수 있었다. 주민이 사복 경찰인 동네에 왔구나, 하고 속으로 중얼거렸다.

경찰서 취조실로 끌려간 사연

나는 지금 경찰서 취조실에 앉아 있다.

자프르에서 하루를 보내고 이 지역 중심 도시인 가름으로 왔다. 숙소를 잡고 근처 바자르를 한 바퀴 둘러보고 앞창이 벌어진 등산화를 수선하고 난 뒤 점심을 먹고 나니, 딱히 할 일도 없었다. 햇살 좋은 오후에 호텔 방을 지키는 게 지겨워진 나는 이웃 마을로 산책이나 갈까 싶어 밖으로 나왔다.

대통령 사진이 사방에 내걸린 도로변을 걷고 있자니, 확성기를 통해 연설인지 설교인지 모를 목소리가 울려 퍼졌다. 그 소리에 이끌려 무슬림 복장을 한 남자들이 어딘가로 몰려가는 게 보였다. 그런 광경을 멀뚱히 지켜보던 나는 언덕에 자리한 그곳이 모스크이고 도로 건너편에는 제복 입은 경찰들이 경찰차를 세워놓고 진을 치고 있음을 알아차렸다. 그 자리를 지나치려는데, 경찰관이 나를 불러 세웠다. 또다시 지긋지긋한 불심검문인가 싶어 허한 웃음을 지으며 여권을 내밀었다. 신원 확인만 하고 보내줄 줄 알았더니 여권조차 돌려주지 않았다. 상급자가 나타나 나를 차에 태우도록 지시했다. 나는 순순히 응하며 경찰차에 올라탔다. 아무런 의심받을 짓일랑 하지 않았으니 곧 풀려나리라 생각하며.

KGB 후예들에게 둘러싸여 무슨 서류를 작성했다. 그걸로 끝이 아니었다. 다시 경찰차에 실어 다른 큰 건물로 나를 끌고 갔다. 점

입가경이 따로 없었다, 나쁜 의미로 말이다.

이 지역을 방문한 이유를 대라고 했다. 어제 자프르 마을에서 식물원을 둘러보고 미르조쇼 씨 집에 머문 일을 알렸더니, 자프르에는 식물원 따위는 없다며 나를 몰아세웠다. 여권에 붙은 비자와 입출국 스탬프 하나하나를 뜯어보고 카메라에 저장된 사진들을 한 장씩 넘겨 보았다. 어제 자프르 마을 학교에서 합창하는 학생들을 찍은 사진을 발견하고는 그 학교에는 왜 갔느냐며 추궁했다. 두샨베 오비르에서 받은 파미르 퍼밋에 내 국적이 한국이 아니라 일본으로 표시되어 있다는 사실을 안 것은 그때였다. 나는 퍼밋 용지에 손으로 흘려 쓴 키릴문자가 '까레야(한국)'라고 읽히지 않아 의아스럽긴 했고 한 번은 검문소에 파미르 퍼밋을 제시했을 때 일본인이냐는 질문을 받은 적이 있긴 했지만 그러려니 하며 넘어갔었다. 간부로 보이는 경찰 서넛이 나를 매섭게 째려보았고, 움푹 들어간 눈에 깡마른 사복형사 하나가 독심술로 내 속마음이라도 읽겠다는 듯이 험악한 인상을 들이대었다. 경찰청 보안국이나 정보국쯤에 해당하는 곳이 분명했다.

나를 반정부 이슬람 세력과 접촉하려는 외국인 활동가나 스파이라고 여긴 걸까. 관광객으로 이곳에 왔다고 밝혔음에도 그들은 잡다한 낙서로 가득한 수첩과 카메라를 압수해 갔고, 나는 취조실에 갇히는 신세가 되었다. 이 나라 대통령 사진이 정면에 걸린 네모진 방에 홀로 앉아 있는 동안, 나는 타지키스탄을 여행하며 어떤 사진들을 찍었던가 머릿속으로 빠르게 탐색했다. 길거리에 널린 대통령 사진을 존경이 아니라 야유 삼아 찍은 것, 모스크에서 대규모로 예배 보는 모습을 촬영한 일 따위가 떠올랐다. 정부 기관이나 군사 시설에다 셔터를 누른 적이 있었던가. 설마 무슬림 여성 사진을 수백 장 찍었다고 뭐라고 하진 않겠지. 사진을 들춰보는 와중에 실수로라도 내 소중한 기록이 지워질까봐 그게 걱정스러웠다.

영어 쓰는 젊은 녀석이 들어와 책상 맞은편에 앉더니 심문을 시작했다. 나는 타지키스탄이 좋아 두 번씩이나 찾아온 선량한 여행자임을 호소했다. 파미르 퍼밋에 적힌 이름과 여권번호는 내 것이 맞으며 국적이 잘못 표시된 건 오비르 담당자의 실수일 테고 나는 모르는 일이라고 설명했다. 카메라를 돌려받자, 자프르에서 찍은 사진들을 보여주며 내가 식물원을 방문한 것이 거짓이 아님을 입증했다. 얼마나 사진을 한 장 한 장 돌려 보며 철저히 검색했던지 카메라 배터리가 닳아서 꺼지기 일보 직전이었다.

무고한 혐의는 풀렸다. 나는 여권을 돌려받고 경찰서를 나설 수 있었다. 미안하다는 말은 듣지 못했다. 반정부 집회에 참석하거나 가까이서 구경한 것도 아니고 단지 모스크 앞을 지나며 사람들을 쳐다봤다고 붙잡아 가다니. 독재 부패 정권의 히스테리 탓에, 세상에서 가장 선량한 심성을 지닌 사람들이 사는 땅이 함부로 산책도 못 다니는 곳으로 전락하고 말았다.

울적한 기분을 안고 나는 타지키스탄을 떠났다. 비유컨대, 첫사랑을 추억하는 애틋한 장면에 몹쓸 얼룩을 남긴 꼴과 같았다.

#7. 무덤 안을 거닐다
다시, 카자흐스탄

투르키스탄

카자흐판 로미오와 줄리엣

왜 어릴 적에는 실컷 뛰놀아도 해가 중천에 그대로 떠 있곤 했는데 나이가 들수록 하루가 쏜살같이 지나가 버릴까? 시간의 흐름에도 가속도가 붙는다는 말은 그냥 하는 소리가 아니다. 심장 박동수와 생체리듬이 빠른 어린아이는 외부의 변화를 느리게 느끼는 반면, 심장 박동수와 생체리듬이 느린 어른은 외부 변화를 빠르게 인식한다. 어려서는 어서 커서 어른이 되고 싶어 안달하더니만 늙어서는 가는 세월을 원망한다. 일설에 의하면, 전 생애에 걸쳐 뛸 수 있는 심박수가 정해져 있는 까닭에 심장이 시나브로 천천히 뜀박질하다가 종국에는 생체 시계가 멈추며 수명을 다하게 된다고 한다.

여행도 인생과 마찬가지라서 그럴까. 초엽에는 긴장과 설렘으로 충일한 하루를 보내다가 적응기를 거쳐 후반으로 들어서면 관성에 젖어 시간을 헛되이 흘려보내곤 하니.

이제 출발지에 도착했다. 별빛 사이 어둠의 바다를 날아, 조지아 트빌리시에서 카자흐스탄 알마티로, 다시 돌아왔다. 추위가 몰려오기 전에 송쿨과 파미르를 먼저 여행하려는 바람으로 일주일만 머물고 이웃 나라로 넘어갔으니 근 80일만이다.

첫날 밤길을 헤매다가 찾아들었던 호스텔을 또다시 찾았다. 어린 여자 직원이 기억을 더듬어 알 듯 모를 듯한 얼굴로 나에게 환영의 인사말을 건네었다.

차른 계곡과 이슥 호수는 이때를 위해 미뤄둔 곳이다. 마침 내일이 토요일. 주말에 운행하는 투어 버스를 알아보러 에코투어리즘 정보센터라는 데를 들렀다. 전하는 정보는 겨울철에 접어들어 버스를 운영하지 않는다는 비보였다.

알마티에서 타라즈까지는 550킬로 떨어져 있고 버스로 여덟 시간이 걸린다. 우리나라로 치면 서울 부산 간을 초과하는 거리일 테지만 이 나라에서는 원거리 축에 들지도 않는다.

카자흐인, 우즈벡인, 러시아인이 뒤섞인 시내버스에 올랐다. 여기서는 버스를 잘못 타거나 내릴 데를 놓칠 일은 없을 것 같다. 승객에게 내릴 정류장 이름을 꼬박꼬박 안내하고 정류장에 차가 멈추면 행선지를 목청껏 외치는 버스 안내양 또는 안내남이 있는 덕이다. 타라즈에서 시내버스를 탈 때마다 버스 차장은 중고등학생 또래 소녀 소년, 청년, 아주머니로 바뀌었다.

타라즈에도 죽음을 불사한 슬픈 사랑 이야기가 전해져 내려온다. 작은 도시 타라즈의 영주 카라한은 실크로드의 번성한 도시 사마르칸트를 찾았다가 그곳 영주의 딸 아이샤와 사랑에 빠진다.(그녀는 미모가 뛰어났을 뿐만 아니라 남자 이상으로 말을 잘 탔고 전장에 들어가 적을 물리칠 정도로 용감했다는 얘기도 전한다.) 애절한 사랑에는 꼭 훼방꾼이 등장하는 법. 아이샤의 아버지는 결혼을 극구 반대하고 카라한을 내쫓는다. 둘만의 서약을 지키기 위해 아이샤는 남자로 변장해서 시녀를 데리고 타라즈를 향해 길을 나선다. 먼 길 오느라 피로에 지친 아이샤, 그녀는 타라즈를 얼마 앞두지 않은 강변에서 목욕을 하고 새 옷으로 갈아입다가 뱀에 물려 쓰러진다. 시녀는 카라한에게 달려가 위급한 소식을 전한다. 온몸에 독이 퍼져 숨을 거두기 직전에야 카라한은 아이샤 곁에 당도한다. 그는 그녀가 죽은 자리에 묘를 세우고, 평생 다른 여자와는 결혼하지 않기로 맹세한다.

못다 이룬 사랑을 표현하기라도 하듯 카라한 영묘는 타라즈에, 아이샤 비비 영묘는 타라즈에서 십여 킬로 떨어진 자리에 남아 있다. '비비'는 결혼한 여자를 가리키는 '부인'이라는 뜻이므로 아이샤는 카라한의 아내로 인정받은 셈이다. 이 전설에서 순정을 지킨 이가 남자라는 결말은 흥미롭다. 아이샤의 묘는 시녀 바바자 하툰의 묘와 나란히 서 있는데 일개 시녀의 무덤까지 세워준 점이 특이하다.

그런데 왜 하필이면 아이샤는 그리스 신화에서 나오는 오르페우스의 연인 에우리디케처럼 독사에 물려 죽었을까. 금기의 경계선을 넘으려다가 죽음을 맞이한 건 아닐까. 지금이야 카자흐판 로미오와 줄리엣 전설로 뭇사람들 입에 오르내리지만, 당시 이슬람 사회의 금기에 맞서 부모 뜻을 거스르고 자유연애를 한 것에 대한 징벌은 아니었을까. 어찌 되었든 오늘날 아이샤 비비와 바바자 하툰의 묘는 결혼을 축복하는 연인이나 부부, 아기 갖기를 원하는 여자들, 가정의 행복과 건강을 바라는 가족 등 많은 사람들이 찾아와 기원을 올리는 숭배의 장소로 탈바꿈했다.

단순히 사랑과 신의를 지킨 여자에 대한 전설이 내려오는 유적지라고 생각하고 들렀는데, 남녀노소 가리지 않고 숱한 순례객들이 줄지어 들어서는 광경에 나는 적이 놀랐다. 한 마을 주민이나 친지로 보이는 사람들이 버스를 대절해 무리 지어 방문했다. 묘당 안이 가득 들어차 바깥에서 기도를 올리기도 했다. 한꺼번에 벗어놓은 신발들로 입구는 발 디딜 틈이 없었다.

∟ 사우디아라비아 vs 카자흐스탄

아프리카 말리에서 인도네시아까지, 세계 15억 인구가 믿는 종교인 이슬람. 지역에 따라 이슬람 문화는 다양한 스펙트럼을 그린다. 사우디아라비아가 보수적인 이슬람 국가를 대표하는 극단에 서 있다면 그 반대편에는 카자흐스탄 같은 나라가 자리한다.

가족의 명예를 목숨처럼 중시하는 사우디아라비아 왕국에서는 여성은 남성 동반자 없이는 여행은커녕 외출도 할 수 없으며 연애는 물론이고 아버지나 남성 후견인 허락 없이는 결혼을 할 수 없다. 여성은 투표권이 없을 뿐만 아니라 자동차 운전은 법으로 금지되어 있다. (2015년 국왕이 여성 참정권을 인정하는 법령을 공표했다고는 한다.) 이러한 금지의 사유가 외간 남자를 만날 기회가 생기면 이슬람 도덕 가치가 무너질 수 있다는 우려 때문이라고. 열 살 소녀의 자전거 타기 도전기를 담은 사우디 '최초' 영화 〈와즈다〉가 2012년 개봉되어 국제적인 논란이 일기 전까지만 해도 여자는 감히 자전거조차 탈 수 없는 나라가 사우디아라비아였다.

이에 비한다면, 이슬람 변방에 속하는데다가 사회주의 체제를 거쳤고 러시아 문화의 영향이 짙게 드리워진 카자흐스탄에서는 적어도 겉으로 드러난 바로는 여성들이 상당한 자유를 누리고 있는 것으로 보인다.

투르키스탄 자체, 야사위 영묘

"야사위!" 미니버스가 투르키스탄 시내에 접어들 무렵 저절로 내 입에서 튀어나온 말이다. 차를 세우라는 요청이자 감탄의 외침이었다. 사방을 평정한 위풍당당함에 이슬람 건축물을 익히 보아온 나로서도 눈이 번쩍 뜨이지 않을 수 없었다. 그것은 투르키스탄 자체라고 할 수 있는, 야사위 대영묘Yasaui Mausoleum였다.

'투르키스탄(투르케스탄)'이라고 하면, 중앙아시아 한 나라인 투르크메니스탄과 헛갈리거나 혹은 중국 신장위구르 지역 무슬림들이 스스로 독립 국가를 선언한 동투르키스탄을 우선 떠올리지도 모르겠다. '투르크인의 땅'이라는 뜻으로 중앙아시아 일대를 아울러 일컫는 말이기도 한 투르키스탄. 지금은 카자흐스탄 내 한 도시를 가리킨다.

투르키스탄이 카자흐스탄은 물론이고 중앙아시아 무슬림에게 성지로 자리매김한 것은 고스란히 야사위 영묘 덕분이다. 호자 아흐메드 야사위는 12세기 저명한 이슬람 수피 종교지도자이자 철학자, 시인이다. 부하라에 교육을 받고 투르키스탄(옛 명칭은 '야시')으로 돌아와 몸과 마음의 순결을 중시하는 수피즘의 한 갈래인 '야사위야'를 창시했다. 그는 어려운 아랍어를 대신하여 서민들도 이해할 수 있는 현지 투르크어로 시를 지어 이슬람 교리를 전파하는 데 힘썼다. 야사위는 원래 작은 무덤에 묻혔으나 그를 정신적 스승으로 삼은 아미르 티무르가 페르시아의 쟁쟁한 건축가들을 불러들이고 자신도 설계에 참여하여 오늘날 보는 것과 같은 웅장한 규모의 영묘를 건설했다. 야사위 영묘는 훗날 티무르 제국 수도 사마르칸트에 여러 사원과 영묘를 세울 때 적용된 건축 기법의 원조 격 노릇을 했다.

1405년 티무르가 사망하면서 16년간 진행 중이던 역사役事는 완성에 이르지 못하고 중단되었다. 영묘 양쪽에 추가하려던 미나레도 건설하지 못했다. 그 후 여러 차례 보수를 거쳤고 19세기 코칸드 칸이 영묘를 요새화하여 주위에 성벽을 축조했다.

야사위 영묘는 길이 63미터, 높이 39미터에 이른다. 점토, 석고, 회반죽을 섞어 불에 구운 벽돌을 기본 재료로 해서 쌓았고 광택 나는 타일로 표면을 장식했다. 정면 이완 상부에는 나무 기둥들이 옆으로 튀어나온 채 그대로 남아 있는데, 건설 작업 중 비계로 사용된 것으로 미완성 상태에서 공사가 멈추었음을 알려준다. 그곳을 아지트 삼아 새들이 떼 지어 날아오르는 광경을 한껏 목을 꺾어 바라보노라니 묘한 경이감이 일었다. 나는 그만 정신을 차리고 이완을 지나 현관으로 들어섰다. 성큼 넓어지며 '청동의 방' 카잔딕이 나타났다. 전체 영묘에서 옥색 중앙 돔 아래에 해당하는 공간이다. 성수를 담는 용도로 쓰이는 무게 2톤짜리 청동 합금 가마솥 '카잔'이 가운데 놓여 있어 카잔딕이라 불렸을 터이다. 카잔에는 '물이 가득한 사발은 모든 사람들의 건강, 행복, 화합, 평화를 의미한다'라는 코란 구절이 새겨져 있다. 영묘 안에는 카잔딕 외에도 기도실, 도서관, 식당 등 서른네 개의 방이 있다. 메카 방향을 표시한 미흐랍 앞에서 기도를 올리는 무슬림들, 다른 어디에서보다 그 모습이 엄숙하고 신실해 보였다.

사람들은 희원을 담은 손으로 벽을 쓰다듬으며 영묘 둘레를 돈다. 야사위의 석관을 안치한 방은 접근이 허용되지 않는 까닭에 영묘 뒤편에서 몰래 들여다보곤 한다. 나는 방금 정신없이 누비고 다닌 곳이 커다란 무덤 안이었음을 새삼 깨닫는다.

영묘에서 백여 미터 떨어진 곳에는 지하 모스크가 자리한다. 야사위가 제자들과 더불어 수도에 전념하며 말년을 보낸 곳이다.

평화와 행복을 기원하는 참배객들의 발길이 끊이지 않는 야사위 영묘. 유네스코 세계문화유산으로 지정되었음에도 입장료는 무료다.

느지막이 일어나 창문 커튼을 걷었다. 하늘은 희끄무레한 납빛이다. 앞 유리에 행선지를 알리는 번호판을 단 승합차들이 하루 일과를 시작한 사람들을 가득 싣고서 바삐 지나다닌다.

나는 노부부가 운영하는 호텔에 짐을 맡겨놓고 밖으로 나섰다. 야사위 영묘에 한 번 더 들렀고 점심을 먹은 뒤에는 길거리와 공원을 어정거렸다. 왕래객들로 분잡한 버스터미널에는 흔히 바자르가 이웃했던 점이 떠올라 아무런 정보 없이 터미널에 가보기로 했다.

내 예감은 적중했다. 제법 큰 장터가 버스터미널에 인접해 있었다. 바자르 마니아를 자처하는 나는 신이 나서 시장 구석구석을 들

쑤시고 다녔다. 상인들 중에는 우즈벡 사람도 적지 않아 보였다. 손수레로 짐을 실어 나르는 일로 돈을 버는 사내들, 푸근한 미소가 일품인 채소 장수 아낙들을 사진에 담고 있으려니 어디선가 한국말이 들려왔다. 멋들어지게 베레모를 쓴 한 남자가 반가운 눈빛으로 나를 불렀다. 이름이 무랏이라고 했다. 그는 2005년 한국으로 건너가 2년 동안 변기 제조 공장에 근무했다며, 안동 김천이라는 지명을 또렷한 발음으로 기억해냈다. 또 잡화점 골목에서는 수원 근처 남양에서 일했다는 사비르라는 남자를 만나기도 했다. 이제는 시장에 물건을 납품하는 도매상이라며 자신을 소개했다. 타국에서 고생하며 번 돈으로 작은 사업이나마 꾸렸다니 축하할 일이었다. 한국인 여행자를 만나는 것보다 한국에서 일하다가 돌아온 현지인과 조우하는 게 더 쉬운 데가 이곳 중앙아시아라는 생각이 문득 들었다.

숙소 주인 내외분은 내 기차표를 보더니 기차역으로 가는 버스 번호를 귀띔해주었다. 식사 중이던 두 분은 내가 배고플 거라 여겨 차이와 라그만을 내주기까지 했다. 나는 쌀쌀하고 쓸쓸했던 하루를 따뜻하게 마무리 지었다. 중앙아시아 마지막 도시에서 훈훈한 정을 품고 떠날 수 있었다.

마르슈르트카를 타고 기차역으로 갈 때에는 꼬마 버스 차장과 옆자리 아저씨가 아니었다면, 어둠 탓에 역 건물을 보고서도 모르고 지나칠 뻔했다. 둘은 내가 카자흐 사람인 줄 알았다나.

알마티행 야간열차

투르키스탄 기차역 대합실은 텅 비어 있었다. 재킷 주머니에서 기차표가 만져졌다. 알마티 도착 예정 시간은 내일 오후 2시 30분. 장장 열일곱 시간을 3등실 침대칸에서 보내야 할 터이다.

알마티가 아니라 아랄스크로 가는 표를 끊을 수도 있었으련만. 작은 호수 몇 개로 쪼그라들어 소멸 위기에 내몰린 아랄해. 두 해 전 우즈베키스탄 무이낙에서 절망에 맞닥뜨렸다면, 더디게나마 호수가 소생하는 현장을 북 아랄해 아랄스크에서 눈으로 확인하고픈 마음이 있었다. 그렇지만 2박3일 동안 기차를 타고 되돌아올 생각을 하니 엄두가 나지 않았다. 파미르에서 그랬듯이 부족한 건 시간이 아니라 절실함이었다.

냉기에 몸을 떨며 이러저런 상념에 빠져 있을 때였다. 대합실 한쪽에 기대어 있던 남자가 갑자기 마비 증상을 일으키며 바닥에 쓰러졌다. 어미로 보이는 여자가 고함을 질렀다. 경비가 달려왔고 전화 연락을 받은 의사가 나타났다. 불이 어두워 랜턴을 비추며 의사는 주사를 놓았다. 주사가 효력을 발휘했는지 남자는 경련을 멈추고 안정을 되찾았다. 놀란 가슴을 진정시키며 걱정스런 눈빛으로 그 광경을 바라볼 따름, 내가 취할 수 있는 행동이란 없었다.

나는 끝을 분간할 수 없을 만큼 기다란 열차 행렬과 플랫폼을 가득 메운 군중에 놀라 허둥대며 밤안개 속을 뛰어다녔다. 그들은 기차가 역에 멈춘 사이 바람을 쐬려고 내린 승객들이었다. 내가 탈 객차가 뒤꽁무니 꼬리 칸임을 알게 된 건 역무원에게 표를 보여주길 두세 번 거듭한 후였다.

객실을 떠도는 큼큼한 냄새에 금방 익숙해졌다. 내게 배정된 침대는 다른 이들이 이미 차지하고 있었다. 일제히 쏠리는 다섯 쌍의 눈동자에 당황하지 않고 그들 틈에 끼여 앉았다. 3단 침상이 양편에 놓인 6인실에서 아래 칸은 낮에는 모두가 공유하는 의자였다가 잠자리 드는 밤에야 비로소 침대로 변한다는 사실을 알고 있었기 때문이다. 내가 머문 16호차를 담당한 승무원이 베개 커버와 매트리스 커버를 건네주며 웃는 낯으로 "100달러"라고 속삭였다. 물론 그건 외국인 승객에게 던지는 농담조 환영 인사였다.

서먹한 분위기는 살림 씨 부부가 권한 따뜻한 차를 마시는 순간 물러났다. 멀리 카스피해 연안 도시 악타우에서 왔다는 살림 씨. 그는 영하 40도 밑으로 곤두박질친다는 악토베와 아스타나의 혹한에 대해 너스레를 부렸고 한국 겨울 날씨에 관해 궁금해했다. 또한 그는 스탈린에 의해 카자흐스탄으로 강제 이주당한 고려인의 내력을 알고 있었다. 나는 악타우에서 배를 타고 카스피해 건너 아제르바이잔 바쿠로 갈 수 있는지 물으며 미련으로만 남은 루트를 머릿속으로 그려보았다.

꿈결에 스미는 소리들, 수런거림. 멈춘 기관차가 기지개를 켜며 움직이는 묵직한 진동, 바퀴와 레일이 빚는 마찰음, 객차 이음매에서 터지는 비명, 박자 맞춘 흔들림, 눈 감고 춤추는 어둠 속의 댄서. 영원토록 구르는 바퀴, 방랑에 대한 열망, 갈 수 있었으나 이르지 못한 길들, 될 수 있었지만 그예 이루지 못한 일들. 꿈 없는 잠, 태어나기 전 세상에 없던 나, 사라진 후 나 없이 이어질 세상…. 수첩에 휘갈겨 쓴 글씨들을 들여다보았다. 언제였던가, 바이칼 호수를 목표로 블라디보스톡을 떠나 시베리아횡단열차에서 며칠 밤을 보내던 시절이. 대합실에서 사지를 비틀며 쓰러진 남자는 어떻게 되었을까, 기차를 탔을까. 아랄스크를 거쳐 러시아 국경을 넘었다면, 혹시 카스피해를 배 타고 건너는 모험을 했더라면 여행은 달라졌을까. 내가 지금 여기에 있지 않다면 인생은 어떻게 흘러갔을까. 두서없는 생각들이 꼬리를 물었다.

어디선가 바이칼 '오물' 냄새가 코를 자극한다 싶었는데 훈제 생선에서 나는 냄새였다. 기차가 역에 정차한 것이다. 창밖이 밝아지며 벌판 잔설이 하얗게 드러나도록 침상에 누워 꿈적 않던 사람들이 미리 약속이라도 한 듯 옷을 챙겨 입고 열차에서 뛰어내렸다. 신선한 공기를 마시고 먹을거리를 얻고 담배를 피웠다. 기회를 놓칠 새라 물건을 하나라도 더 팔려는 아낙네들 손길이 분주했다. 나는 아주머니가 비닐봉지에 담아준 정체 모를 밀가루 부침개 몇 장을 단숨에 해치웠다. 하얀 입김 알갱이가 숨 쉴 때마다 터져 나왔다.

외투는 때 묻고 나는 무일푼 신세

이렇겐 고향에 못 가네

마지막 기차를 그만 놓치신다면

나는 혼자 떠나고 말겠지

기적소리 들으며 멀리 아주 저 멀리

떠나고 또 떠나고 떠나네

(수니 노래, 500miles)

나는 시름없이 객실과 통로를 오가거나 통로 창가에 놓인 접이식 의자에 엉덩이를 걸치고 앉아 이어폰에서 흘러나오는 음악을 들었다. 손끝으로 빰을 어루만졌고, 몸에 새겨진 시간의 결을 더듬었다. 찌든 때 낀 유리창에 물방울이 맺혀 얼룩을 그었다. 훈제 생선 냄새에서 바이칼 호수를 떠올렸건만 바깥 풍경은 시베리아 자작나무 숲과는 무관했다. 보이는 거라고는 온통 회색 황무지, 나무 한 그루 없는 스산한 풍경이 무료하도록 이어졌다.

타라즈를 지나면서 승객이 완연히 줄기 시작하더니 살림 씨 부부가 내리면서 6인실에는 나 혼자만이 남았다. 저마다 가야 할 곳으로 흩어진 것이다.

기차는 종착역인 알마티 역으로 다가가고 있었다. 그때서야 모든 게 빠르게 지나갔음을 느꼈다.

중앙아시아 국가 비자 정보 (2016년 6월 기준)

불과 수 년 전만 해도 여행길에 오르기도 전에 비자 문제로 난관에 부딪치곤 했지만, 비자 면제국이 하나둘 늘어나고 이웃 러시아도 비자 없이 방문이 가능해지면서 중앙아시아 나라들로 가는 통로에 한결 숨통이 트였다. 비자 정책 변동이 빈번한 지역이므로, 최신 정보를 확인하고 비자를 취득하도록 하자.

❶ 국가별 비자 필요 여부

카자흐스탄	무비자 30일간	2014년 12월부터 무비자 30일로 확대
키르기즈스탄	무비자 60일간	인접국으로의 이동을 돕는 다리 역할을 하는 비자 면제국
타지키스탄	사전 비자 (e-visa)	2015년 4월, 서울에 타지키스탄 대사관 개설 파미르 지역을 여행하려면 퍼밋 필요
우즈베키스탄	사전 비자	초청장 필요
투르크메니스탄	사전 비자	투르크메니스탄 내 특정 여행기관을 통해서만 관광비자 취득 가능

❷ 비자 취득 방법

▶ 타지키스탄

- 2016년 6월부터 전자비자가 도입되면서 비자 받기가 편해졌다. 온라인(www.evisa.tj)에서 정보를 입력하고 신용카드로 결제를 마치면 심사를 거쳐 이메일로 e-Visa가 발송된다. 수수료는 50달러며 파미르 퍼밋(GBAO

Permit) 포함 시에는 70달러다. 45일짜리 단수 비자, 30일짜리 퍼밋이 나온다. 만일에 대비해 e-Visa를 스마트폰 등에 담아갈 것을 권한다.

- 키르기즈스탄 여행 중이라면 비쉬켁 소재 타지키스탄 대사관을 찾아가 비자와 파미르 퍼밋을 받을 수 있다. 수수료는 당일 또는 익일 발급이 75달러+100솜, 3~5일 소요 55달러+100솜이다.(알마티의 타지키스탄 영사관에서는 더 많은 금액을 지불해야 한다.)
- 준비 서류 : 여권, 비자 신청서 및 설문 답변서, 사진 1장
- 타지키스탄 두샨베에서 오비르OVIR(출입국 관리국)를 직접 방문하여 퍼밋을 신청할 수도 있다. 오비르 부근 '아모나트 반크'에 20소모니를 입금한 후 오비르 창구에 입금 영수증과 여권을 제시하면 된다.

▶ 우즈베키스탄

- 초청장(LOI)이 필요하며, 비자 기간은 최대 30일이다.
- 한국에서 여행사를 통해 미리 받아가거나 스탄투어stantours 등 현지 대행사를 이용하는 방법이 편하다.
- 개별적으로 초청장을 확보할 수 있다면, 주한 우즈베키스탄 대사관 홈페이지(uzbekistan.or.kr)에서 비자 신청서를 작성한 후, 서초동 외교센터빌딩 7층에 자리한 대사관을 방문하여 서류를 제출하면 된다. 비자 수수료는 9만원이다.
- 준비 서류 : 비자 신청서 인쇄본, 여권, 여권 첫 장 복사본, 사진 1장, 초청장 사본
- 3일 이상 머물 경우 체류 도시마다 거주지등록을 하도록 되어 있으나 호텔이나 게스트하우스에서 대행해주므로 별 문제가 없다.

▶ 투르크메니스탄

- 개인이 관광비자를 취득하기란 어려우며, 3~5일짜리 경유비자Transit Visa를 받는 데도 2주 이상 소요된다. 우즈베키스탄보다는 타지키스탄 소재 대사관에 신청하면 조금 빨리 나온다고 한다.
- 경유비자를 받으려면 다음 이동 국가의 비자를 미리 확보해야 한다. 예를 들어, 우즈베키스탄에서 투르크메니스탄을 경유해 이란으로 이동하고자 할 경우, 이란 비자가 있어야 투르크메니스탄 경유비자를 신청할 수 있다. 또한, 비자 발급 시 정한 입국 지점과 출국 지점을 반드시 지켜야 한다.

한 시기 그야말로 동서 문명의 교차로였던 것처럼 중앙아시아는 이제 변방에서 중심으로 되살아나고 있다. 중국 너머 서쪽으로 유라시아 횡단, 실크로드 탐사를 꿈꾸는 모험가들에게는 신천지와 같은 곳이다.

여행은 움직임, 단순한 떠남.
길 끝에 떠도는 먼지구름, 강어귀에 새겨진 물결무늬.

집을 떠나 길 위에 집을 짓는다.
거기가 샛길이라도 상관없고, 어쩌다 길을 잃어도 좋다.
새 삶을 찾지 못하더라도 다른 삶을 만날 수는 있을 테니,
그걸로 된 것이다.